高等职业院校文化素质教育改革创新教材

ZHONGGUO CHUANTONG WENHUA

中国传统文化

（第二版）

主 编 张宏图 宋永利 姚洪运

新形态
一体化

高等教育出版社·北京

内容提要

本书是高等职业院校文化素质教育改革创新教材,是在第一版基础上修订而成的。

本书共六章,分别为:回望与寻根、智慧与信仰、制度与品格、创造与交流、艺术与美感、生活与情趣,包含了哲学宗教、道德价值、文学艺术、科技发明、对外交流、穿衣饮食、生活习俗等多方面内容。本书力求在介绍中国优秀传统文化知识的同时,将社会主义核心价值观融入其中,使学生在领略中华文明包容、智慧、博大精深中,潜移默化地培养自身的民族精神、家国情怀和人文气质。

本书可作为高等职业院校公共基础课教材,也可作为社会人士学习中国传统文化的读本。

图书在版编目(CIP)数据

中国传统文化/张宏图,宋永利,姚洪运主编.—2版.—北京:高等教育出版社,2021.8(2024.2重印)
ISBN 978-7-04-056247-7

Ⅰ.①中⋯ Ⅱ.①张⋯ ②宋⋯ ③姚⋯ Ⅲ.①中华文化-高等职业教育-教材 Ⅳ.①K203

中国版本图书馆 CIP 数据核字(2021)第 126275 号

策划编辑 李光亮　责任编辑 赵力杰　封面设计 张文豪　责任印制 高忠富

出版发行	高等教育出版社	网　　址	http://www.hep.edu.cn
社　　址	北京市西城区德外大街 4 号		http://www.hep.com.cn
邮政编码	100120	网上订购	http://www.hepmall.com.cn
印　　刷	上海当纳利印刷有限公司		http://www.hepmall.com
开　　本	787 mm×1092 mm　1/16		http://www.hepmall.cn
印　　张	13	版　　次	2021 年 8 月第 2 版
字　　数	272 千字		2017 年 9 月第 1 版
购书热线	010-58581118	印　　次	2024 年 2 月第 9 次印刷
咨询电话	400-810-0598	定　　价	35.00 元

本书如有缺页、倒页、脱页等质量问题,请到所购图书销售部门联系调换
版权所有　侵权必究
物　料　号　56247-00

本书编委会

主　编：张宏图　宋永利　姚洪运

副主编：谢　焱　马　艳　张立英　司进立

参　编：张习涛　赵　建　黄文敬
　　　　戴春梅　常红旭　张　慧

资源导航

015　农耕自然经济对中国传统文化的影响
020　百家争鸣
021　秦汉
033　仁者爱人
033　礼之用，和为贵
037　老子
038　无为
038　道法自然
058　家风家训（一）
071　家风家训（二）
085　汉字
104　壮美长城
109　《诗经》
111　李白
115　《三国演义》
123　礼乐治国
130　黑白世界
147　传统服饰图案
153　风味各异的地方菜
161　苏州园林
166　品茶之道
176　少林功夫

第二版前言

我们说自己是"中国人",是因为我们的黄皮肤、黑眼睛以及身上流淌着的先祖的血液,更是因为中华文化流淌在我们的血液中,体现在我们的一言一行里。从某种程度上说,正是因为我们继承了中华文化而成为中国人,正是因为中华文化塑造了我们中国人的精神观念和生活方式,形成了中国人的精神面貌,并使我们区别于其他民族,使我们成为一个具备独立文化精神的民族。

可以这样说,没有文化意识或者说丢失了文化的民族,恰如一名失忆者,不知自己是谁,也不知自己从何处来到何处去。党的二十大报告指出:"中华优秀传统文化源远流长、博大精深,是中华文明的智慧结晶,其中蕴含的天下为公、民为邦本、为政以德、革故鼎新、任人唯贤、天人合一、自强不息、厚德载物、讲信修睦、亲仁善邻等,是中国人民在长期生产生活中积累的宇宙观、天下观、社会观、道德观的重要体现,同科学社会主义价值观主张具有高度契合性。"习近平总书记说:"一个不记得来路的民族,是没有出路的民族。"我们不能做自己文化的"失忆者"。

在本书中,我们抓住中华文化中最有特色的内容和亮点,尽量用典型的事例和材料进行比较具体和深入的介绍,在介绍知识的同时,力求体现出中华文化的核心价值。

从《论语》中,可以看到中国人讲求仁爱处事、讲求道德修养;从《老子》《周易》和中医的理论,以及太极拳、围棋等体育活动中,可以看到中国人顺应自然、追求人与自然和谐的人生智慧;从《孙子兵法》发出的"慎战"的警告,从郑和船队七下西洋所遵循的"共享太平"的外交方针,以及延续两千多年时间修建的万里长城中,可以看到中国人对和平生活永恒的祈求;从战国时期的"胡服骑射"到盛唐时期长安城的"胡服"盛行,可以看到中国人对异族文化有着开放和吸纳的胸襟;从王羲之的书法、李白的诗歌中,可以看到中国人灵动、飘逸的艺术心灵;从纯净淡雅的瓷器、烟雨迷离的江南园林和温婉清丽的女子旗袍中,可以看到中国人优雅的生活品位;从中国人在弹琴、下棋、饮酒、喝茶时着意营造诗意的氛围中,可以感受到中国人对于诗意人生的追求。

本书第一版出版三年以来,得到了广大高职院校师生的认可,我们深感欣慰。本次修订,我们优选、增加了更能体现思政元素和中国优秀传统文化的案例,使本书能更好地满足教师的教学需求和读者的需要。我们希望广大高职学生通过学习这门课、这本书,能更深入地了解中华优秀传统文化,进入中国人的内心世界,感受和把握中国文化内在的精神和核心价值,获得对中华优秀传统文化深度的认识。

张宏图

第一版前言

随着"一带一路"建设的深入推进，中国对世界的影响、中国文化对世界各国的影响明显增强。世界各国也在以比此前更为关注的目光审视、观察中国，迫切地想了解中国的过去和现在，急切地想知道中国将如何影响世界。

在这样的时代背景下，高职学生不仅应该有一种文化自觉，去全面、深刻地认识自己的文化；更应该有一种文化自信，去学习、传承、弘扬中华优秀传统文化。因此，我们申报了中国职业技术教育学会教学工作委员会"十三五"重点课题"职业院校公共基础课程改革与标准建设的研究"的子课题："高等职业教育'中国传统文化'课程功能定位与教学模式改革的实证研究"（项目编号：01-38-14）。作为课题成果之一，我们编写了这本可供高职学生自修的有情趣、有韵味、明白易懂、有中国风的读本。让学生在面对博大精深的中国文化时，有一个入门的途径，可以窥其堂奥，以期达到培养学生民族精神、家国情怀、人文气质和人格修养的目的。

我们希望本书能为学生提供对中国文化生动、通俗的介绍和对中国文化新鲜而有一定深度的认识。为此，我们采取了一种新的写法，不求传统历史教科书一般的系统性，也不求辞典一般的丰富性，而是在对我们这方"水土"有一个简单的介绍，对中国文化的源头和发展历程有一个简单的回顾外，抓住中国优秀传统文化最具特色的内容和元素，尽量用典型的材料进行具体、深入的介绍。力求在介绍知识的同时，讲出中国文化的内在意韵、核心价值观念，讲出中国人的人生智慧、文化品格、审美趣味和生活品位，使青年读者感受到中华民族包容、大气的胸襟和强大的生命力、创造力、凝聚力。

总之，我们希望学生通过这本书，不仅获得中国文化的知识，而且能感受和把握中国文化的核心价值，从而产生对中国文化的高度认同，在传承祖国灿烂文明和优秀文化时具有历史纵深感。

张宏图

目　录

第一章　回望与寻根 001

第一节　在水一方 001
一、中国传统文化 001
二、中国传统文化的历史地理环境 002
三、地理环境对中国传统文化的影响 004

第二节　疆域变迁 006
一、中国历代疆域的内涵 007
二、历史上中国疆域的变迁 007

第三节　农耕经济 013
一、中国传统自然经济的形成 013
二、中国传统自然经济的发展阶段和形态 015
三、中国农耕自然经济对中国传统文化的影响 015

第四节　回望历史 018
一、夏商周 019
二、秦汉至隋唐 021
三、宋元明清 024

第二章　智慧与信仰 031

第一节　"仁""礼"之学 031
一、孔子 032
二、仁者爱人 032
三、礼之用，和为贵 033

第二节　无为哲学 036
一、老子 037

二、无为 ... 037
　　三、道法自然 ... 038
第三节　阴阳变易 ... 040
　　一、阴阳是《周易》的基础 ... 041
　　二、变的道理 ... 041
　　三、八卦 ... 042
第四节　兵以诈立 ... 044
　　一、知彼知己 ... 044
　　二、兵以诈立 ... 045
　　三、不战而屈人之兵 ... 045
第五节　佛道信仰 ... 047
　　一、道教——得道成仙 ... 048
　　二、佛教——禅悟成佛 ... 049
　　三、三教交融 ... 050

第三章　制度与品格 ... 054

第一节　客从何处来 ... 054
　　一、姓氏的产生与发展 ... 055
　　二、中国人的名、字、号 ... 056
　　三、亲属关系 ... 057
　　四、宗法家族制度的特征 ... 058
第二节　礼仪之邦 ... 060
　　一、礼制：五礼 ... 061
　　二、礼节：待人接物 ... 062
　　三、礼貌：个人涵养 ... 063
第三节　尊师重教 ... 065
　　一、官学制度 ... 065
　　二、私学制度 ... 067
　　三、书院制度 ... 068
第四节　耕读传家 ... 070
　　一、耕读是一种生存技能 ... 071
　　二、耕读是一种生活方式 ... 072

三、耕读的功利性 073
　第五节　理想品格 076
　　　一、谦让恭和：蔺相如 076
　　　二、诚实守信：曾参 077
　　　三、义薄云天：关羽 078
　　　四、匠心独具：鲁班 079

第四章　创造与交流 083

　第一节　汉语汉字 083
　　　一、汉语 084
　　　二、汉字 084
　第二节　四大发明 087
　　　一、造纸术 087
　　　二、印刷术 088
　　　三、火药 088
　　　四、指南针 089
　第三节　中医中药 090
　　　一、整体平衡 090
　　　二、经络和针灸 092
　　　三、《神农本草经》与《本草纲目》... 093
　第四节　丝绸之路 095
　　　一、时尚的丝绸 095
　　　二、张骞出使 097
　　　三、敦煌莫高窟 097
　第五节　郑和下西洋 099
　　　一、先进的航海技术 100
　　　二、面向海洋的胸怀 101
　　　三、共享太平的愿望 101
　第六节　万里长城 103
　　　一、祈求和平 103
　　　二、在隔离中融合 103
　　　三、壮美长城 104

第五章　艺术与美感 109

第一节　诗意中国：诗歌 109
一、诗经 109
二、离骚 110
三、唐诗 111
四、宋词 112

第二节　品味人生：四大名著 115
一、《三国演义》 115
二、《水浒传》 116
三、《西游记》 117
四、《红楼梦》 118

第三节　悦耳悦心：音乐 122
一、黄钟大吕：礼乐治国 122
二、阳春白雪：以琴养心 123
三、下里巴人：多彩民歌 123

第四节　线条舞动：书法 126
一、法度 126
二、舞的节奏 126
三、毛笔与印章 127

第五节　水墨山水：绘画 130
一、黑白世界 130
二、空灵淡远 131
三、书画同源 132

第六节　梨园芬芳：戏曲 135
一、绚丽的脸谱 135
二、曼妙的虚拟 136
三、昆曲与京剧 137

第七节　文化名片：瓷器 139
一、浑然天成 139
二、含蓄内敛 140
三、青花之美 140

第六章　生活与情趣 144

第一节　东方风韵：服饰 144
一、典雅的唐装与雅致的旗袍 145
二、传统服饰图案 147
三、佩玉的传统 148

第二节　舌尖诱惑：美食 152
一、风味各异的地方菜 153
二、充满故事的菜名 154
三、高超的制作技艺 155
四、餐桌上的讲究 156

第三节　深巷"陋室"：民居 159
一、堪舆之学 159
二、院落民居：四合院 159
三、私家园林：苏州园林 160
四、江南水乡：周庄 162

第四节　淡雅甘醇：茶 166
一、茶的妙处 166
二、品茶之道 166
三、茶馆 168

第五节　智慧游戏：围棋 171
一、落子的智慧 171
二、争棋无名局 172
三、手谈 173

第六节　功夫与蹴鞠 175
一、少林功夫 176
二、太极拳 177
三、蹴鞠 178

参考文献 186

第二版后记 188

第一章　回望与寻根

阅读指导

中华文明是人类历史上最为久远和灿烂的文明之一。中国传统文化是中华文明的重要组成部分，是中华民族对人类的伟大贡献。中国的历史地理环境决定着中国传统文化的产生和发展趋势。学习本章，我们可以初步了解中国的地形、地貌、气候概况，中国疆域的历史变迁以及农耕自然经济对中国传统文化形成、发展产生的巨大影响。

学习目标

知识目标：了解中国传统文化的内涵；初步认识中国历史地理环境的特点，历史上中国疆域的变迁，农耕自然经济及其对中国传统文化的影响；初步了解历代朝代更替。

能力目标：学会初步辨析中国历史地理环境、历代疆域的变迁和农耕自然经济的特点；能说出代表朝代的特点。

素质目标：培养对中国传统文化的兴趣，激发对中国历史地理知识的热爱，激起对历史真实的探索欲望。

文化之旅

第一节　在水一方

文化是人的社会属性，但人是自然界的产物，自然是人类生存和发展的基础和前提。要研究文化不能不考虑地理环境因素。

一、中国传统文化

"文"在古代本义是花纹，引申为品德修养、文治教化。天文指自然规律，人文指人伦社会规律。"化"的本义是改易、教化。西汉以后"文"与"化"合成一词。"文化不改，然后加诛"（《说苑》），这里的"文化"与自然相对。广义的文化和文明意义相近，包括物质创造和精神创造。狭义的"文化"含义一般是指精神领域，包括知识、信仰、艺术、道德、法律、习俗等。这里的"文化"一般指狭义的文化。

"中国"最初是一个地理概念，是中华文化的摇篮。我们的祖先认为华夏族建国于黄河流域，这里是天下的中央，所以叫"中国"。中华民族是中国传统文化的创造主体，是对中国境内各民族的共同称谓。历史上的中国是经过长期的历史的发展，由历史上中国境内的各民族共同缔造的。自清朝完成统一后，至帝国主义入侵以前的中国版图，其大体范围是，东南包括台湾、澎湖列岛及附属岛屿（包括钓鱼岛），西北至巴尔喀什湖，西南起自喜马拉雅山；东北自库页岛，南起南海诸岛及相关海域，北至外兴安岭。在这个范围内的各民族、各政权都属于中国。

中华文化源头的形成是多元文化融合的结果。传说中的"三皇五帝"（三皇为伏羲、燧人、神农；五帝为黄帝、颛顼、帝喾、尧、舜）人物不确定，但把"三皇五帝"作为中华文化的起源还是得到认同的。黄河流域、长江流域乃至两大流域之外的广大地区都有中国古代文化的遗址发现。这一时期，黄河流域分布着崇奉各自图腾的氏族、部落。以后又逐渐形成两大文化圈：一是黄河中上游的华夏族，华夏族的后裔建立了夏朝；一是居于东海之滨的鸟夷族。华夏族是黄帝的直系后裔，鸟夷族是商王朝和秦人的远祖。长期以来，中国各民族相依相存，各种文化相互吸纳和融合，奠定了建立共同政治实体的基础，至清代最终实现中国空前的大统一，完成了各民族融合成中华民族的历史过程。

中国传统文化是中华民族共同创造的经长期历史发展所积淀的文化。独具特色的语言文字，浩如烟海的文化典籍，嘉惠世界的科技工艺，精彩纷呈的文化艺术，充满智慧的哲学宗教，完备深刻的哲学伦理等，共同构成了中国文化的基本内容。

二、中国传统文化的历史地理环境

适宜的地理环境是人类生存和发展的前提条件。中国传统文化生存和发展的历史地理环境包括自然地理环境和人文地理环境。一般认为，自然地理环境包括气候、地质、水文、海陆分布等，人文地理环境包括疆域、民族、人口、经济、农牧业、历史等。

（一）历史上中国的地形地势及人群分布

历史上的中国是世界最大的国家之一，不仅疆域辽阔、人口众多，自然地理环境也非常复杂而丰富，山地、高原和丘陵约占全国土地总面积的65%。中国位于欧亚大陆的东部，地势西高东低，地形呈阶梯状分布，习惯上称为"三大阶梯"。青藏高原是地势最高的阶梯，被称为"世界屋脊"。青藏高原多是高山峡谷，是我国长江、黄河等大江大河的发源地，居住过吐蕃民族和古羌人。青藏高原以东以北，至大兴安岭、太行山、伏牛山、雪峰山一线是第二阶梯。这里主要是高原盆地，塔里木盆地、准噶尔盆地、吐鲁番盆地、四川盆地和阿拉善高原、内蒙古高原、鄂尔多斯高原、黄土高原、云贵高原等都在这一区域。西南云贵高原崇山峻岭，地形复杂，是古代"西南夷"杂居的地方。云贵高原北面是古代巴人、氐人、羌人居住的地区。中间是成都平原，汉族人在秦汉以前就居住在这一带。再往北是黄土高原，此地是黄河泾渭区域，沃野千里，很多王朝在这里建都，是中华文化的发祥地之一。往东则是我国地势最低的一级阶梯，海拔低于200米的东北平原、华北平原、长江中下游平原，以及海拔数百米的东南丘陵都在这一区域。东北平原居住过鲜卑、契丹、满族等民族。华北平原自古以来有发达的农业，是汉民族的聚居区，是人口最为稠密的地区之一。长江中下游平原气候湿润，湖泊密布，经济发达，秦汉时代百越族居住在这一带，唐宋以后成为中国的经济中心。此外还有台湾岛、海南岛及广阔的海疆领土居住着许多少数民族。

（二）数千年来气候的变化及影响

中国的大部分领土处于北温带，气候有三个特点：一是季风气候显著，表现为冬夏两季风向有明显的变化，伴随着季风的季节性变化，降水也有明显的变化。二是突出的大陆性气候特点，表现为冬、夏两季平均温度与同纬度其他地区或国家有较大的不同。冬季低于同纬度地区，夏季则高于同纬度地区，气温年差较大。三是气候类型多种多样。这些特点，几千年来虽然并没有太大的变化，但因全球性气候变化以及人类活动对自然环境的影响，对中国的气候状况还是有一定的影响的。

总的来说，中国的气候南北迥异，东西有别。东南沿海湿润多雨，土壤肥沃，适宜农业耕作；西北地区干旱少雨，适宜放牧。中国的气候影响着中国的经济发展、民族迁徙、人口增长和文化传播，甚至影响到社会变迁和王朝兴衰。

（三）多民族融合

在中国的56个民族中，除朝鲜族、俄罗斯族、塔塔尔族等是最近一两个世纪从境外迁入的以外，绝大多数民族都是形成于中国，或已在中国生活了相当长的时间。历史上除汉族外，部分少数民族也曾建立过统治中原地区的政权，其中蒙古族建立的元朝和满族建立的清朝还统治过整个中国。但无论是汉族还是非汉族建立的政权，都能包容其他民族。中国一直都是多民族的国家。中国的历史是由各民族共同缔造的，中国传统文化也是由各民族共同创造的。

（四）人口众多

秦朝时中国的人口约2 000万人。秦末汉初，天下大乱，汉初时人口下降到1 200万人。随着汉朝政治经济的发展，到公元2年，汉朝有近6 000万人口（《汉书·地理志》），超过当时世界人口（约1.7亿）的1/3。12世纪初，北宋境内的人口已经超过1

亿，还不算辽、西夏境内和其他少数民族地区的人口，而当时世界人口约为3.2亿。据吕振羽、何炳棣、葛剑雄等学者考证，公元1600年时全世界人口约4亿，中国人口已达1.97亿，几近1/2。1850年，世界人口约12亿，而中国人口突破4.3亿，依然超过1/3。

历史上中国人口分布很不均衡，经历了由"北密南稀"到"东南稠西北稀"的变化。元初，60%的人口分布于华北平原，而长江以南大多数地区人口稀少。10世纪以后，主要的人口稠密区已经转到南方，其中长江中下游、成都平原、东南沿海人口尤其稠密。19世纪前期，苏州府（今苏州市）的人口密度超过每平方千米1 000人，为全国之冠。到20世纪初，以腾冲—瑷珲一线为界，中国形成了东南人口稠密区和西北人口稀疏区，至今仍无明显变化。

历史上的中国人口迁移频繁，且规模很大。14世纪中期以前，移民是由北向南，即从黄河流域迁至长江流域及更南地区，其中以西晋末永嘉之乱后、唐朝安史之乱后、北宋末靖康之乱后的三次南迁影响最大、移民人数最多。明初，数百万人口被从长江以南迁至江淮之间、淮河流域，及从山西迁至华北平原。

此后直到19世纪前期，移民的主流是从平原进入山区，从内地迁往边疆，如"走西口""闯关东"。随着沿海城市和工矿城市的兴起，又有大量人口从农村和小城镇迁入大城市。此外，历代统治者以行政或军事手段将人口集中在首都附近，向边疆或其他地区强制性移民以及将北方游牧民族、边疆少数民族内迁等事，也曾多次发生并且规模巨大。另外，东南沿海地区的人民也不断移居海外。自15世纪开始，就有中国人不断移居东南亚。人口的流动有利于中国传统文化的传播和发展。中国移民对所在国家的经济、文化、社会和政治诸方面都产生了巨大影响，作出了杰出的贡献。

三、地理环境对中国传统文化的影响

独特的地理环境塑造了中国传统文化的统一性与延续性。中国广袤的疆域为中华文化的繁衍发展提供了坚实的基础。在2 000多年以前，中国的版图已"东渐于海，西被于流沙。朔南暨声教，讫于四海"（《尚书·禹贡》）。版图内部是广阔的平原，特别是黄河、长江流域平原毗连，没有明显的天然屏障阻隔，因此在政治、经济、文化上都较海洋诸岛易于统一。即使发生大的社会动乱，文化传统也能够得到较大程度的保存，如三国两晋南北朝的文化南移。除了疆域辽阔，中国还是一个半封闭的相对隔离的大陆国家，这种隔绝的地理环境能够防止因异族入侵而导致文化中断、消亡的悲剧发生。中国传统文化因得益于此，而成为唯一延续数千年的古老文化。

独特的地理环境对中国传统文化的多样性有深刻的影响。中国地形复杂，气候多样，使中国传统文化呈现出多样性的特点。中国地势西高东低、向海洋倾斜，这种地势一方面有利于海洋湿润水汽深入大陆内地，形成降水；另一方面使中国许多大河滚滚东流，沟通了东西交通，方便了沿海与内地的联系。这种地理环境为文化的多样性提供了便利。中国传统文化自产生起，就因环境的多样性而呈现出丰富的多元形态，至春秋战国时期，就基本形成了具有地方特色的区域文化。如以河南为代表的中原文化，以两湖为代表的荆楚文化，以山东为代表的齐鲁文化，以陕西为代表的关中文化，以山西为代表的三晋文化。

西藏南迦巴瓦峰（张宏图拍摄）

地理环境对中国传统文化的独立性与保守性也产生了深远影响。由于中国地理环境相对封闭，在很长的历史时期内，中国与世界其他主要文明缺乏充分的接触，因而中国文化具有很大的独立性，迥异于其他国家的文化。中国的哲学、医学、戏曲的产生和发展，也都自成体系，与东西方其他任何国家都不同。正因为中国传统文化是在一种半封闭状态下产生的，所以它是一种自发的文化，独立成为一个系统，而且具有强烈的延续性与统一性。

总之，中国辽阔的疆域、复杂的地形、多样的气候、自成天地的地理环境对中国传统文化的统一性、延续性、多样性、独立性与保守性等特征的形成起到了重要作用，可以说没有这样独特的地理环境，便不可能产生这样自成体系的中国传统文化。

知识链接

中国何以称为"华夏"

"华夏"一词，在《尚书·武成》里已有述及。《武成》说，周武王攻灭了商纣，建立了周王朝，"华夏、蛮、貊，罔不率俾恭王成命"。意即：华夏、蛮、貊各族，没有不使自己的部族奉承天命归属周王朝的。《疏》云"华夏为中国也"，即指中原。

古书上为区别华夏本族和少数民族，往往把"华""夷"、"华""胡"、"夏""夷"对举。如我国历史上就有所谓"五胡乱华"，《左传·定公十年》有"裔不谋夏，夷不乱华"之语，《孟子·滕文公上》有"吾闻用夏变夷者，未闻变于夷者也"之语。总之，"华"或"夏"或合称"华夏"，古代均指中国。

为什么中国称为华夏呢？从文化上考证，《左传·定公十年》中说："中国有礼仪之大，故称夏；有服章之美，谓之华。"从地理上考证，《章太炎文录》中说："我国民族旧居雍、梁二州之地，东南华阴，东北华阳。就华山以定限，名其国土曰华。其后人迹所至，遍及九州，华之名始广。华本同名，非种族之号。夏之名实因夏水而得，本在雍、梁之际，因水以名族，非邦国之号。"两种说法虽然不同，但有其一致的一面，就是都与文化有关。

——资料来源：《兰台世界》2003年第9期，有改动

故事链接

大槐树下老鸹窝

明朝从洪武初年至永乐十五年，明政府在五十余年间组织了八次大规模的移民活动。据记载，明朝时在山西洪洞城北的广济寺旁有一棵"树身数围，荫遮数亩"的汉槐，汾河滩上的老鸹在树上构窝筑巢，星罗棋布，甚为壮观。明政府在广济寺集中办理移民，大槐树下就成了移民集聚之地。晚秋时节，槐叶凋落，老鸹窝显得十分醒目。移民们临行之时，凝眸高大的古槐，栖息在树杈间的老鸹不断地发出声声哀鸣，令别离故土的移民潸然泪下，频频回首，不忍离去，最后只能看见大槐树上的老鸹窝。为此，大槐树和老鸹窝就成为移民惜别家乡的标志。"问我祖先何处来，山西洪洞大槐树。祖先故里叫什么，大槐树下老鸹窝。"这首民谣数百年来在我国许多地区广为流传。

——资料来源：改编自李镇西《魂系山西》，中国科学技术出版社1995年版

山西洪洞大槐树

第二节　疆域变迁

国土是立国根本、民生之本、文化之根。中国疆域变迁对中国传统文化的发展产生了深远的影响。

一、中国历代疆域的内涵

"中国"一词最早出现于西周初年,到春秋时广泛使用。"国"最初是城市的意思。居住在城中的人称为"国人"。春秋以前,有很多大大小小的国,只有天子所居的"国"被称为"中国",即处于中心地位的国。最初中国仅限于今天的黄河中下游,即周天子的直属区和诸侯之中的晋、郑、宋、鲁、卫等国。秦汉时期,诸侯国都已统一于一个国家之内,这些地区就称为"中国"了。随着统一国家的形成、疆域的扩大和经济文化的发展,"中国"的概念也在不断地发展和变化着。一般说来,中原王朝的主要统治区就被称为中国,而它所统治的边远地区以及统治范围之外就是戎、狄、蛮、夷,就不属于当时所指的"中国"。

中国也是一个文化概念,一般即指汉族(华夏)文化区。从明朝后期开始,来华的西方人往往用中国或中华、中华帝国来称中国。鸦片战争以后,中国开始被作为国家或清朝的代名词。1912 年,中华民国建立后,中国才成为它的正式简称,成了国家的代名词。中国也有了明确的地理范围——中华民国的全部领土。1949 年中华人民共和国成立,中国的范围包括中华人民共和国的全部疆域。

疆域是一个地理、政治概念,包括陆疆和海疆。疆域又是一个历史概念,随着国家的形成和发展而逐渐形成和固定下来,中国疆域是各族人民共同缔造的。"疆域"是一个国家或政权实体境界达到的范围。中国历史时期的疆域是各个王朝的统治范围。

了解中国疆域变迁的历史,能使我们进一步了解中华民族活动的地域和中华传统文化发展的轨迹。中国疆域变迁的历史充分显示了中国传统文化的凝聚力。从秦朝到清朝,历史上中国的疆域——以汉族人口为主的农业区始终是稳定的、巩固的。中国传统文化为统一国家和民族大家庭的建立提供了可靠的基础。

二、历史上中国疆域的变迁

(一)走向统一的先秦时期

据文献记载,中国历史上第一个王朝夏朝(前 21 世纪—前 16 世纪)主要活动于今河南中、西部和山西南部。而商朝是我国有确凿可信历史记载的最早王朝。商汤多次迁都,最后迁到了"殷"(今河南安阳小屯村),所以商朝又叫殷朝、殷商。当时,商王朝直接统治管辖着东起泗上(今山东西部泗水流域)、西到河南(今河南伊、洛河流域)的广大平原地区。殷商王朝极盛时期,疆域西起今关中西部,东达今山东滨海,南抵淮河,北至关塞(今河北、山西北部),包括整个华北平原和黄土高原的一部分。商朝疆域内的很多土地未被开发,到处是荒山野林和村邑相交错。

公元前 11 世纪,商纣(帝辛)为周武王所灭。西周建立,定都丰镐(今西安市西南)。丰镐周围的渭河平原是它的中心,称"宗周"。周公旦辅政时,平定了管、蔡之乱，在伊、洛河流域修筑了洛邑、王城，称为"成周"。宗周和成周等王室直辖地也被称为王畿。王畿是周天子直接统治的地区。后来分封的很多诸侯国，是周天子间接控制的区域。西周的疆域南抵长江以南，西至甘肃，北达华北平原北部，东至山东半岛，成为一个强大的国家。

（二）第一个统一王朝秦朝的建立

前221年，秦始皇消灭了六国，建立了一个统一的大秦帝国。在灭六国的过程中，他不满足于获得这些国家的土地，进一步向周围地区扩张。在秦国的大将王翦等平定楚国的江南地区和越国旧地以后，秦国就越过崎岖的山岭和茂密的森林，进入今浙江南部和福建省，征服了当地的越人政权，设置了闽中郡。

前215年，蒙恬率30万大军赶走了河套一带的匈奴，收复了战国时赵国的旧地。前214年，秦朝在阴山南面、黄河以东设置九原郡，管辖新设立的44个县（一说34县）。为巩固北边的防线，秦朝又将原来秦国和赵国、燕国的长城连接起来，加以修缮，筑成了一条西起临洮、东至辽东的万里长城。经过多年的战争，秦朝夺取了今广东、广西和越南东北一带，设置了南海、桂林和象郡三个郡。在西南，秦朝以成都平原为中心，向西、向北扩张到了大渡河北和岷江上游，占据了今四川的宜宾并延伸到云南曲靖一带，设置了一些行政机构。到前210年秦始皇去世时，秦朝已经拥有北起河套、阴山山脉和辽河下游流域，南到今越南东北部和广东，西起陇山、川西高原和云贵高原，东至朝鲜半岛北部的辽阔疆域。秦朝在全国普遍实行郡县制，全国约有48个郡，管辖近千个县。秦朝是中国历史上首次建立的有广大疆域的统一国家。

（三）西汉疆域的拓展

前202年，刘邦建立汉朝，定都长安。由于战争，西汉初年的疆域大大缩小了。前138年，汉朝派军队先后将东瓯、南越、闽越收归，在南越旧址设立九郡，其中的交趾、九真等在今越南，珠崖和儋耳在海南岛。前129年，汉军对匈奴连续发动进攻，前127年，收复了"河南地"。汉朝在这里设置了朔方郡和五原郡，并修缮了蒙恬所筑的城塞，使边界又恢复到了阴山山脉一线。前121年，汉军主力从西路出击，俘获了匈奴浑邪王的儿子。不久，浑邪王杀了不肯投降的休屠王，率众降汉。汉朝的疆域扩大到了整个河西走廊和湟水流域，汉政府先后设置了酒泉、武威、张掖、敦煌和金城五个郡。就此打开了通向西域的大门。

汉武帝多次派张骞出使西域，沟通了与西域大宛、康居、大月氏和大夏等中亚国家的联系。前60年，汉朝在西域终于取得战争的决定性胜利，完全控制了天山北路，设置了西域都护府。西域都护府的辖境包括自玉门关、阳关以西的天山南北地区，以及今巴尔喀什湖、费尔干纳盆地和帕米尔高原以内的范围。西域都护府既是汉朝的军事驻防区，也是一个特殊的行政区。一方面它保持西域各国的独立，汉政府一般不干预它们的内部事务；另一方面，都护代表朝廷统治和掌管着这些国家的外交和军事权。因此，西域都护府也是汉朝疆域的一部分。

西汉的疆域东面、南面至海，西到今天中亚的巴尔喀什湖、费尔干纳盆地和帕米尔高原，西南到今天的云南、广西和越南北中部，北到大漠，东北到达朝鲜半岛北部江华岛一线以北。

（四）唐朝疆域的开拓

618 年，李渊建立唐朝，定都长安。随着隋朝的覆灭，除了海南岛，隋朝时扩大的疆域不仅全部丧失，而且东突厥大肆南侵，连唐朝的首都长安也受到威胁。但不久以后，唐朝就转入了攻势，恢复并开拓了疆域。

630 年，唐太宗派大将李靖消灭了东突厥，唐朝的实际控制区达到贝加尔湖以北，超出现在的国界。唐王朝曾在西北地区设置了伊州、西州等行政区，并设置安西都护府。668 年，唐朝灭高句丽，在平壤设置安东都护府。另外唐朝还一度取得了黄河上游的河曲之地和大渡河上游一带，设置了州县；在西南今贵州东北部、云南一部和广西建立了正式行政区。

唐·阎立本《步辇图》

唐朝的疆域并不限于它的正式行政区。唐朝在边疆地区先后设置了单于、安北、安西、北庭、安东、安南六个都护府和若干边州都督府，行使对这些地区的管辖权。唐朝的疆域最西曾到达咸海，最北曾到达西伯利亚（现在贝加尔湖和叶尼塞河上游），最东曾经到达库页岛，最南至越南的中部，这在中国历史上是空前的。但是这一辽阔疆域维持的时间并不长，并且到达最远处也不曾是同一时间。安史之乱后，唐朝疆域丧失过半，燕山、阴山以北被回纥占据，陇山、岷山以西为吐蕃占据，大渡河以南为南诏占领。

（五）空前规模的元朝疆域

元朝以前，没有一个少数民族的政权能够统治整个中国。1206 年，成吉思汗铁木真统一漠北建立蒙古帝国。1254 年，大理国王段兴智被蒙古军擒获，大理国灭亡。灭大理后，蒙古军进入吐蕃，完全控制了吐蕃地区。经过了 70 多年的军事征伐，蒙古人终于把中国的绝大部分统一起来，形成了疆域空前广阔的元帝国。1271 年，忽必烈改国号为"元"，定都大都。1276 年，元兵攻占南宋首都临安，宋投降。1279 年，宋于崖山战败，元灭宋。

蒙古帝国的疆域，向西延伸到欧洲。成吉思汗晚年实行分封，将今天山、阿尔泰山、额尔齐斯河以西的土地都封给了自己的三个儿子。由于大家服从成吉思汗，帝国还是统一的。在窝阔台当大汗时，也还可以指挥其他各部，但到蒙哥（宪宗）和忽必烈（世祖）时，各部已经不相统属，终因互相争夺大汗权位，蒙古帝国分裂成元帝国和四大汗国。从元朝开始，整个青藏高原成了中原王朝的一部分，与中国的其他部分结成了一个不可分割的整体。根据吐蕃地区普遍信奉藏传佛教的现状，元朝将它划归掌管全国佛教事务的机构——宣政院（至元初设置时称总制院，至元二十五年改名）管辖，尽管元朝在吐蕃实行不同于汉族地区的政策，但同样建立了一整套行政和军事机构，行使着完全的主权。

元朝的疆域规模空前，远超汉唐。在北方，西起今额尔齐斯河，东至鄂霍次克海。在东部，拥有朝鲜半岛东北部。在西南，包括今克什米尔地区以及喜马拉雅山南麓的不丹等地，今缅甸东北部和泰国北部。元朝在全国都设置了行中书省（简称行省），其中包括汉唐时从未设置过正式行政区的蒙古高原以北和辽河下游以北地区。

（六）清朝疆域的最终形成

1636年，爱新觉罗·皇太极登基，改国号"大金"为"大清"。1643年，清朝的疆域已经扩大到明长城以北，包括今内蒙古、东北三省和俄罗斯部分地区，北至外兴安岭以北、西起贝加尔湖、东至萨哈林岛（库页岛）间的地区。1644年，清军入关，迁都北京。1659年，清军占领云南。至此，除福建厦门、金门等地还在忠于明朝的郑成功手中外，清朝已经拥有明朝的全部疆域。1683年，清军攻入台湾，郑成功的孙子郑克塽投降。1684年，清朝在台湾设府、县、总兵等官员，隶属于福建省。

1690年开始，康熙帝三次带兵亲征噶尔丹，收复了蒙古高原，喀尔喀蒙古三部返回漠北，内外蒙古完全统一于清朝。1698年，和硕特部固始汗第十子达什巴图尔降清，青海和河套西部归入清朝疆域。

清朝入关前就与西藏建立了联系。康熙四十八年（1709年），清朝派侍郎赫寿入藏协助拉藏汗管理地方事务。1713年，五世班禅被封为"班禅额尔德尼"。西藏政教合一的统治体制得到了清朝的正式承认，清朝在西藏的统治地位也得到确立。

1755年，乾隆帝派兵进攻准噶尔部，不久占领伊犁，准噶尔部基本平定。1759年，清朝攻入喀什噶尔（今新疆喀什）和叶尔羌（今新疆莎车），大小和卓逃亡被杀。天山南路也告平定，清朝统一中国的大业至此完成。

1689年，清朝与俄国订立《中俄尼布楚条约》，确定了中俄东段的边界是外兴安岭和额尔古纳河。雍正五年（1727年），清朝与俄国签订《中俄布连斯奇界约》和《恰克图条约》，确定了东起额尔古纳河及其支流开拉哩河（今海拉尔河）相交处的阿巴该图，经恰克图（今俄罗斯境内的恰克图及蒙古境内的阿尔丹布拉克）西至沙必乃达巴汉（一作沙宾达巴哈，今俄罗斯西萨彦岭）的边界走向。

清朝全盛时的疆域分为25个一级政区和内蒙古盟旗：内地18省（直隶、山西、山东、河南、江苏、安徽、浙江、江西、福建、湖北、湖南、广东、广西、四川、贵州、云南、陕西、甘肃），下辖府、县，西南几省还保留一些土司土官；盛京、吉林、黑龙江、伊犁、乌里雅苏台（外蒙古）5个将军辖区；西宁办事大臣下辖厄鲁特29旗和玉树等40族土司，前者用蒙古盟旗制，后者用西南土司制；西藏办事大臣，统辖卫、藏、喀木和阿里四地区的营、城、呼图克图领地、部族及寺院；内蒙古六盟、西套蒙古和察哈尔，下设盟旗，与外蒙古相同，但由中央的理藩院直辖。尽管在有些地区实行一定程度的自治，但涉及国家主权和中央权威的重大问题则完全由朝廷掌握。

从秦始皇灭六国建立秦国开始，到清朝鸦片战争前，经过了近2 000年，中国终于形成了一个疆域辽阔、空前统一的国家（北起萨彦岭、额尔古纳河、外兴安岭，南至南海诸岛及相关海域，西起巴尔喀什湖、帕米尔高原，东至库页岛）。这奠定了中国统一的辽阔疆域的基础。可是，鸦片战争后受到西方列强的侵略，积贫积弱的中国先后丧失了大片领土。

1949年中华人民共和国成立后，中国与蒙古人民共和国（今蒙古国）建立了外交关系。我国政府通过平等友好的谈判与大多数邻国解决了历史遗留下来的边界问题，同时维护了国家的尊严和领土完整。香港和澳门分别在1997年和1999年回归中国。我国政府多次声明：南海诸岛、钓鱼岛、黄尾屿、赤尾屿等岛屿及其相关海域都是中国领土，绝不容许他国侵犯。

知识链接

九 州

古代分中国为九州。对于九州的具体分布，说法不一，据比较常见的说法，划分为冀、兖、荆、雍、青、徐、豫、扬、梁等九个州，即冀州（今山西省全境和河北省的西北部、河南省北部地区）；兖州（今河南省的东部、山东省的西部及河北省的南部一带地方）；荆州（现两湖、两广部分及贵州一带）；雍州（今陕西中部北部，甘肃东南部，青海东南部，宁夏一带）；青州（在今山东的东部一带）；徐州（今山东省东南部和江苏省的北部）；豫州（今河南省的大部，兼有山东省的西部和安徽省的北部）；扬州（北起淮水，东南到海滨，在今江苏和安徽两省淮水以南，兼有浙江、江西两省的土地）；梁州（自华山之阳起，直到黑水，应包括今陕西南部和四川省，或者还包括四川省以南的一些地方）。《尔雅·释地》一书有幽、营二州而无青、梁二州；《周礼·夏官·职方》一书有幽、并二州而无徐、梁二州。

"九州"还指全中国，泛指天下。《楚辞·离骚》："思九州之博大兮，岂惟是其有女？"宋代的陆游《示儿》诗："死去元知万事空，但悲不见九州同。"清代的龚自珍《己亥杂诗》之一二五："九州生气恃风雷，万马齐喑究可哀。"郭沫若《赞雷锋》："二十二年成永久，九州万姓仰英烈。"

——资料来源：改编自华觉明《中国科技典籍研究》，大象出版社2006年版

故事链接

郑成功收复台湾

美丽富饶的宝岛台湾，自古以来就是我国的神圣领土。明朝末年，荷兰侵略者强占了台湾。台湾人民恨透了这伙强盗，不断进行反抗斗争。

少年时代的郑成功，曾目睹荷兰侵略者在家乡福建沿海地区烧杀抢掠、残害乡亲。他从小就对荷兰侵略者十分憎恨。后来，郑成功成为统率千军万马的将领，他移师金门、厦门一带，决心进军台湾，赶走荷兰侵略者。

1661年4月，郑成功率领两万五千将士，分乘数百艘战船，浩浩荡荡渡海东征，开始进行驱逐荷兰侵略者的正义之战。郑成功在众将士的簇拥下，站在指挥舰船的楼上举目四望，这支前进中的庞大舰队，前后绵延十几里，风帆蔽日，战旗招展。郑成功看到自己亲手训练的军队纪律严明、军容雄壮，充满了必胜的信心。

荷兰侵略者获悉郑成功进军台湾的消息，十分恐慌。他们把军队集结在赤崁城和台湾城，还在港口沉下许多破船，企图阻挡船队登陆。郑成功利用海水涨潮之机，绕过了敌军设置的炮台和重兵把守的港口，从鹿耳门登陆。荷兰侵略军不甘心失败，又调动"赫克托号"等战舰，张牙舞爪地开了过来，猖狂地进行反扑。他们妄图凭借高大坚固的铁甲战舰和大炮，阻止郑成功继续登陆。

郑成功沉着镇定，指挥战船和战舰与敌人展开激战。英勇的将士冒着敌军密集的炮火，驾驶战船向敌舰冲去。他们在近处团团围住敌舰，使敌舰的大炮失去了威力。突然轰隆一声巨响，所有舰船都震动起来，海面上掀起十几丈高的巨浪。原来，郑军的炮火击中了敌舰的弹药库。敌军惊恐万状，乱作一团。郑军将士乘势用铁钩钩住敌人战舰，争先恐后地跳了上去。敌舰官兵无法逃脱，只好举手投降。至此，郑成功取得了登陆战斗的重大胜利。

荷兰侵略军遭到惨败，便龟缩在赤崁、台湾两座城里不敢应战。他们派出使者向郑成功求和，说只要郑成功退出台湾，他们愿意贡送十万两白银慰劳。郑成功义正辞严地说："台湾本来是我国神圣领土。我们收回台湾，是天经地义之举。如果你们赖着不走，我就用大炮把你们轰走！"

郑成功喝退敌军使者，派兵猛攻赤崁城。城里敌军负隅顽抗，垂死挣扎。有一个台湾同胞向郑成功献计道："赤崁城饮用之水都是从城外高地流下来的。只要切断水源，敌人就会不战自乱。"郑成功依计照办，果然不出三日，赤崁城的敌军便乖乖投降了。

盘踞在台湾城的敌军负隅顽抗，郑成功决定采取长期围困的办法逼敌军投降。在围困八个月之后，郑成功下令向台湾城发起强攻。荷兰侵略军粮尽水绝，走投无路，只好举起白旗投降。1662年初，敌军头目被迫来到郑成功大营，签字投降。在将士潮水般的欢呼声中，荷兰侵略者垂头丧气地离开侵占三十八年之久的台湾。

台湾宝岛重新回到祖国怀抱，台湾同胞男女老少个个喜气洋洋。他们成群结队，箪食壶浆，慰劳祖国将士。台湾各地街头巷尾，鞭炮之声不绝于耳，人们载歌载舞，欢庆这一时刻。

郑成功收复台湾以后，鼓励垦荒种田，大力发展生产，倡导教育，兴办学校，帮助台湾同胞改善生活，提高文化水平，有力地促进了台湾的发展。

这位伟大的民族英雄，虽英年早逝，但他收复宝岛台湾的丰功伟绩，永远铭记在中华儿女的心中。著名文学家、史学家郭沫若曾撰写一副对联，赞颂郑成功的历史功绩："开辟荆榛千秋功业，驱除荷虏一代英雄。"

——资料来源：节选自曹余章、林汉达著《上下五千年》，上海人民出版社 2009 年版，有改动

第三节　农耕经济

中国的传统文化，无论是物质的还是非物质的，都是建立在农业生产基础上的，它们形成于农业区，也随着农业区的扩大而传播。在传播过程中，虽然传统文化也吸收了游牧民族和其他民族文化的精华，但由于农业生产的基础始终没有改变，这种吸收都以是否适应农业文化的需要为前提。北方游牧民族虽然多次以强大的军事力量入主中原，但他们最终被农业文化所同化，北魏孝文帝的改革就是少数民族汉化、农业化的最有力的例子。而中国人因为重视农业和依赖土地，所以发展出了安土重迁、乐知天命、安分守己的民族性格，但同时也滋生了依附心理和自大、以我为中心的文化惰性，造成了一定程度的保守性。农业文明对中国传统文化的特点和中国人的民族性格的形成起了很大的作用。

一、中国传统自然经济的形成

早在四五千年前，黄河中下游流域和长江流域就出现了农耕文明。仰韶文化、龙山文化和河姆渡文化遗址，表明了华夏民族的祖先从渔猎向农耕生产过渡的历史轨迹。

仰韶文化（前 5000 年—前 3000 年）的生产工具以较发达的刀、斧等磨制石器为主。仰韶文化有较发达的农业，农作物为粟和黍。其陶器以细泥红陶和夹砂红褐陶为主，主要呈红色。红陶器上常有彩绘的几何形图案或动物形花纹，这是仰韶文化的最明显特征，故仰韶文化也称彩陶文化。龙山文化（前 2800 年—前 2300 年）泛指存在于中国黄河中下游地区（陕西、山西、河南、山东等省）的约为新石器时代晚期的一类文化遗存，因发现于山东章丘龙山镇而得名。这一时期的人们以农业为主而兼营畜牧、渔猎。龙山文化时期是中国制陶史上的重要时期，这一文化中磨光黑陶数量较多，表面光亮如漆。由此可见，在新石器时代，黄河流域的农耕文明已经达到了非常高的水平，黄河中下游自然也就成了中国上古时代的政治、经济和人文中心。在长江流域的河姆渡文化遗址（前 5000 年—前 3300 年）中，考古人员发现了大量的人工栽培的稻谷，农业工具也更灵巧，最具有代表性的是大量使用耒耜。其农业生产技术，远比仰韶文化的农业技术水平要高。一些有柄骨器上雕刻着花纹或双头连体鸟纹图案。河姆渡文化的社会经济是以稻作农业为主，兼营畜牧、采集和渔猎。

各式各样的耒耜

秦汉大一统局面为中国农耕区域的向南扩展提供了有利条件。汉晋以后的数百年间，北方战火不断，人民饱受灾难，大批以农耕维持生存的人们向南迁徙，足迹遍布长江中下游和东南沿海各地。而南方以优良的自然条件和生态环境，很快就显示出了农业生产的巨大潜力。隋唐以后，长江中下游地区迅速成为京都及边防粮食、布帛的主要供应地，"东南财赋"与"西北兵甲"共同构成了唐以后历代社会政治稳定的基本格局。在远古时代至隋唐以前，农业生产首先在黄河中下游达到较高的水平，历代国都把政治、经济和文化的中心设在这些区域。比如西安（包括咸阳），唐及唐以前有13朝国都定于此。唐以后，中国农耕区的中心，逐渐从黄河流域向长江中下游地区转移。谚语"苏杭熟，天下足""湖广熟，天下足"等，都证明了唐宋以后经济重心南移的历史事实。

由于地理环境的差异，中国北部和西北部以游牧经济为主，而其他地区则以农耕经济为主。东北和西北的游牧民族体魄健壮，勇猛善战，依靠放牧为生，加之地理环境的恶劣和经济发展的不平衡，使他们经常南下掠夺。匈奴、鲜卑、契丹、女真等北方少数民族南下，还建立过统治中原地区的政权，最典型的是蒙古族和满族分别建立了元朝、清朝，统治过整个中国。游牧民族与农耕民族的对垒，往往以迁徙、聚合、和亲为结局。比如战国时期赵武灵王的"胡服骑射"和汉唐时期开辟通西域的"丝绸之路"，农耕文明和游牧文明历经数千年的相互融合，互为补充，汇成气象恢宏的中华文明。

第一批中国重要农业文化遗产：浙江青田稻鱼共生系统

二、中国传统自然经济的发展阶段和形态

殷商、西周时期，属于土地国有的自然经济阶段。商朝是发达的奴隶制社会，土地归奴隶主贵族所有。所谓井田是将土地划分成"井"字形方块而得名。井田上面纵横着道路和沟渠。人们在一定数量的井田外围挖掘壕沟，并将掘出的土堆在沟边形成"封疆"。西周建立后，土地制度仍保持了"井田制"，所谓"普天之下，莫非王土"，意思是全国土地归周天子所有。周王把土地和奴隶赐给臣下，臣下可以随时将土地和奴隶转赐给别人。

东周之后，土地私有化和个体生产形态开始演进。春秋战国时期，由于生产力的发展和荒地被大量开垦，各诸侯国贵族的私田数量不断增加，贵族间争夺公田的斗争也逐渐激烈起来。由于各国实行了变法和改革，私有化土地所有制逐渐确立。奴隶主变成了地主；奴隶和平民则转变为佃农、半自耕农；土地也允许自由买卖。地主则依靠他们的权势，兼并农民的土地。清初，满族贵族实行"圈地"，出现了大量皇庄。就个体生产形态而言，自东周以后至清代，基本上每个家庭都是男耕女织、以织助耕的自给自足的小农业家庭，这是典型的自给自足的小农经济。

总之，东周以后直到清代，古代农业社会的土地私有化和家庭个体生产经营制，在我国延续了两千多年。

微课：
农耕自然经济
对中国传统文
化的影响

桂林龙胜龙脊梯田（张宏图拍摄）

三、中国农耕自然经济对中国传统文化的影响

上下五千年，农耕经济的持续性造就了中国文化的持续性，中国传统文化历经战乱与分裂的洗礼，不断得到充实和升华。以农立国，使得与农业有关的文化发达，比如说节气文化、中医文化、饮食文化等影响至今。中国传统文化的早期定型，也对后世人们产生了很大影响，所谓"圣人设教，为万世不易之法"，这种文化思维模式，一方面为

中国文化的长期延续和增进向心力起到了积极作用；另一方面也在不知不觉中积淀了文化守旧特质，成为社会向前发展的严重桎梏。在农业文明阶段，中国的综合国力在世界上一直遥遥领先，但到了工业文明时代，中国就开始落后了。

农耕经济的多元结构造就了中国传统文化的包容性。首先是在思想文化上百家争鸣。道家的老子，儒家的孔子，墨家的墨子，还有主张天人相分的荀况，法家学说之集大成者韩非，唯物论者王充，无神论者范缜，主张"公天下"的黄宗羲，反对"独治"的顾炎武，唯物论思想家王夫之等，都交相映现了中国文化的包容性。在区域上，中国传统文化包容了不同区域的文化，又促使不同区域的文化相辅相成、渐趋合一。比如，陕西的关中文化、湖北的荆楚文化、山东的齐鲁文化等。在吸收少数民族文化方面，汉代北方少数民族的器用杂物、乐器歌舞为中原农耕民族所喜爱和效法。在吸收外来文化方面，中国传统文化亦能兼容并包。佛教在汉代时传入中国，到魏晋时代迅速发展。汉传佛教既有儒道文化的成分，又有外来佛教文化的痕迹。明清之际耶稣教会来华，也显示了中华民族对外来文化的吸收。

田间劳作

农耕自然经济的早熟性造就了中国传统文化的保守性和凝重性。先秦时代，中国人即有敬德保民、民为邦本的思想。孔子"仁"的学说，孟子"民为贵，社稷次之，君为轻"的思想曾受到欧洲启蒙思想家的高度赞赏。中国传统文化的凝重性就是稳重有余，灵活不足；保守有余，开放不足。中国在汉、唐、宋时期都曾有过对外经济、文化交流的繁荣。元朝政府在统一全国的同时，就开始恢复海外贸易，但贸易一直处于时禁时开的状态。明朝政府曾一度封锁全部通商口岸，禁止客商往来。清兵入关后，也实行过"海禁"政策，严禁商民出海贸易。康熙二十三年，清政府宣布废除海禁，于次年指定四处通商口岸。乾隆二十二年，清政府又规定只准在广州一口通商。直到鸦片战争后，闭关锁国的局面才被打破。由此可见，在农耕经济条件下，中国一直是比较保守的，闭关锁国一直处于主导地位，显然，这种局面与传统文化凝重的保守性格是紧密相关的。

总之，中国传统自然经济对中国传统文化的影响，既有积极影响，又有消极影响。同样，对中国传统文化，我们既要看到它积极向上的方面，又要看到它消极落后的一面。我们要辩证地吸收中国传统文化中的积极成分，创造新的文化。

知识链接

中国气候变迁

中国气候变迁的基本规律，表现在五千多年来的温度变化上。这个变化可以明显地总结出四个温暖期和四个寒冷期。

1. 第一个温暖期从前3000年到前1100年，即仰韶文化时期到殷商时代。据甲骨文记载，当时安阳人种水稻是阴历二月下种，比现在早一个多月。另据北京附近的泥炭层分析表明，五千年前那里生长着大量的阔叶林，说明那里的气候相当温暖。

2. 第一个寒冷期从前1000年到前850年，即西周寒冷期。《竹书纪年》记载了周孝王时长江、汉水冻结的情况，说明那里当时的气候比现在寒冷。

3. 第二个温暖期从前770年到公元初年，即东周到秦汉温暖期。《春秋》中多处记载鲁国"春正月无冰""春二月无冰""春无冰"等。《荀子·富国篇》和《孟子·告子上》记载齐鲁地区农业种植一年两熟。

4. 第二个寒冷期从公元1世纪到600年，即东汉南北朝寒冷期，这个寒冷期在4世纪前半期达到顶点。《资治通鉴》载晋成帝初年，渤海湾从昌黎到营口连续三年全部结冰，冰上可往来车马及几千人的大部队，年平均气温比现在低2 ℃～4 ℃。

5. 第三个温暖期从公元600年到1000年，即隋唐时期，其间公元650年、678年、689年冬季，长安无雪无冰，可见当时气候温暖。

6. 第三个寒冷期从公元1000年到1200年，即两宋时期，此间公元1111年太湖全部结冰，冰上可以通车，公元1110年、1178年福州荔枝两度全部被冻死。

7. 第四个温暖期从公元1200年到1300年，即宋末元代温暖期。公元1225年，道士丘处机在北京长春宫作《春游》一诗，诗云："清明时节杏花开，万户千门日往来。"说明当时北京气候比现在温暖。

8. 第四个寒冷期从公元1300年到1900年，即明清严寒期。此间，公元1329年太湖结冰厚达数尺，"橘尽冻死"。公元1493年，淮河流域降大雪，从当年九月降至次年二月方止。洞庭湖变成"冰陆"，车马可以通行。

五千多年来，我国气候四个温暖期与四个寒冷期交替变迁，其大时段的温差是非常明显的。

京杭大运河

京杭大运河是世界上最长的古代运河。溯源大运河，肇始于春秋时期，形成于隋代，发展于唐宋，最终在元代成为沟通南北的水上交通要道。京杭大运河南起杭州，北到北京，流经浙江、江苏、山东、河北、天津、北京等省市，沟通海河、黄河、淮河、长江和钱塘江五大水系，全长1 747千米。京杭大运河主要是为南粮北运而开凿，它对南北地区之间的经济、文化发展与交流，特别是对沿线地区工农业经济的发展和城镇的兴起起到了推动作用。2014年6月22日，在多哈举行的第38届世界遗产大会上，"大运河"被正式列入世界文化遗产名录。

京杭大运河

故事链接

大禹治水

尧在位的时候，黄河流域发生了很大的水灾，庄稼被淹了，房子被毁了，老百姓只好往高处搬。不少地方还有毒蛇猛兽，伤害人和牲口，人们无法过日子。

尧召开部落联盟会议，商量治水的问题。他征求四方部落首领的意见：派谁去治理洪水呢？首领们都推荐鲧。

尧对鲧不大信任。首领们说："现在没有比鲧更强的人才啦，你试一下吧！"尧才勉强同意。

鲧花了九年时间治水，没有把洪水制服。因为他只懂得水来土掩，造堤筑坝，结果洪水冲塌了堤坝，水灾反而闹得更凶了。

舜接替尧当部落联盟首领以后，亲自到治水的地方去考察。他发现鲧办事不力，就把鲧杀了，又让鲧的儿子禹去治水。

禹改变了他父亲的做法，用开渠排水、疏通河道的办法，把洪水引到大海中去。他和老百姓一起劳动，戴着箬帽，拿着锹子，带头挖土、挑土，累得磨光了小腿上的毛。

禹新婚不久，为了治水，到处奔波，多次经过自己的家门，都没有进去。有一次，他妻子涂山氏生下了儿子启，婴儿正在哇哇地哭，禹从门外经过，听见哭声，但狠下心没进去探望。

经过十三年的努力，禹终于把洪水引到大海里去了，地面上又可以供人种庄稼了。
——资料来源：节选自曹余章、林汉达著《上下五千年》，上海人民出版社2009年版，有改动

第四节 回望历史

中国传统文化历史久远，是中国千百代人创造的文化成果，在世代相传中孕育、发生、壮大。其发展虽然漫长而曲折，但成果多彩绚烂，已成为中华民族的文化积淀，并注入中国人的血脉，成为中国人的文化基因。

一、夏商周

(一) 夏

据古书记载,中国历史上第一个王朝国家是夏朝。"夏"字,古人理解为"雅",引申为"文明"之义。根据"夏商周断代工程"公布的《夏商周年表》,夏代开始年约为前 2070 年。

夏本是一个部落联盟的名称,姒姓。相传在禹死后,他的儿子启与禹选定的接班人益进行了一场争夺统治权的战争。结果启杀益而获胜,从而接替其父的职位而成为新的统治者。从此,王位世袭制取代了禅让制。

夏朝后期,夏桀当政。夏桀是历史上有名的暴君,荒淫无道。当时商族逐渐强盛,首领商汤举兵伐夏,约在前 1600 年灭夏建商。

武梁祠汉画像石(中间为大禹,此为大禹标准像)

(二) 商

商朝建国后,曾经五次迁都。到了商王盘庚(约前 1300 年)时,才把国都定在殷(今河南安阳)。迁都后,商朝的政治、经济均有较大发展,特别是武丁统治时期,国力达到鼎盛。武丁后商朝开始衰落。

以殷为中心展开活动的商人,脱离原始社会不久,在以神秘性与笼统性为特征的原始思维的支配下,商朝人尊神重巫,体现出强烈的神本文化的特色。"殷人尊神,率民以事神。"为了听命于上帝,按鬼神意旨办事,殷人以卜筮来决定自己的行止。殷商甲骨上的文字多与占卜有关。

(三) 西周

约前 1046 年,周灭商建国,定都镐京(今西安以西)。

为了巩固统治,周武王和成王大封子弟功臣为诸侯,派驻各地驻守。这种封建制度史称"分封制"。周王室以"天子"名义高高在上，所封同姓或异姓诸侯除了要保卫天子及国土，还要按时纳贡朝觐。当与外敌作战时，诸侯还要带领自己的军队勤王。周初分封的重要诸侯有鲁、齐、燕、宋、卫、晋等。

周代分封制与周所实行的宗法制度关系密切。周代确立的兼备政治权利统治和血亲道德约束双重功能的宗法制，即宗子之法，也就是嫡长子继承权，其影响深入中国社会肌体。虽然汉以后的宗法制不再是国家政治制度，但其强调伦常、注重血缘的基本原则和精神却维系下来，并深切渗透到民族意识、民族性格、民族习惯之中。

除了建立完备的宗法制和分封制，周代还有一个文化创新，就是确立了把上下尊卑等级关系固定下来的伦理制度（礼）和与之相配合的情感艺术系统（乐），即"制礼作乐"。

西周国力强盛，到周厉王时，因其垄断山泽之利，导致国人暴动，厉王被逐，政权由贵族接管，史称"共和行政"。共和元年即前841年，是中国古史有确切纪年的开始。14年后，政归于宣王。宣王儿子幽王即位后，天灾人祸不断，前771年，幽王因宠幸褒姒引发了一场王位继承的争斗，申侯等引犬戎之兵攻镐京，杀幽王于骊山之下，西周灭亡。

（四）春秋战国

前770年至前476年，是中国历史上的春秋时期。从前476年到前221年秦统一天下，中国社会处于战国时代。

幽王被杀后，即位的平王在晋、郑等诸侯帮助下，于前770年东迁洛邑，史称东周。东周建立，虽然周王朝名义上得以维系，但政治社会的主导力量已经转移到了诸侯手中。春秋时期，一些大国通过兼并战争争夺政治主导权，即"霸主"地位。当时称霸的诸侯有齐桓公、宋襄公、晋文公、秦穆公、楚庄王等，史称"春秋五霸"。这其中以齐桓公和晋文公最为著名。而晋楚争霸，几乎贯穿了整个春秋时代。春秋末期，吴王夫差、越王勾践先后强盛一时，有些史学家也将其与齐桓公、晋文公并列为春秋霸主。

战国初年，诸侯国从春秋时期的一百四十多个，减少到十几个。大国有齐、楚、燕、韩、赵、魏、秦，即所谓的"战国七雄"。这些大国为了争夺土地和人口不断发动战争，战争持续了几百年，"战国"之名便由此而来。

春秋战国是一个"礼崩乐坏"的时代，是一个充满血污与战乱的时代，但也是中国文化奏起辉煌乐章的时代。

由于社会大裂变，战争不断、诸侯争霸、"共主"消失的社会大变革时代为中华民族的精神发展创造了一个千载难逢的契机，为各个阶级、集团的思想家们发表自己的主张，进行"百家争鸣"提供了历史舞台。

创造诸子学派的孔、墨、老、庄等，是中国文化史上第一批百科全书式的渊博学者，他们以巨大的热情、雄伟的气魄和无畏的勇气，开创了学派，编撰、修订了中国文化"元典性"著作，并对宇宙、社会、人生等各方面阐述了各自的见解。正是经由诸子百家的追索和创造，中华民族的文化走向大致确定了下来。有鉴于此，文化史家借用德国学者雅斯贝尔斯的观点，将春秋战国称为中国文化的"轴心时代"。

二、秦汉至隋唐

(一) 秦

秦始皇嬴政是秦帝国的缔造者,同时也是中国长达两千多年大一统局面的奠基者。嬴政自前230年起,在十年的时间内,先后灭掉了六国,终于在前221年完成了统一中国的大业。

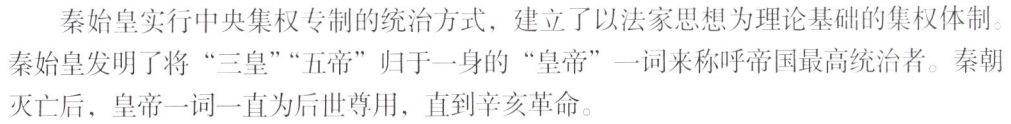

秦始皇实行中央集权专制的统治方式,建立了以法家思想为理论基础的集权体制。秦始皇发明了将"三皇""五帝"归于一身的"皇帝"一词来称呼帝国最高统治者。秦朝灭亡后,皇帝一词一直为后世尊用,直到辛亥革命。

为了巩固统一的政治局面,秦始皇推行了一系列文化措施。他实行"书同文,车同轨,度同制,行同伦,地同域",实施了"焚书坑儒"的文化专制制度。

微课:秦汉

(二) 汉

前207年秦朝崩溃。随后在刘邦与项羽之间爆发了楚汉战争。前202年,项羽败于垓下。这一年刘邦称帝,建立汉朝,定都长安。

汉朝继承了秦王朝的政治事业,沿袭秦朝各项制度。经过"文景之治",到汉武帝时,汉朝进入鼎盛时期,中国成为当时世界上最强大的国家之一。汉武帝对内政进行了重大调整,他接受了董仲舒"罢黜百家,独尊儒术"的建议,以儒家学说作为汉朝的官方意识形态。"大一统"作为中国政治文化传统由此确立。对外汉武帝发动了对北方匈奴的战争重创匈奴。为了寻找对付匈奴的同盟军,汉武帝派张骞出使西域,开辟了著名的"丝绸之路"。

王莽改制失败后,王莽及其新朝被灭。刘秀重新建立了汉朝,定都洛阳,史称东汉,历史上称为"光武中兴"。

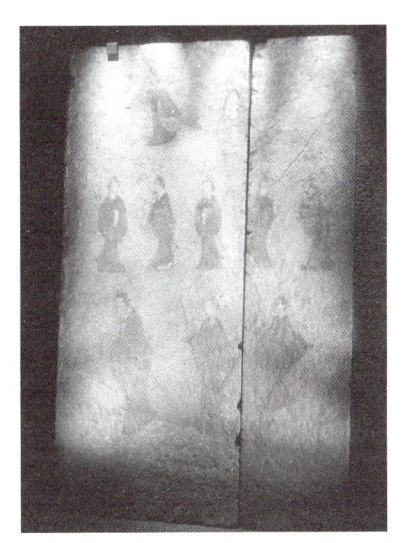

东平汉墓·彩绘汉画像石(张宏图拍摄)

(三) 魏晋南北朝

东汉末年的董卓之乱让汉朝土崩瓦解。一场长达近四百年的战乱由此展开,历史舞台上的角色更迭如走马灯一般。先有魏、蜀、吴三国鼎立,后有西晋的短暂统一。西晋亡后,中国北方先有十六国割据,后有北魏、东魏、西魏、北齐、北周等政权嬗递,南方则是东晋、宋、齐、梁、陈的更替。

国家分裂使秦汉时期形成的中央集权走向瓦解,拥有庄园经济作基础的世家大族们主导着社会的运作,风行整个国家的是讲究出身品第的门阀制度和士族政治,所谓"上品无寒门,下品无世族"。战乱打破了一元文化模式。这个时期的中国,出现了儒学、玄学、佛教、道教多元文化共生的局面。

与中原思想界"儒、玄、佛、道"四家相互交锋、同时出现的是因"五胡"(匈奴、鲜卑、羯、氐、羌)入主中原所引发的"胡汉文化"对撞,两类多元文化的相互碰撞为中国文化注入了生机与活力,从而为充满开拓进取精神的隋唐文化的诞生埋下了伏笔。

(四)隋

589年,隋文帝结束了中国长期割据分裂与南北对峙的局面。为了巩固南北统一的成果,去除门阀制度的影响,隋炀帝开始了科举取士。为了加强南北联系,保证盐粮供应,隋炀帝主持开凿了大运河,这对中国历史的发展产生了深远的影响。

(五)唐

隋朝只存在了短短的38年,就被李唐王朝取代。唐太宗在位的贞观年间,出现了有名的"贞观之治"。唐太宗去世后,李治即位,李治的第二个皇后武则天,在690年称帝,改国号为周。武则天是中国历史上唯一的女皇帝,也是历史上一位颇有作为的皇帝。武周政权持续了15年,705年,年迈的武则天让出了皇位,李氏恢复了对国家的统治。

唐·周昉《簪花仕女图》

武则天死后几年,她的孙子李隆基即位,就是唐玄宗。开元年间,他励精图治,任用贤相,出现了政治清明、物阜民丰的全盛局面,史称"开元盛世"。唐朝的国力达到鼎盛,对周边地区和民族的影响力超出了历史上任何时期。唐朝时期的中国是当时世界上最强盛的国家之一,是亚洲各国文化交流的桥梁和中心,在中西交流中也居于显著地位。

唐文化突出的特征是彰显出一种勇往直前的恢宏大气和海纳百川的博大胸襟。这得益于强盛国力的推动和开明政策的鼓舞。在文化政策上,唐太宗李世民与以魏征为首的儒生官僚集团,不仅在政治上实行开明政策,而且在宗教、文艺创作等领域实行开放政策,大力吸收外来文化,决不推行文化偏执主义。这样一种文化政策基本上为李世民的子孙们所继承。在对待文人上,唐王朝也采取较为宽容的姿态,促进了唐代文化艺术的高度繁荣。

如果说鉴真东渡、日本"遣唐使"来华、陆路和海路丝绸之路的繁华是唐帝国影响力的历史见证,那么今日在海外异国很容易见到的"唐人街",则正以自己的方式向过往行人诉说着那个时代独有的自豪。

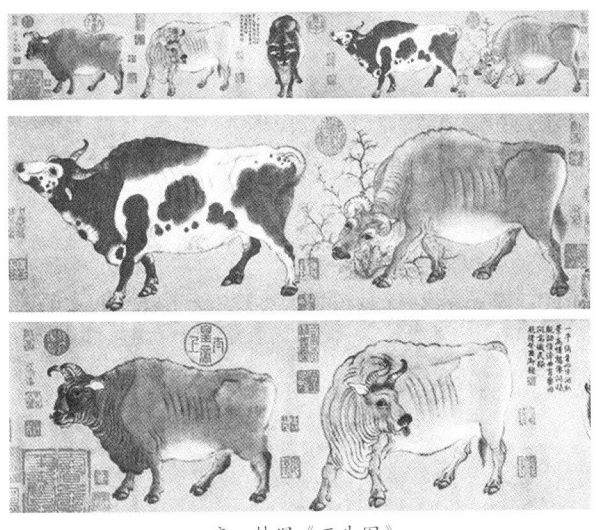

唐·韩滉《五牛图》

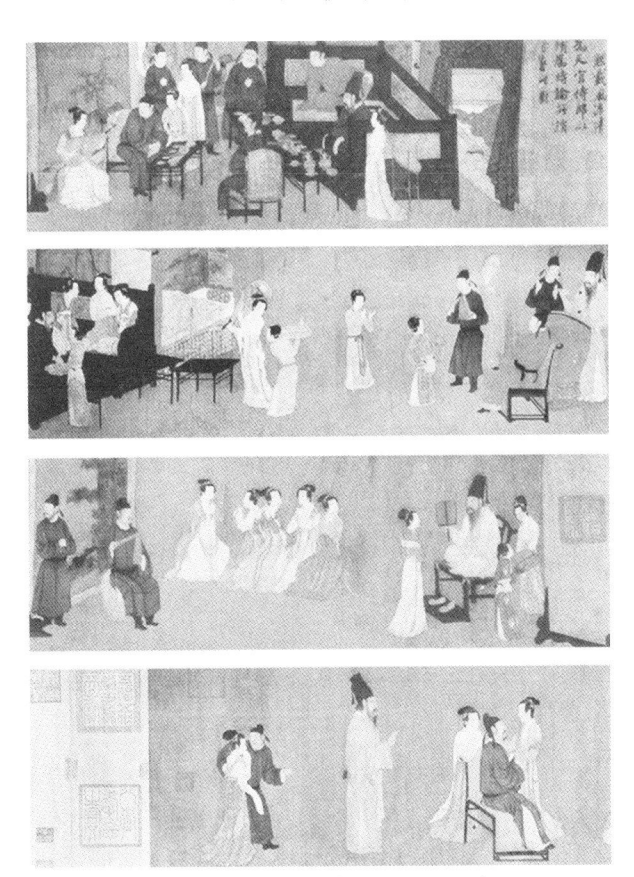

五代南唐·顾闳中《韩熙载夜宴图》

三、宋元明清

（一）宋

唐帝国覆灭后，中国大地上先是经历了50多年的"五代"（907年—960年）纷乱，尔后的北宋（960年—1126年）虽结束了五代十国的局面，但却未灭掉北方的辽、西夏和金，实现汉唐那样的真正统一。而偏安一隅的南宋（1127年—1279年）也始终要在与金、元的对抗中维持政权。

宋文化与开放、外倾、热烈的唐文化不同，它相对封闭、内倾、淡雅。宋文化最重要的标志是理学的建构，其影响至深至巨。理学将"天理""人欲"对立起来，进而以天理遏制人欲，带有自我色彩、个人色彩的情感欲求受到强大的约束。理学强调通过道德自觉树立理想人格，这也强化了中华民族注重人的气节和道德操守、注重社会责任与历史使命的文化性格。与理学着意知性反省、造微于心际趋向一致，两宋的士大夫文化也表现出精致、内趋的性格。无论宋词、宋画还是其他领域，无不显现出婉约、恬静、清秀的雅致与细腻。

在雅致的士大夫文化之外，还有一个熙来攘往、人头攒动的市民文化。名画《清明上河图》就描绘了宋代市民文化的繁华风貌。市民文化的主要形式是话本小说、木偶戏、皮影戏、杂技以及杂剧，这些都是为普通百姓所喜闻乐见的通俗文艺。两宋文化中引人关注的还有其发达的教育体系。两宋甚至做到了"学校之设遍天下"。教育的兴盛为文化的繁荣提供了大量不可或缺的人才。两宋文化在中国文化史中占据着极为重要的地位，诚如著名历史学家陈寅恪所言，"华夏民族之文化，历数千载之演进，造极于赵宋之世"。

宋·张择端《清明上河图》（局部）

（二）金

宋文化气魄上远不及汉唐雄壮，长期与辽、西夏、金对峙是原因之一，特别是1126年，金军攻陷东京（今河南省开封市），并于次年掳走宋徽宗、宋钦宗，北宋灭亡；1141

年，南宋与金达成和议，南宋向金称臣、纳贡。忧患意识渗透于宋文化的各个层面，而契丹、党项、女真等民族则从汉文化中吸取丰富营养。在金朝（1115年—1234年），儒学被奉为正宗道统。金人对汉文化的汲取整合，使汉文化渗透、延展于女真族中，从而在北方地区创立了一个"人物文章之盛，独能颉颃宋、元之间"（明代王世贞语）的文化天地。

（三）元

1271年，忽必烈正式定国号为"元"，定都大都（今北京市）。1279年，在元军的进逼下，宰相陆秀夫背着流亡的小皇帝，在崖山跳海自尽，南宋灭亡。

忽必烈建立元朝后，推行了一系列"行中国事"的汉化政策。元代汉化的主要标志是在南宋时期始终处于在野地位的程朱理学在元代升格为"官学"。

13世纪的元帝国是世界上最强大、最富庶的国家，其声威远及欧亚非。通过金戈铁马的征服战争，元帝国彻底打通了欧亚大陆之间的通道，而西亚和中亚的居民大批东迁中国后，为中国带来当时处于世界领先地位的阿拉伯数学和天文学。天文学家郭守敬在综合中西天文成就的基础上，制定了中国古代史上推算最精确、使用时间最长的《授时历》。当然，在西方异域文化东入的同时，中国文化中的火药、印刷术、历法、瓷器、绘画、丝绸、算盘等也开始迅速西传。

（四）明清

明朝（1368年—1644年）与清朝（1636年—1911年），是中国漫长古代社会的晚期，是中国君主专制制度登峰造极的时代，也是文化专制空前严酷的时代。

明朝统治者通过废除中书省和丞相，使六部长官直接听命于皇帝，设立地方行政三司，设立厂（东厂、西厂、内行厂）、卫（锦衣卫）特务机构以及推行八股取士等一系列措施，极大地强化了君主专制和中央集权。清朝的政治机构设置在大体沿袭明朝的基础上，通过设立内阁和军机处等机构进一步强化了君主专制和中央集权。

明清两朝的文化专制的主要表现是大兴"文字狱"。明朝负责监控士人的厂卫特务时常罗织种种莫须有的罪名，任意捕捉士人，以致出现"飞诬立构，摘竿牍片字，株连至十数人"的文化恐怖局面。清朝也出现了大量文字狱惨案，特别是在康、雍、乾三朝。如康熙朝的《南山集》案，被株连的人达数百之多。

明清统治者还致力于消灭各种非正统的异端思想。明朝将程朱理学定为官方思想，并将朱熹所注四书确立成科举考试的标准答案，规定凡"言不合朱子，率鸣鼓而攻之"（《名山藏·儒林传》）。与明朝相比，清朝对文化的摧残有过之无不及，如乾隆下令编纂《四库全书》后，至少完全销毁了2 453种和部分销毁了403种有"异端"思想的书籍。此外，他还下令禁毁了超过15万部书和8万块书版。众多噤若寒蝉的士人或埋头躲入文字考据之中，或与政府合作参与丛书编撰，而不敢从事真正的思想论争。

在文化专制背景下，明清两朝的中国古典文化进入了集大成阶段，出现了一批总结性的典籍。政府编撰了大型类书《永乐大典》《古今图书集成》，大型字典《康熙字典》，大型丛书《四库全书》。《永乐大典》是世界上最早、最大的一部百科全书；《康熙字典》

是世界上最早的字数最多的字典;《四库全书》则是至今为止世界上页数最多的丛书。大型图书的编纂是古典文化成熟的象征。

《永乐大典》

知识链接

辛亥革命

辛亥革命,是指发生于中国农历辛亥年(清宣统三年),即1911年,旨在推翻清朝专制帝制、建立共和政体的全国性革命。1911年10月10日(农历八月十九)夜,湖北新军工程第八营的革命党人打响了武昌起义的第一枪。经过一夜奋战,起义军占领武昌。10月12日起义军掌控武汉三镇后,湖北军政府成立,黎元洪被推举为都督,改国号为中华民国。在武昌起义胜利后的短短两个月内,湖南、广东等十五个省纷纷宣布脱离清政府。1912年元旦孙文就职中华民国临时大总统。1912年2月12日,清帝发布退位诏书。至此,延续2 132年的帝制历史终告结束。

辛亥革命是近代中国比较完全意义上的资产阶级民主革命。它在政治上、思想上给中国人民带来了难以估量的影响。革命使民主共和的观念深入人心。反帝反封建斗争,以辛亥革命为新的起点,更加深入、更加大规模地开展起来。不过,由于共和民主并没有在辛亥革命后得到广泛、真正地实施,辛亥革命实际上是"既成功,又失败了"。

"五四"新文化运动

"五四"运动是1919年5月4日首先发生在北京的一场以青年学生为主,广大群众、市民、工商人士等中下阶层共同参与的,通过游行示威、请愿、罢工、暴力对抗政府等多种形式进行的旨在反对"巴黎和会"上制定的"二十一条"的爱国运动,是中国人民彻底地反对帝国主义、封建主义的爱国运动。

"五四"运动既是一场政治运动,又是一场文化运动。"五四"时期的新文化运动,按照张闻天在《中国现代革命运动史》一书中提出的看法,是以1915年《新青年》(当时称《青年杂志》)的创刊为起点,以1921年社会主义问题的论战和1923年人生观问题的论战为一个终点的。它是中国旧民主主义革命与新民主主义革命分界的标志,是中国先进思想界方向转换的关键。

这场新文化运动，在"五四"以前和"五四"以后，构成了两个不同的阶段。"五四"以前的新文化运动从一开始就是一场思想启蒙运动。当时的启蒙思想家们对戊戌维新的失败和辛亥革命的流产进行过思考，提出了改造国民性这个任务。新文化运动的基本口号是民主和科学。

"五四"运动之后，中国的一批先进分子开始把自己的目光从西方转向东方，从欧美转向俄国，从资产阶级的民主主义转向无产阶级的社会主义。马克思主义在中国开始形成为一股有重要影响力的思想潮流，这是"五四"以后新文化运动的显著特点和最大收获，也是这个时期思想解放运动深入发展的成果。

故事链接

司马迁著《史记》

苏武出使匈奴的第二年，汉武帝派贰师将军李广利带兵三万，攻打匈奴，结果打了个大败仗，几乎全军覆没，李广利逃了回来。飞将军李广的孙子李陵当时担任骑都尉，带着五千名步兵跟匈奴作战。单于亲自率领三万骑兵把李陵的步兵团团围住。尽管李陵的箭法非常好，兵士也十分勇敢，五千步兵杀了五六千名匈奴骑兵，但是匈奴兵越来越多，汉军寡不敌众，后面又没救兵，最后只剩了四百多汉兵突围出来。李陵被匈奴逮住，投降了。

李陵投降匈奴的消息震动了朝廷。汉武帝把李陵的母亲和妻儿都下了监狱，并且召集大臣，要他们议一议李陵的罪行。

大臣们都谴责李陵不该贪生怕死，向匈奴投降。汉武帝问太史令司马迁，想听听他的意见。

司马迁说："李陵带去的步兵不满五千，他深入到敌人的腹地，打击了几万敌人。他虽然打了败仗，可是杀了这么多的敌人，也可以向天下人交代了。李陵不肯马上去死，准有他的主意。他一定还想将功赎罪来报答皇上。"

汉武帝听了，认为司马迁这样为李陵辩护，是有意贬低李广利（李广利是汉武帝宠妃的哥哥），勃然大怒，说："你这样替投降敌人的人强辩，不是存心反对朝廷吗？"他吆喝一声，就把司马迁下了监狱，交给廷尉审问。

审问下来，审判官给司马迁定了罪，判处腐刑（一种肉刑）。司马迁拿不出钱赎罪，只好受了刑罚，被关在监狱里。

司马迁认为受腐刑是一件很丢脸的事，他一度想自杀。但他想到自己有一件极重要的工作没有完成，不应该死。当时他正在用全部精力写一部书，这就是我国古代最伟大的历史著作——《史记》。

原来，司马迁的祖上好几辈都担任史官，父亲司马谈也是汉朝的太史令。司马迁十岁的时候，就跟随父亲到了长安，从小就读了不少书籍。

为了搜集史料，开阔眼界，司马迁从二十岁开始，就游历祖国各地。他到过浙江会稽，看了传说中大禹召集部落首领开会的地方；到过长沙，在汨罗江边凭吊爱国诗人屈原；他到过曲阜，考察孔子讲学的遗址；他到过汉高祖的故乡，听取沛县父老讲述刘邦起兵的情况……这种游览和考察，使司马迁获得了大量的知识，又从民间语言中汲取了丰富的养料，给司马迁的写作打下了重要的基础。

后来，司马迁当了汉武帝的侍从官，又跟随皇帝巡行各地，还奉命到巴、蜀、昆明一带视察。

司马谈死后，司马迁继承父亲的职务，做了太史令，他阅读和搜集的史料就更多了。

在正准备着手写作的时候，他为了替李陵辩护得罪武帝，下了监狱，受了刑。他痛苦地想：这是我自己的过错呀。

现在受了刑，身子毁了，没有用了。

但是他又想：从前周文王被关在羑里，写了一部《周易》；孔子在周游列国的路上被困在陈蔡，后来编了一部《春秋》；屈原遭到放逐，写了《离骚》；左丘明眼睛瞎了，写了《国语》；孙膑被剜掉膝盖骨，写了《孙膑兵法》。还有《诗经》三百余篇，很多是古人在心情忧愤的情况下写的。这些著名的著作，都是作者因忧愤而发奋写出来的。我为什么不利用这个时候把这部史书写好呢？

于是，他把从传说中的黄帝时代开始，一直到汉武帝太始二年（前95年）为止的这段时期的历史，编写成一百三十篇、五十二万字的巨著《史记》。

司马迁在《史记》中，对古代一些著名人物的事迹都作了详细的叙述。他对于农民起义的领袖陈胜、吴广，给予高度的评价；对被压迫的下层人物往往持有同情的态度。他还把古代文献中过于艰深的表达改写成比较浅近的表达。人物描写和情节描述，形象鲜明，语言生动活泼。因此，《史记》既是一部伟大的历史著作，又是一部杰出的文学著作。

司马迁出了监狱以后，担任中书令。后来，终于郁郁不乐地死去。但他和他的著作《史记》在我国的史学史、文学史上都享有很高的地位。

——资料来源：节选自曹余章、林汉达著《上下五千年》，上海人民出版社2009年版，有改动

扩展阅读

历史的天空
王 健

暗淡了刀光剑影
远去了鼓角争鸣
眼前飞扬着一个个
鲜活的面容
湮没了黄尘古道
荒芜了烽火边城
岁月啊你带不走

那一串串熟悉的姓名
兴亡谁人定啊
盛衰岂无凭啊
一页风云散啊
变幻了时空
聚散皆是缘啊
离合总关情啊
担当生前事啊
何计身后评
长江有意化作泪
长江有情起歌声
历史的天空
闪烁几颗星
人间一股英雄气
在驰骋纵横

主题实践

活动一
活动名称：本地区的传统文化特色调研。
活动目的：体验本地区的传统文化。
活动内容：到地方政府官网、图书馆、博物馆、档案馆等地查询地方志或者有地域特点的文化遗存。
具体要求：以班级为单位进行资料搜集，完成调研报告。

活动二
活动名称：读书或观看纪录片讨论。
活动目的：了解中国的历史发展。
活动内容：阅读《中国通史》等中国历史书籍，或观看央视网《中国通史》并讨论。
具体要求：活动后写读后感或观后感。

活动三
活动名称：认识本地区的非物质文化遗产。
活动目的：体验非物质文化遗产的文化意蕴，发扬传统文化。
活动内容：寻找非物质文化遗产传承人，学习本地区的非物质文化遗产技能。
具体要求：了解一两种非物质文化遗产的历史，掌握技能，传承技艺。

活动四
活动名称：游览当地著名的文化景观。
活动目的：体验传统文化景观，感悟传统文化的魅力。
活动内容：组织参观、游览、学习，查询文化景观的相关资料。
具体要求：写出游览心得或感悟。

第二章 智慧与信仰

阅读指导

中国先秦时代的哲人提出了天、地、人"三才一体"的思想，天、地、人的关系就是宇宙人生的根本问题。《周易》《道德经》《论语》等经典著作都是围绕调节天、地、人三者的关系展开的，是中国古代哲人的最高智慧。而儒教修身、道教养性、佛教修心的中国古代士大夫的处世原则和哲学基础，对中国传统文化以及当今中国人的习俗产生了深远、持久的影响。

学习目标

知识目标：了解古代哲学智慧的特点和精髓，熟悉孔子、老子、孙子等人的生平和主要思想。

能力目标：通过对古代哲学智慧的学习和了解，获得思想智慧，并能够运用其解决自己学习生活中遇到的问题。

素质目标：理解中国传统哲学智慧和宗教信仰的思维方式和精神追求，培养自己良好的道德修养和对家、国、天下的担当精神。掌握正确处理人与自然、人与社会、人与他人关系的思维方式。养成心存善念、爱心永驻的情怀。

文化之旅

第一节 "仁""礼"之学

《说文解字》记载："儒，柔也。术士之称。"儒最开始并不是一个学派的名称，而是一个行业的统称。术士，就是掌握有一定技术的一类人。儒者所掌握的技术是礼仪程序。在西周初年，儒者已存在，他们以礼、乐、射、御、书、数六艺教民。因此，原始意义上的"儒"，是对古代具有宗教性、政治性和教化性职业的知识分子的统称。

先秦是中国儒家学派的发生期，从孔子算起，一直到秦朝建立，前后三百余年。孔子创立儒家学派的社会背景非常复杂，与春秋时代的社会转型、鲁国的文化传统都有着密切的关系。儒家学派对中国传统文化的特点、发展趋势以及中华民族的整体价值观念、思维方式、民族性格等都产生了极其深远的影响。

一、孔子

孔子（约前551年—前479年），名丘，字仲尼。鲁国陬邑（今山东曲阜）人。他是春秋末年的大思想家、大教育家，儒家学派创始人。他的言论和生平活动记录在由他弟子及再传弟子编成的《论语》一书中。

《论语》一书是中国古代文化的经典著作。在孔子以后几千年的中国历史上，没有哪一位思想家、文学家、政治家不受《论语》的影响。它是把握中国几千年的传统文化、理解古代中国人内在心境的钥匙。

孔子

二、仁者爱人

"仁"是孔子的独创，是儒家思想体系的核心概念。"仁"最简单的表述就是"爱人"，即对人尊重和同情。孔子强调"仁"是一种普遍的道德原则，要践行"仁"必须由爱自己的父母开始。孔子不相信一个不爱自己父母的人能去爱普天下的人。所以孔子说"孝悌"是"仁之本"。孔子一直强调子女对父母应该有爱心。例如他说："父母在，不远游，游必有方。"意思是说，父母在世时，儿女不能远行，即使要远行也要有限度。这句话的实质，并不是限制儿女的活动，而是希望儿女要懂得父母的心，不能远走高飞而杳无音讯，不能让父母对自己过分思念和牵挂。孔子还说："父母之年，不可不知也。一则以喜、一则以惧。"意思是说，父母的年龄，做儿女的不能不知道，一方面要为父母的长寿而庆幸，一方面又要为父母的年老体衰而忧虑。

曲阜·孔庙杏坛

孔子的"仁"，是由"亲亲"出发，推广为普遍的爱。实现的方法就是"忠恕之道"。忠即"己欲立而立人，己欲达而达人"，就是说，自己有什么欲求，要想着别人也有这样的欲求，在满足自己的欲求的时候，要想着使别人这样的欲求也能被满足。恕即"己所不欲，勿施于人"，也就是说，自己不愿别人这样对我，我也不能这样对待别人。这就是推己及人，由亲及疏，由近及远，由家庭到社会，从而达到"博施于民而能济众"的普遍的爱。孟子说："亲亲而仁民，仁民而爱物。"这是对孔子思想的一个很好的概括，就是从爱父母开始，一直推广到爱天地万物，这就是"仁"。它统摄"义、礼、忠、恕、孝、悌"等德行，也是个人修养的最高标准。在孔子看来一个人能不能做到"仁"完全取决于自己，而不是别人。

今天，"己所不欲，勿施于人"，被认为是人类应该共同遵守的"黄金规则"。

三、礼之用，和为贵

孔子主张"克己复礼"（"克己复礼为仁，一日克己复礼，天下归仁焉"）。孔子这里的礼是指"周礼"，是西周社会赖以维持社会秩序的一套政治制度和普遍通行的伦理规范。孔子对周礼推崇备至，在他看来，礼代表着自然秩序和社会秩序的完美形式。

孔子的思想常常被另一个名词代替，即礼教。礼教一词，充分证明了"礼"在孔子学说中的重要地位。作为礼仪之邦，中国的"礼"在功能上远远超过西方的礼节，中国之"礼"，常常具有法的功能。"礼"是社会生活中的礼仪、制度、规范。也就是说，在古代，西方人失礼可能会令人讨厌，而中国人失礼则可能犯法。

在孔子以前，"礼"只作为国家政治生活中维护君主统治的一种典章制度，因此它常常与"敬天""祭祖"等各种宗教仪式融合在一起，并不具有道德价值判断的含义。孔子是中国历史上揭示"礼"的实质并且赋予"礼"以道德含义的第一位思想家。

孔子最重视的是丧礼和祭礼。丧礼、祭礼的精神就是"慎终"（慎重送别死去的父母）、"追远"（追怀自己的祖先）。孔子说，"子生三年，然后免于父母之怀"，子女生下来，要三年才能脱离父母的怀抱，因此子女对父母自然是一种爱慕之情，父母死了，这种爱慕之情和思念之情就表现为子女为父母服丧三年的礼。所以礼是出于人"亲亲"的真实情感。

在孔子看来，礼是一种规范人们行为的礼仪制度，其最大的功能和作用，乃是调整人与人之间的关系，使之和谐有序，即"礼之用，和为贵"。

知识链接

孟 子

孟子，名轲，字子舆，战国中期邹国人，相传是鲁国贵族孟孙氏的后裔，生卒年月不可详考，依目前较流行的说法，他约生于前372年，卒于前289年。有一种说法是孟子在十五六岁时到达鲁国后拜入孔子之孙子思的门下。他是我国战国时期伟大的思想家、教育家、政治家，百家争鸣高潮中儒家学派的主要代表，著有《孟子》一书。孔子

开创的儒家思想经孟子而发扬光大，长期影响着整个中国社会的发展和中华民族精神的塑造。孟子成为仅次于孔子的一代儒家宗师，有"亚圣"之称，与孔子合称为"孔孟"。

性善学说是孟子全部思想的基础。孟子认为，人都有恻隐之心、羞恶之心、恭敬之心、是非之心，这四心就是人与生俱来的天性——仁、义、礼、智的萌芽和开端。人有仁义礼智信等诸多美德，正说明人性是善的。

孟子继承并发展孔子"仁"的思想，从其性善论出发，提出了"仁政""王道"的政治学说。"仁政"就是国君能够"与民同乐"，使人民的生活安定。孟子的"仁政"学说，包含了对人民的重视，即民本思想，也就是说把人民看作是国家政治的根本。这是孟子学说中最光辉的组成部分，是对我国古代人道主义思想的总结和提升。

孟子提出了"大丈夫"的人格理想。真正的"大丈夫"，他住在天下最宽广的"住宅"——"仁"之中，站在天下最正确的位置——"礼"之位，走在天下最光明的大路——"义"之上。这样的人，得志的时候，偕同老百姓遵循着正道前进；不得志的时候，则独自坚持自己的原则。富贵不能扰乱他的心性，贫贱不能改变他的志向，威武不能屈服他的气节——只有这样的人，才称得上真正的"大丈夫"，即具有高尚人格的人。

荀　子

荀子（约前313年—前238年），名况，字卿，战国后期赵国人。著名思想家，又称"荀卿"。

荀子发展了孔子"礼"的思想，同时吸收了先秦法家重法的思想，提出了礼法兼治、王霸并用的主张。在人性问题上，荀子反对孟子的性善论，主张性恶论，反对把人的自然属性道德化，强调后天环境和教育对人的影响。在天道观上，荀子提出天人相分、人定胜天的观点。

稷下学宫

稷下学宫，是战国时期由齐国官方创办的一个学术文化中心兼政治咨询中心。稷下学宫设置在战国时齐国的都城临淄（今山东淄博市）稷门附近地区，故得名"稷下学宫"。

稷下学宫与早其二十年出现在雅典的希腊学园（又称阿卡德米学园或柏拉图学园）堪称双璧。它们是世界上最早的集高等教育与学术研究为一体的思想学术文化中心，分别在世界的东、西方以相似的方式展现出人类早期文明的智慧之光。

稷下学宫遗址

> 📖 **故事链接**

闵子骞传说

闵子骞，名损，字子骞，春秋末战国初鲁国闵家村（今山东省鱼台县大闵村）人。他15岁拜孔子为师，小孔子15岁，为孔门高足，是我国著名的思想家、政治家、教育家，随孔子周游列国。孔子赞誉他道："孝哉闵子骞！人不间于其父母昆弟之言。"

闵子骞的传说流传甚广，其孝德故事已成为全国人民效仿的典范。

闵子骞纯真至孝，突出表现在他对继母的宽容大度上。闵马父（闵子骞父亲）娶继母乐氏（一说姚氏），先后生下两个孩子。继母经常虐待闵子骞，在闵子骞十岁时继母给他穿芦花絮的锦衣（鱼台地处湖区，芦花为当年生水生植物，在芦苇成熟时长出芦花，开后酷似棉絮，但不保暖）。岁尾，闵子骞和弟弟随父坐车去赶集，父亲叫闵子骞学赶车，他冻得浑身颤抖，拿不住鞭子。父亲不知情，认为闵子骞装冷偷懒没志气，看到他穿的比弟弟的棉衣还要厚实，弟弟却无事，于是对着闵子骞猛打一鞭，芦花从衣中飞出，父亲方知闵子骞受到继母虐待。盛怒之下，父勒马倒车，欲回家找妻"算账"。闵子骞以十岁左右儿童少有的睿智，哭着为继母掩盖，说芦花是自己让母亲做的，这事不怪母亲，并跪在地上，述说了继母对自己的"褴褛"之恩和哺育之情，还表示要永远尊敬母亲，报答继母的养育之恩，恳求父亲不要休掉继母。在闵子骞长到十三岁时，继母为把他挤出家门，趁丈夫外出让闵子骞入赘当地一位员外家。在劝婚、督婚不奏效的情况下，继母勃然大怒，扒下闵子骞的外衣，将其赶出家门。闵子骞在天寒地冻的季节里举步艰难，以泪洗面。外出归来的父亲听弟弟诉过真情，目睹此状，携子回到家中，追述长子孝行，怒斥继母歹行，举笔要写休书休掉继母。在家庭破裂之际，闵子骞双膝跪地向父亲进言："母亲在，只是我一人受委屈，如果休掉母亲，我们弟兄三人都要受饥寒，只有留下母亲，全家才能团团圆圆。"

后继母终被感动，终生善待闵子骞。

闵子骞的传说，作为在民间广为流传的孝德故事，千百年来已深深扎根于广大人民群众中，闵子骞也被中国人视作千古孝德的典范。

鸡黍之约

相传，东汉明帝年间，汝南秀才张劭，在赶赴洛阳应举途中，与金乡范庄人范式夜晚同宿一店。夜间，张劭突然听到隔壁房间有人呻吟，就问店家："隔壁住的是什么人？"店家答："是一个穷秀才，正在害时症（即现在的感冒），发烧得很厉害，在此将死。"张劭说："既是秀才，我去看他。"张劭就来到隔壁房间，见一人卧于土榻之上。张劭见房中书囊衣冠，知范式也是个赴选之人。便尽力照顾范式，范式甚为感动。病好后，范张二人遂结拜为生死兄弟。之后二人同游太学。毕业时，正值重阳佳节，二人达成了一个君子协定，即每年重阳节的"鸡黍之约"，隔期互拜尊亲。兄弟间你来我往，杀鸡炊黍厚待对方，多年都雷打不动，一直遵守。后来，范式辞官回归故里，因忙于事务，疏忽了重阳鸡黍之约。当他想起时，已不可能在重阳节这天赶到汝南。范式急得满头大汗，就对妻子说："今天又是重阳节，该我去汝南赴鸡黍之约，做人要讲诚信，我不能失约。我要让我的魂灵去赴约。"言毕，范式遂刎颈自杀，使魂灵如期去赴鸡黍之约。张劭得信后，念及范式为守信而死，在凭吊范式后也在其灵柩前拔刀自刎而死。人们把范张二人同葬在一起。范张二位贤士成为不惜用生命去践约的诚信典范。

汉明帝怜其信义深重，为励后人，改范庄为"鸡黍"，并下拨银两在范式故地修坟建庙，即"二贤祠"庙和"二贤士"林。

"鸡黍之约"的故事始于东汉，《后汉书·范式传》等史籍及《喻世明言》等文学著作中都有记载。唐、宋、元、明、清历代诗人均有礼赞。如李白的"鸡黍之期，当速赴也"，苏轼的"君归趁我鸡黍约，买田筑室从今始"，李商隐的"鸡黍随人设，蒲鱼得地生"等。范张重阳鸡黍之约的故事，对弘扬诚信文化有着深远的历史意义和积极的现实意义。

——以上两则资料来源：樊云松《济宁非物质文化遗产名录》，中国社会出版社2010年版，有改动

第二节　无为哲学

人们常提及的儒释道三家，其中的"道"指道家与道教。道家与道教不同，前者是一个哲学派别，后者是一种宗教。但若论它们的根源，我们都要到先秦道家中去寻找。在先秦的百家争鸣中，道家虽没有像儒家和墨家那样成为显学，但这个学派对宇宙、社会和人生有着独特的领悟和解释，因而在历史的发展中呈现出永恒的价值与生命力。其学说以"道"为最高哲学范畴，认为"道"是世界的最高实体，"道"是宇宙万物的本原，"道"是宇宙万物赖以生存的依据。该学派的主要代表人物是老子、庄子。道家学说是道教形成的基础。

一、老子

关于老子和《老子》产生的时代，学术界有不同的看法。我们的介绍主要依据《史记》的记载。

老子（约前571年—前471年），是道家思想的奠基者。他的真实姓名是李耳，战国时人称他为老聃。他是苦县厉乡曲仁里（今河南省鹿邑县境内）人，曾在洛阳做周朝的史官。据传他曾经与孔子四次相见，孔子向他请教过关于礼的知识，可以算是孔子的老师。老子做了很长时间的史官，由于对周王朝失望，所以辞官归隐。据说他在西去出关之时，应关尹的请求，写下了五千字的《老子》，即《道德经》。

"道"是老子思想中重要的概念。"道"的含义非常丰富。首先，"道"是万物之本，天地万物都从"道"中产生；其次，"道"是一个混成物，是"无"和"有"的统一体；再次，"道"是运动变化的，是"有无相生"，即"有"和"无"相互转化；最后，"道"具有无为、柔弱等主要性质。

二、无为

老子把"无为"看作"道"的性质，也看作最高德行。什么是无为？虽然《老子》中没有明确说明，但从其中一句话"辅万物之自然而不敢为"可见其内涵。"辅万物之自然"是顺应万物本来的情形，"不敢为"则是要克制个人的欲望，不破坏万物的本来状态，明白不可为。明白不可为，是树立自己的敬畏之心。

"无为"作为老子哲学的重要概念，是对"自然"的保护。没有"无为"，就没有"自然"。老子说："无为而无不为。"意思不是说什么都不做，消极等待事情的成功，而是说人的一切事业应该从顺应自然的基础上去做，不能强行改变自然的节奏，不能乱为。老子反对"人为"，并不是否定人的积极创造，而是反对破坏自然节奏的盲目乱为。老子所倡导的是契合自然精神的创造。

"无为"表现为一种柔弱的态度。《道德经》称"弱者道之用"，把柔弱视为"道"的性质和作用。老子认为，"道"正因为柔弱而能永恒长存。与刚强相比，柔弱乃是生命的象征。他说："天下莫柔弱于水，而攻坚强者莫之能胜，以其无以易之。"人们可以看到，无论在日常生活中或是在战争中，水的攻击力量是别的东西不能代替的。这是一种辩证的智慧，老子看到世界上对立的事物（如有与无、先与后、福与祸、刚强与柔弱）是可以转化的，在他看来，无为、柔弱可以获得有为、刚强不能获得的效果。《道德经》把这概括为"柔弱胜刚强"。后人在评论老子思想的时候，常常会强调其崇尚柔弱这一点。

"无为"既可以是一种治国方法，也可以是一种生活态度。作为治国方法，"无为"主要是要求君主舍弃自己的意志和欲望，听从百姓之呼声。作为一种生活态度，"无为"与庄子讲的"逍遥"意义相同，指的是一种自由自在的生命感受。

三、道法自然

"人法地，地法天，天法道，道法自然。"道法自然——这是老子为我们提供的最高级的方法论。

"道法自然"即道效法或遵循自然，也就是说万事万物的运行法则都是遵守自然规律的。"自然"是老子哲学中最重要的概念之一，在我国古代，至少在先秦时期，"自然"一词并无近现代意义上的自然界或大自然的含义，因此将老子的"自然"理解为外在的自然物是错误的。它并非指外在的自然物，而是指一种自然而然、顺应世界的态度。

老子强调，世界上一切事物都有它的"性"，有其自身的运行规律，鸟在天上飞，鱼在水中游，春去秋来，花开花落，一切都是自然而然的，并不依人的意志而运行，所谓"独立而不改"，是告诉人们不要强行改变它。老子将"自然"和"人为"对立起来。"人为"是对"自然"的破坏，"人为"即"伪"，是不真实的。老子告诫人们，放下左右世界的欲望，顺应自然，谁顺应了这种自然谁就会与外界和谐相处，谁违背了这种自然谁就会同外界产生抵触。这里蕴含了老子看待世界的基本的认识论和方法论。

需要补充的是，老子所说的"自然"虽然不是自然界或大自然的意思，但不是说老子就没有关于这方面的思想。事实上，在先秦时期乃至整个中国古代，用于表述自然界或大自然的词汇是"天"或"天地"。老子把自然规律看成"天之道"，老子强调"天之道"的根本目的是为"人之道"提供逻辑依据的，认为"人之道"应当效法"天之道"。做不自然的事情，一定要考虑到后果。老子的这一思想对中华民族顺应自然、善与自然和谐相处的文化性格产生了深远的影响。

知识链接

庄 子

庄子，姓庄，名周，宋国蒙（今河南商丘）人。他是东周战国中期著名的思想家、哲学家和文学家，是继老子之后，战国时期道家学派的代表人物。

庄周因崇尚自由而不应楚威王之聘，生平只做过宋国地方的漆园吏，史称"漆园傲吏"。庄子最早提出"内圣外王"思想，对儒家影响深远。庄子洞悉易理，深刻指出"《易》以道阴阳"，其"三籁"思想与《易经》三才之道相合。他的代表作品为《庄子》，其中的名篇有《逍遥游》《齐物论》等。庄子与老子齐名，被合称为老庄。

庄子的想象力极为丰富，语言运用自如，灵活多变，能把一些微妙难言的哲理说得引人入胜。他的作品被人称为"文学的哲学，哲学的文学"。

庄周梦蝶

故事链接

老子出关

老子看到周王朝越来越衰弱，衰败得不像样子了，于是决定出走，要远走高飞。这要说到老子出关的事了。

老子要到秦国去，到西域去，这就得经过函谷关（另外一种说法是大散关）。函谷关的位置大概在今天的河南灵宝市，后来关口移到了今天的河南新安县。这里两山对峙，中间一条小路，因为路在山谷中，又深又险要，好像在匣子（函）里一样，所以取名为函谷关。

守关的长官是尹喜，称关令尹喜。传说这一天他正站在城关上瞭望着，只见关谷中有一团紫气从东方冉冉飘移过来。关令尹喜是一个修养与学识极其高深的人。他一看到这种气象，心里一顿，这是有圣人来了！只有圣人来才会有这样的氤氲之气。不多一会儿，就见到一位仙风道骨的人，骑着一头青牛慢慢向关口行来。竟然是老子！关令尹喜知道他要远走高飞了，就想一定要让这位当代最著名的思想家留下他的智慧，于是缠着他，要他写一点著作，作为放他出关的条件。

老子当然是不太愿意的，但是不答应关令尹喜，自己就没法出关。老子没办法，于是只得答应。

那时老子沉思默想，将他的智慧一个字一个字地写在了简牍上，先写了上篇，又接着写了下篇，据说写了几天。他写完了一数，共有五千来字，取名为《道德经》，上篇叫《道经》，下篇叫《德经》，又共分成八十一章。于是一部"五千言"的惊天动地的伟大著作诞生了！据说，关令尹喜读到这样美妙的著作，深深地陶醉了。他对老子说："读了您的著作啊，我再也不想当这个边境官了，我要跟您一起出走。"老子莞尔一笑，同意了，关令尹喜真的跟着老子出走了。据说后来还有人看到他们两人在西域出现，而且都活了好长好长的岁数！

老子出关一直被人们津津乐道地传说着、演绎着。鲁迅先生也对此发生过兴趣，还专门创作了短篇小说《出关》，还与别人打了一点笔墨仗。另外，老子出关中的"紫气东来"也成了中国文化中的一个基因，帝王之家将"紫气"当作吉祥、祥瑞的象征。老百姓之家也把"紫气"当作吉祥的象征，于是把"紫气东来"这些字写在大门上。先民还认为，哪个地方有宝物，哪个地方就会在上空出现紫气。

有趣的是老子骑坐的"青牛"也成了道教文化中的一个著名的意象，青牛后来成了神仙道士的坐骑了。到后来，"青牛"也成了老子的代名词了，老子又被称为"青牛师""青牛翁"等。这青牛还被老子家乡的百姓看作是神牛，说老子当初出关是乘这青牛飞过去的，并且也有一段美妙的传说。

材与非材

庄子在山中行走，看见一棵树长得很美、很高大，枝叶很茂盛，伐木者停在那棵树旁却不伐它。庄子问他这是什么原因，伐木者回答说："这棵树没有什么用处。"庄子说："这棵树因为不成材，结果得以终其天年了。"庄子出了山，来到县邑，住在老朋友的家里。老朋友很高兴，叫童仆杀一只鹅款待他。童仆请示道："一只鹅会叫，一只鹅不会叫，请问杀哪只？"主人的父亲说："杀那只不会叫的。"第二天，弟子向庄子问道："昨天山里的树因为不成材而得以终其天年，现在这位主人的鹅却因为不成材而被杀死，先生您将在成材与不成材这两者间处于哪一边呢？"庄子笑着说道："我将处于成材与不成材之间。成材与不成材之间，似乎是合适的位置，其实不然，所以还是免不了遭到祸害。如果遵循道德行事，就不是这样了：既没有美誉，也没有毁辱，时而为龙，时而为蛇，随时势而变化，而不肯专为一物；时而上，时而下，以顺应自然为准则，在万物的原始状态中漫游，主宰万物而不被万物所役使，那么怎么会遭到灾祸呢？这就是神农、黄帝所取法的处世原则。至于万物之情，人伦相传之道，就不是这样了。成功了就会毁坏，强大了就会衰微，锋利了就会缺损，尊贵了就会受到倾覆，直了就会弯曲，聚合了就会分散，受到爱惜就会被废弃，智谋多了就会受人算计，不贤德就会受人欺辱。怎么可以偏执一方而加以倚仗呢？"

第三节　阴阳变易

《周易》是中国最古老、最重要的经典之一。它与《诗》《书》《礼》《乐》《春秋》一起合称"六经"，是西汉以来历代士人必读之书，对中国传统文化的形成和发展产生了深远的影响。

《周易》的基本内容在三千多年前就已经形成。据传先后有三位"圣人"参与了这部作品的创作。伏羲是中国古代传说中的文化之神，是这部著作的奠基人。他创造了《周易》中最核心的内容——八卦。后来周文王对《周易》加以丰富。到了孔子时代，《周易》又有了新发展，他将《周易》真正理论化了，解释《周易》的《易传》即传来自孔子或孔子后学。

《周易》是奠定在占卜的基础上的，但是把《周易》仅仅看成占卜的书，是不正确的。这部书被孔子等人充分理论化后，占卜命运的意味就渐渐淡化，而其哲学意义则越来越突出。

一、阴阳是《周易》的基础

《周易》在中国历史上的影响是巨大的。哲学家将它发展成一套系统的哲学思想；科学家根据它观察天文地理；医生根据它治病；军事家必须精通《周易》方得用兵之道，等等。《易传》说，易道"广大悉备"。意思是说，天底下一切事情都可以包括在"易"的道理中。

《周易》的秘密就在阴、阳二字。《周易》用符号表现它们，阴写作"--"，阳写作"—"。

中国人认为，宇宙间有两大势力，一为阳，一为阴。阴阳是无影无形的，是气，天地间的一切均由阴阳二气产生，比如天是阳，地是阴；日是阳，月是阴；男是阳，女是阴；正面是阳，反面是阴。中国人将光明的、正面的、处于控制地位的力量概括为阳；将阴暗的、负面的、处于从属地位的力量概括为阴。

阴阳是既相互对立，又相互依存的。没有阴，就没有阳，没有阴气的作用，光凭阳气是无法化生万物的。反之亦然。二者相互作用，宇宙就有了活力。阳气上升，阴气下降；阳气是开，阴气是合。一升一降、一开一合，构成了宇宙的动势。一切变化的根源就源自阴阳二气的作用。

《周易》反映了中国人对宇宙生命的看法。如《周易》有六十四卦，开始两卦是关键，一卦为乾，一卦为坤。乾卦由六个表阳的符号组成，坤卦由六个表阴的符号组成。乾卦象征天，坤卦象征地。二者各有特点：乾卦说的是健，是阳刚之道；坤卦说的是顺，是阴柔之道。

《周易》从乾卦中，提升出"天行健，君子以自强不息"的精神；从坤卦中，提升出"地势坤，君子以厚德载物"的精神。中国人将"自强不息""厚德载物"作为世世代代谨守的两句格言，一方面强调要有刚健进取的精神，另一方面又强调要宽厚包容，像天地那样，勇于担当。这也成了中国文化的基本特点。

二、变的道理

《周易》的"易"，是变化的意思。中国人认为，世界上的一切都有阴阳两面，阴阳相互作用，形成无所不在的运动态势，宇宙中的一切都处在永恒的变易之中，没有固定不变的东西。中国人用流动的眼光看世界，认为生命是一个流动不息的过程，有人将此形容为"水的智慧"，世界如水一样流动。

《周易》的符号系统以阴阳为基础，由阴阳组合成八卦，由八卦叠合成六十四卦，每卦有六个爻，爻是八卦的最基本的单位。每一个爻都是一个"时位"，既是一个时间点，又是一个空间点，是时空一体的。易的六爻的顺序是由下往上，展示的是一个由低级向高级、由初始向纵深的展开过程，在不同的时间形成不同的空间变化。《周易》所展示的不是静止的生命，而是生命的流动过程。

《周易》认为，天地之间充盈着不断变化的事物，变化可以说是历史的主流。《周易·系辞传》说:"在天成象,在地成形,变化见矣。""易穷则变,变则通,通则久",没有变化,历史就可能断绝。正因世界是时刻在变的,所以《周易》告诉人们,宇宙是一个有生命的空间,不是死的,而是活的。有的东西看起来没有生命,例如一块石头,其实也有一种活的精神在,也处于永恒的变易过程中。这种思想成为中国文化的精髓,如中国艺术家追求"气韵生动",就是追求表现活的生命。而《易传》最突出的特点是视变化为创新,"富有之谓大业,日新之谓盛德,生生之谓易"。

三、八卦

讲《周易》,必然要讲八卦,八卦的"卦",是一个会意字,从圭从卜。圭,即土圭,指以泥做成的测日影的土柱。卜,测度之意。立八圭测日影,即从四正四隅上将观测到的日影加以总结和记录,这就形成八卦的图像。八卦是由阴"--"和阳"—"这两个符号组成的。《易传》中的《系辞传》说:"易有太极,是生两仪,两仪生四象,四象生八卦",八卦的两两相重,构成六十四卦。

六十四卦的每一卦都包含四项内容:卦象、卦名、卦辞和爻辞。用《易经》占筮,先是通过一定的方式求得卦象,然后根据卦象和卦爻辞作出判断。求得卦象的方法,与数字有关。《易传》中有"极数以定象"的说法。卦辞和爻辞是用来说明该卦或该爻吉凶的。

八卦代表八种基本物象:乾为天,坤为地,震为雷,巽为风,艮为山,兑为泽,坎为水,离为火。另外,每一卦还代表着不同的性质和意义,如乾为健,坤为顺,震为动,巽为入,坎为陷,离为丽,艮为止,兑为悦。这是八卦的取义。取象与取义最初是适应占筮的需要,后来逐渐引申出丰富的哲理。

就拿坤卦来说,它可以说是上古时代人们吟诵的关于大地的诗:"至哉坤元,万物资生,乃顺承天。坤厚载物,德合无疆。含弘光大,品物咸亨。牝马地类,行地无疆,柔顺利贞。君子攸行,先迷失道,后顺得常。"大地是人类的生命之基,哺育着一代代的人。大地是顺的象征,她如母亲一般柔顺、包容、温情、勤劳。

《易经》中任何一卦,不管它指示那种物象,它的实际意义都是讲天人关系,这种关系是以生命现象和生命活动为中心的。这就是《易经》的天人之学。

八卦图

知识链接

五 行

五行是华夏民族创造的哲学思想,多用于哲学、中医学和占卜方面。五行学说是华夏文明的重要组成部分。古代先民认为，天下万物皆由五类元素组成，分别是木、火、土、金、水，彼此之间存在相生相克的关系。五行是指木、火、土、金、水五种类物质的运动变化。

研究五行第一个要注意的是"行"，把行认为是走路，那就绝对错了。《易经》中乾卦的"天行健"，这个"行"是代表运动的意思，就是"动能"，宇宙间物质最大的相互关系，就在这个"动能"中。这个"动能"有木、火、土、金、水作代表。所谓"金"并不是黄金，"水"亦并不是杯中喝的水，千万不要把五行看成五种具体物质。

五行与五方·五常·五戒·五脏·五毒的关系

五行	木	火	土	金	水
五方	东方	南方	中央	西方	北方
五常	仁	礼	信	义	智
五戒	杀	淫	妄	盗	酒
五脏	肝	心	脾	肺	肾
五毒	怒	恨	怨	恼	烦

故事链接

文王拘而演周易

大约在前11世纪，殷商的最后一位王位继承者纣王帝辛，上台之后以很快的速度腐败着。其腐败的最明显标志，就是耽于淫乐和动辄杀戮。九侯把女儿献于纣王，仅仅因为该女不喜淫欢，就被纣王杀害，纣王还把献女的九侯剁成肉酱。鄂侯对此强进忠言，也被纣王杀死并做成干肉。周文王姬昌闻知此事仅偷偷叹息了一声，被崇侯虎告知纣王，结果，姬昌也被关在了羑里的监狱里。纣王将姬昌投进监狱的本意是要惩罚他，可纣王没有想到，他的这个残暴举动却催生了一部影响深远的经书。

82岁的姬昌被关进监狱，其内心的痛苦可想而知。仅仅因为叹息了一声，就要遭此磨难，世道怎会变成了这样？我猜，他最初入狱的那些天，可能会因气愤难息而在监狱里不停地踱步。但最后，他使自己镇静了下来，他明白他必须接受眼下的现实，不管心中多么不满和气恨，他都暂时无法走出这座监狱。既然如此，那就找点事做吧，要不然，怎么度过漫长的白天和夜晚？在监狱里能做成什么事？有监规在限制着，有武士在监督着！那就思考，没有谁能剥夺得了自己思考的权利。思考什么？82岁的姬昌要思考的事情太多，可只有一个问题最紧迫，那就是思考自己的命运，他太想知道自己未来的命运了，太想预测自己还会碰到什么，预测等在自己前边的是什么事情。可怎样预测？用何种办法预测？也许就在这时，他想起了伏羲的八卦，想起了八卦中的乾、坤、震、巽、坎、离、艮、兑，他于是依此琢磨，开始了自己的发现和创造。正当他全心钻研这前所未有的预测学时，新的打击又来到了。纣王为了进一步污辱姬昌的人格，从精神上彻底把他压垮，竟把他的长子伯邑考杀害，并烹作肉羹强令姬昌喝下。姬昌胸怀灭商大志，为避免遭到残害，只得咽下这揪心裂肺的人肉汤，然后再去含泪呕吐。为了对付这残忍的摧残，姬昌能做的就是更深地沉入对易经的钻研之中，去总结古人的生活经验，去回想古代的历史故事，把它们作为自己卦辞和爻辞的内容……

整整七年时间。在两千多个日夜里，文王就用监狱地上长的蓍草作为工具，把六十四卦和三百八十四爻演绎得清清楚楚。这需要怎样的毅力和忍耐力！他这样做的最初动机，可能只是为了预测自己的命运，为了短暂地忘记那难忍的侮辱和钻心的苦痛，但他的研究成果，却为预测学奠定了坚实的基石。

苦难成就了一个伟人。"文王拘而演周易"的经过，让我们再一次见识了人抵御苦难的能力，见识了人的创造力有时会被苦难激发的奇迹。周文王姬昌的遭遇和作为再一次告诉我们，世界上没有不可以承受的苦痛，人有着抵挡苦难的巨大潜力，当命运给了你意外的灾难后，你要坚信自己不会被压垮，你要迅速找到使自己重新站立起来的办法。

——资料来源：周大新《遥想文王演周易》，《人民日报》2006年7月12日，有改动

第四节　兵以诈立

据统计，中国古代兵书，从先秦到清代，有三千多种。在所有的兵书中，最经典的是《孙子兵法》。它最具战略高度，最具哲学色彩，最具运用之妙，最为后代兵家所推崇，孙武也被称为"百代谈兵之祖"。

《孙子兵法》是记载春秋时期著名军事家孙武的兵学思想的经典，共十三篇，约六千字，从《始计篇》开始，到《用间篇》结束，对用兵中的各个环节，作了精深微妙的分析。它提出的一些重要的战略原则，至今仍有重大的意义。正如美国兰德公司（美国的重要战略研究机构）的学者波拉克斯说，孙子的智慧和孔子的智慧一样具有永恒的价值，这种智慧属于全世界。

孙武（约前545年—约前470年），是春秋末期齐国乐安（今山东广饶）人，曾祖、祖父均为齐国名将。自幼喜研兵法，颇有心得。因齐国内乱不止，为避祸，全家离开齐国去往吴国。后吴国谋臣伍子胥发现了孙武，多次向吴王推荐。孙武受吴王阖闾的重用，受命指挥军队伐楚。他率领吴国军队大破楚国军队，占领了楚的国都郢城，几乎灭了楚国。

孙　武

一、知彼知己

《孙子兵法·谋攻篇》说："知彼知己者，百战不殆。"殆，危险。这是《孙子兵法》中流传最广的名言，它指明，战争指挥者对敌我双方情况的了解和认识，是战争中取胜的先决条件。孙子认为，知，是战的前提和基础。打仗不能糊涂、莽撞，不能不明敌情。知，要全知、详知。从狭义上说"知彼知己"，包括知我军和知敌军。但从广义上

去理解，它应当包括一切与战争有关的信息，如敌军我军、天象气候、自然地理、诸侯盟友。"知吾卒之可以击，而不知敌之不可击，胜之半也；知敌之可击，而不知吾卒之不可以击，胜之半也；知敌之可击，知吾卒之可以击，而不知地形之不可以战，胜之半也。故知兵者，动而不迷，举而不穷。故曰：知彼知己，胜乃不殆；知天知地，胜乃可全。"（《孙子兵法·地形篇》）就是说，知己而不知彼，知彼而不知己，知己知彼而不知地知天，胜利都只有一半的概率，只有知己知彼而又知地知天，才有较高的胜率。

我们通常所说的"知己知彼，百战百胜"，其实和孙子的思想是有区别的。首先，孙子在了解信息时，一贯主张把了解敌人的信息放在首位，因为它的难度最大，所以要知彼在前，知己在后。其次，即使对敌情、我情和天地之情都了解了，也并不能保证你打胜仗。决定战争胜负的因素是十分复杂的。那种认为"知己知彼"就可以百战百胜的观点其实在战场上行不通。还是《孙子兵法》中的经典表述"知彼知己者，百战不殆"，准确、辩证地说明了战争信息与战争行为之间的深刻联系。

二、兵以诈立

除了"知"之外，孙子还强调"算"（计算、谋划）。他说："夫未战而庙算胜者，得算多也；未战而庙算不胜者，得算少也。多算胜，少算不胜，而况于无算乎。"算可以看作知的延伸和提高。在孙子看来，全面了解敌我双方的情况，只是取胜的必要条件，不是充分条件。如要胜，还要"察"（考察、研究）、"算"，形成具体的战略、战术，然后在行动中力求创造各种条件，使敌人处于不利地位，从而战胜敌人。

孙子之所以强调"算"，是由于他认识到用兵打仗是一种诡诈的行为。

《孙子兵法·始计篇》说："兵者，诡道也。"《孙子·军争篇》说："故兵以诈立，以利动，以分合为变者也。"孙子认为，用兵必定要用诡诈之道，这是重要的战略思想。这个思想又被后来的兵家概括为"兵不厌诈"。

兵以诈立，所以应"能而示之不能，用而示之不用，近而示之远，远而示之近"，就是要制造假象来迷惑敌人。

兵以诈立，所以应"利而诱之，乱而取之，实而备之，强而避之，怒而挠之，卑而骄之，佚而劳之，亲而离之"。就是用种种办法引诱敌人犯错，使敌人的将领狂暴自满，使敌人内部分崩离析，使敌人四处奔命，乘敌人混乱之际夺取胜利。

兵以诈立，所以应"攻其无备，出其不意"。就是在敌人完全意料不到的时间和地点对其发动进攻。

用兵者运筹帷幄之中，决胜千里之外，靠的就是兵不厌诈。

三、不战而屈人之兵

"不战而屈人之兵"是孙子的一个重要思想。孙子说："凡用兵之法，全国为上，破国次之；全军为上，破军次之；全旅为上，破旅次之；全卒为上，破卒次之；全伍为上，破伍次之。是故百战百胜，非善之善者也；不战而屈人之兵，善之善者也。""国"

指一个国家或中心城市,"军"为1万人编制,"旅"为500人编制,"卒"为100人编制,"伍"为5人编制。孙子用兵,并不强调一开始就给敌方以大规模毁灭性的杀伤和打击,相反,他认为这种大规模毁灭性的杀伤和打击是最下策。敌方的一个城市,能完整地拿过来最好,敌方的军队,能用最小的杀伤而取胜也最好。这就是全利原则。因此孙子说:"故上兵伐谋,其次伐交,其次伐兵,其下攻城。攻城之法,为不得已。"战争的理想形式是通过谋略和外交手段达到取胜的目的,兵戎相加,攻城拔寨,只是不得已而为之的办法。孙子的这些论述,包含了今天所谓整体战争的部分要素,体现了他对战争的深刻理解。

银雀山汉墓出土的《孙子兵法》残简

《孙子兵法》自始至终是教人善战,但同时又自始至终强调战争的残酷性和严重性,警告当政者,用兵者要慎战,这充分表现了作为军事思想家的孙子的仁者胸怀。

知识链接

三十六计

"三十六计"一语,先于著书之年。语源可考自南朝宋将檀道济。据《南齐书·王敬则传》"檀公三十六策,走是上计,汝父子唯应急走耳。""走是上计"意为败局已定,无可挽回,唯有退却,方是上策。及明末清初,引用此语的人更多。目前业内人士比较认可檀道济是"三十六计"的提出者。

原书按计名排列,共分六套,即胜战计、敌战计、攻战计、混战计、并战计、败战计。前三套是处于优势时所用之计,后三套是处于劣势时所用之计。每套各包含六计,总共三十六计。其中每计名称后的解说,均系依据《易经》中的阴阳变化之理及古代兵家刚柔、奇正、攻防、虚实、主客等对立关系相互转化的思想推演而成,含有朴素的军事辩证法的因素。解说后的按语,多引证宋代以前的战例和孙武、吴起、尉缭子等兵家的精辟语句。

故事链接

围魏救赵

战国中期，魏国派军队进攻赵国。魏国的军队很快包围了赵国首都邯郸，情况十分危急。赵国眼看抵挡不住魏的攻势，于是赶紧派人向齐国求救。

齐国大将田忌受齐王派遣，准备率兵前去解救邯郸。这时，他的军师孙膑赶紧劝他说："要想解开一团乱麻，不能用强扯硬拉的办法；要想制止正打斗得难分难解的双方，不宜用刀枪对他们一阵乱砍乱刺；要想援救被攻打的一方，只需要抓住进犯者的要害，捣毁它空虚的地方。眼下魏军全力以赴攻赵，精兵锐将势必已倾巢出动，国内肯定只剩下一些老弱残兵。魏国此时顾了外头，国内势必空虚。如果我们此时抓住时机，直接进军魏国，攻打魏国都城大梁，魏军必定会回师来救，这样，他们只能撤走围赵的军队来顾及首都的紧急情况，我们不是就可以替赵国解围了吗？"

一席话说得田忌茅塞顿开，他十分赞赏地说："真是英明高见，令人佩服。"

孙膑接着又补充说："还有一点，魏军从赵国撤回，长途往返行军，必定疲惫不堪。而我军则趁此时机，以逸待劳，只需在魏军经过的险要之处布好埋伏，一举打败他们不在话下。"

田忌叹服孙膑的精辟分析，立即下令按孙膑的策略行事，直奔魏国首都大梁，而且把要攻打大梁的声势造得很大，一边却在魏军回师途中设下埋伏。

果然，魏军得知都城被围，慌忙撤了攻赵的军队回国。在匆忙跋涉的途中，人马行至桂陵一带，不防齐军冲杀出来。魏军始料不及，仓皇抵御，哪里战得过有着充分准备的齐军。魏军被杀得丢盔弃甲，还没来得及解救都城，便几乎全军覆没。这次战争，齐军大获全胜，赵国也得到了解救。

孙膑用围攻魏国的办法来解救赵国的危困，这在中国历史上是一个很有名的战例，被后来的军事家们列为三十六计中的第二计。围魏救赵这一避实就虚的战法为历代军事家所欣赏，至今仍有其生命力。

它的精彩之处在于，以逆向思维的方式，绕开问题的表面现象，从事物的本源上去解决问题。其实，事物之间是相互制约的，看问题不能就事论事或只注意比较显露的因素，而要抓住问题的关键和要害，避实就虚，这样来解决问题可能更为见效。

第五节　佛道信仰

宗教作为一种社会意识形态，在人类文化史上一直占有十分重要的地位。如果说，不懂得基督教就很难对西方文化有一个全面的了解，那么，要深入了解中国文化，就不能不懂中国传统宗教。

提到中国传统宗教，中国古代的学术文化史籍中常有"三教"之称。即儒教、道教、佛教。儒教修身，道教养性，佛教修心，这三教共同构成了中国人的处世和哲学基础，对中国的传统文化以及当今中国人的习俗有着深远、持久的影响。也就是说，中国的传统文化中有很大一部分内容就是在儒释道三教共同作用下形成的，三家既相互竞争，又彼此吸收融合，不断发展。

一、道教——得道成仙

道教是中国的本土宗教。它是以追求长生不老的信仰为核心的宗教。道教是在先秦时期的神仙信仰基础上综合了不同地方的信仰和养生方术，并利用道家思想，于东汉末年形成的。此后，它又吸收了佛教和儒家的某些成分，经过南北朝和宋元时期两次大的发展演变，成为一个有着丰富内容的庞大的宗教体系。

道教的基本信仰是"道"。此"道"系由被道教奉为经典的《老子》而来，不过道教着重从宗教的角度去理解和阐释老子所讲的"道"，把它说成是宇宙万物之本原，同时又是"灵而有性"的"神异之物"。道教信奉的最高神——"三清尊神"也是"道"的人格化。根据《道德经》的"道生一、一生二、二生三、三生万物"的思想，道教把它衍化为"洪元""混元""太初"三个不同的世纪。三个世纪又进一步衍化为"三清尊神"：玉清元始天尊手拿圆珠，象征"洪元"；上清灵宝天尊手持如意，象征"混元"；太清道德天尊（太上老君）手持宝扇，象征"太初"。

太上老君（老子化身）

神仙思想是道教的核心思想。神仙本是中国古代神话传说中的意象，《庄子》中曾经描写过"不食五谷，餐风露宿，乘云气，御飞龙，而游乎四海之外"逍遥自在的神仙。道教继承和发扬了古代的神仙思想，把"长生不死""肉体成仙"作为道教追求的最高目标。"死"是人生的大问题，几乎所有宗教都提出"关于人死后如何"的大问题。然而道教所讨论的是"人如何不死"的问题，这和其他宗教讲的"灵魂不死"有重大区别。

道教修行的最终目标是"得道成仙"。道教认为，通过修道，使人返本还源，与道合一，就可成为神仙。这个神仙，不但灵魂常在，而且肉体永生。至于具体的修行方法，道教有一系列的道功、道术。道功指修性养神的内养之功，如清静、寡欲、息虑、守一、抱朴、养性、存思；道术指修命固本的具体方法，如吐纳、导引、服气、辟谷、食丹、符箓、斋醮。

道教作为我国土生土长的宗教，与中国古代文化的关系十分密切，其中最密切的是古代科学。道教的炼丹术开了古代化学的先河。而道教在中国的医学、药学等方面也作出了许多贡献。如唐代道士孙思邈的《千金要方》30卷，被誉为中国最早的临床实用的百科全书。

二、佛教——禅悟成佛

与道教不同，佛教是一种外来宗教。自两汉之际传入中国，经魏晋南北朝，再到隋唐，佛教在中国广为传播，并逐渐被中国文化吸收和改造，形成了中国佛教八宗，即天台宗、华严宗、法相宗、净土宗、密宗、律宗、三论宗和禅宗。其中影响较大的有五宗：天台宗、华严宗、法相宗、净土宗和禅宗。这些中国化的佛教派别，已和印度佛教有很大不同，其中禅宗是最典型的中国佛教，也是中国佛教中流传最广、影响最大的宗教。

禅宗是在融合印度大乘佛教和中国的道家学说基础上形成的，发轫于六朝，至隋唐趋于成熟。禅宗对唐代以后中国文化的发展影响极大。禅宗的思想还传到了日本和朝鲜半岛。在今天，不仅在东亚，就是在欧美等地，禅宗也仍然有明显的影响。

竹雕弥勒佛（张宏图拍摄）

惠能（638年—713年）是禅宗的主要代表人物，记载其思想的《坛经》是禅宗最重要的著作。惠能提倡心性本净、佛性本有、直指人心、见性成佛。他有一名偈："菩提本无树，明镜亦非台，本来无一物，何处惹尘埃。"意思是：心性本净，一切皆空，何有尘埃可染。禅宗强调心性的运用，以明心见性为宗旨。

在《坛经》中，惠能提出了"般若行"，突出强调通过顿悟的方法直接进入佛陀境界。他说每个人的本性本来是清净无染具有般若智慧的，只是一直被妄念的浮云所掩盖，处于"迷"的状态罢了。一旦妄念被消灭净尽，人们就可以顿时明见自己心的本性，使般若智慧显发出来，"一悟即至佛地"。

禅宗强调个体的内心觉悟，强调个体精神的独立、自由。如惠能所说："万法尽在自心，何不从中顿见真如本性。"禅宗又强调个体的直接体验，当下的解会。所谓"如人饮水，冷暖自知"。禅宗主张在普通的日常生活中，如吃饭、走路、担水、砍柴，都可以悟道。世上的一草一木，一切生机活泼的东西，都体现着禅意。所以禅宗强调"平常心是道"。平常心就是无念，无念就是不为外物所累，保持人的清净心。一个人一旦开悟，就会明白最自然、最平常的生活，就是最正常的生活，就是佛性的显现。"行到水穷处，坐看云起时""此心安处是吾乡"就是禅宗的人生哲学和人生态度。

在中国人的观念里，到处可见佛教的影响。如人们常说的觉悟、世界、报应、清规戒律以及"苦海无边，回头是岸"，都来自佛教用语。佛教对中国人观念影响最深远的是大慈大悲和因果轮回。

佛经有极强的文学性，特别是其中的幻想和夸张手法，对中国文学影响甚大。鲁迅在研究六朝小说时，就重读《百喻经》，因为他觉得六朝志怪里的奇怪想法曾受印度佛教影响。《西游记》更是直接取材于玄奘西行取经的佛教故事。佛教对中国艺术的影响广泛存在于音乐、绘画、雕塑、建筑等多方面。尤其具有中国特色的是寺塔艺术和佛窟艺术。

洛阳龙门石窟卢舍那大佛（张宏图拍摄）

三、三教交融

"三教交融"是中国传统文化特色，所谓"三教"即儒教、佛教与道教。要讲清儒释道三教融合，先要讲明白儒教。

儒教和儒学有着密切的关系，但儒学不等于儒教。儒教是我国封建统治者把儒学神圣化、宗教化而产生的一种特殊国教。

儒学在先秦时期只是"学"而不是"教"。孔子的儒学，以"仁"为思想核心，以"礼"为行为规范，以"义"为价值标准，以"智"为认识手段。重血亲人伦、重道德修养，主张"用世"。儒学成为儒教是从汉武帝开始的。董仲舒的"罢黜百家、独尊儒术"政策，开始了儒学的经学化和神圣化。宋明理学的发展适应了统治阶级的需要，"礼教"和"纲常名教"对人们的思想观念的压制和束缚作用极大。儒学经历代统治者的改造和推行，发展成为我国封建社会中一种特殊的国家宗教——儒教。

人们把儒教、佛教、道教在思想上的融合，称为"三教合一"。但这并不是指三种宗教合为一种宗教，而是三种教化的相互渗透、融合。

儒家主张以"正心、修身"为根本的济世文化。在儒家思想里，正心、修身是治国、平天下的起点、前提和必要条件，也就是要养成"君子"品格。儒家人格修养的最高境界是"仁"，而"仁"的基本含义是：忠恕和爱人。可见，这是一种驱使人心向善的文化。

道教在其发展演变中，逐渐成为一种以积德行善、得道成仙为目的的成仙文化。道教强调要达到成仙的目的，必须通过积德行善这个途径。而积德行善则是现世的人生修养、人生境界。道教把信仰与道德、目的与手段、彼岸与此岸这些本不相干的东西巧妙地联系在了一起。

佛教是以诸恶莫作为主旨的修心文化。佛教有一句有名的偈语："诸恶莫作，众善奉行。自净其意，是诸佛教。"佛教特别是中国佛教所弘扬的是止恶扬善的道德修行，是把个人的"修心"和对他人的"性善"有机结合起来的。如果说"修心"是为了成佛，是出世；那么"行善"则是为了"度人"。也就是说，佛教文化是要人们在心底里对他人真正地充满善意、充满友爱。慈悲精神是佛教文化的命脉。

儒家讲治国必先"正心"和"修身"，否则国家治理不好；道教讲想成仙的人必须积德行善，否则无法成仙；佛教讲想修行成佛的人必须具有大慈大悲的菩萨心，否则就无法自度。尽管三教的最终指向不同：儒家济世、道家成仙、佛教成佛，但有一点是相同的，即都是直指人心，注重自身修养，注重行善爱人。历代统治者正是看到了三教对人民的教化作用，才允许并推动三教共存，由此才形成了以儒济世、以道养生、以佛修心、三教鼎立、三教融合的局面。

三教共荣、三教交融体现了中华文化开放和包容的胸怀。

知识链接

基督教

基督教是在1世纪由耶稣在今日的以色列、巴勒斯坦和约旦地区所创立的宗教。它建立的根基是耶稣基督的诞生、传道、死亡与复活。基督教主要包括：天主教、正教、新教三大教派。《圣经》是基督教重要的经典，在基督徒心中，《圣经》有至高无上的权威，是其信仰和生活的唯一准则，具体包括《旧约》和《新约》。

唐贞观九年（635年），基督教聂斯托里派曾传入中国，称"景教"，但会昌五年（845年）因朝廷下诏禁绝佛教而被波及，在中原地区中断传播。元代时天主教和聂斯托里派再次传入，通称"也里可温教"或"十字教"，后随着元朝的灭亡而告中断。明万历十年（1582年）天主教再度传入，以利玛窦为代表的传教士带来了大批西方科学技术与知识文化，推动了中国的天文、历法、水利等多个领域的发展，特别是为中国文化向西方的传播作出了突出的贡献。18世纪，基督教因"中国礼仪之争"而被清朝禁止。鸦片战争后基督教各派再次大量传入中国。

伊斯兰教

伊斯兰教是7世纪由穆罕默德在阿拉伯半岛上创立的，它信奉"安拉"为超验的至上神，基本经典为《古兰经》，其信徒称为穆斯林。

伊斯兰教在唐永徽二年（651年）传入中国，中国人最早称之为"大食法"。元代时，大批"西域亲军"和工匠（包括阿拉伯人、波斯人、中亚人）随蒙古征服者来华，他们散居各地，并与汉、蒙等族通婚，逐渐形成了中华民族大家庭中的新成员——回族。

故事链接

黄粱一梦

唐朝时期，一个书生姓卢，字萃之，别人称之为卢生。一年，他上京赶考，途中在邯郸的旅馆里投宿，遇到了一个叫吕翁的道士，遂向他感慨人生的穷困潦倒。吕翁听后，从衣囊中取出一个枕头给卢生，说："你晚上睡觉时就枕着这个枕头，保你做梦称心如意。"

这时已晚，店主人开始煮黄米饭。卢生便按着道士的说法开始睡觉，他很快睡着了。在睡梦中，他回到家中，几个月后，还娶了一个清河的崔氏女子为妻，妻子十分漂亮，钱也多了起来。卢生感到十分喜悦。不久他又中了进士，多次层层提拔，做了节度使，大破戎虏之兵，又提升为宰相做了十余年。他先后生了5个儿子，个个都做了官，取得了功名，后又有了十几个孙子，成为天下一大家族，拥有享不尽的荣华富贵，至80岁而终。到醒来时，店主煮的黄米饭还未熟。卢生感到十分奇怪，说："这难道是场梦？"吕翁听了便说："人生的归向，不也是这样吗？"经过这次黄粱一梦，卢生大彻大悟，再不去想进京赶考了，反而进入深山修道去了。

黄粱梦石碑（张宏图拍摄）

象牙雕刻：八仙（张宏图拍摄）

扩展阅读

班扎古鲁白玛的沉默（见与不见）
——扎西拉姆·多多

你见，或者不见我
我就在那里
不悲不喜

你念，或者不念我
情就在那里
不来不去

你爱，或者不爱我
爱就在那里
不增不减

你跟，或者不跟我
我的手就在你手里
不舍不弃

来我的怀里
或者
让我住进你的心里
默然　相爱
寂静　欢喜

主题实践

活动一
活动名称：传承优秀传统文化实践。
活动目的：切身感受中国优秀传统文化，培养敬老孝亲的意识。
活动内容：去敬老院进行志愿服务活动。

活动二
活动内容：举行传统文化主题班会。
具体要求：各抒己见，谈谈天人合一、阴阳变易、贵和尚中的理念对你的个人生活有何影响。

活动三
活动目的：学会智慧地处理事情、解决问题。
活动内容：以"兵家文化在现代生活中的运用"为主题，写一篇800字左右的小论文。

活动四
活动目的：增强体魄、锻炼意志品质、培养合作精神。
活动内容：去当地的军事训练基地或素质拓展基地，开展团队素质拓展训练。

第三章　制度与品格

阅读指导

中国古代社会长期以来是个礼法结合、德主刑辅的社会。传统的宗法制度、礼法制度、教育制度在中国历史的变迁中起着举足轻重的作用，是中国传统文化的重要组成部分。"耕读传家"作为中国传统文化传承的重要形式，内含丰富的道德素质教育和价值观培育内容，在当下有选择地继承这一传统，可进一步促进个体人格培养及个人素质的养成。弘扬好的家风家教可潜移默化地改善社会风气，而古代先贤的高贵品格和人生态度，则是影响中华儿女理想人格形成的重要元素。

学习目标

知识目标：了解中国的古代宗法制度、礼法制度和教育制度。理解蔺相如、曾参、关羽、鲁班等古代优秀人物思想品格的养成以及他们对人类的伟大贡献。

能力目标：通过对中国社会伦理制度与君子品格的学习，积极传播体现优秀传统家风和人格追求的故事，并从中获得智慧，增强自身判断善恶美丑的能力、扶弱济困的能力、勇于担当的能力。理解当代人的价值选择与精神诉求之间的关系，正确处理身边的利益冲突。

素质目标：感受先贤的人格魅力，唤起对中国传统文化的热爱及敬畏，激发自豪感，继承和发扬中华儿女热爱祖国、诚实守信、乐于奉献、崇礼尚义、爱岗敬业、勤劳智慧的优良品格。

文化之旅

第一节　客从何处来

我们是谁？我们从何处来？我们向何处去？参天之木，必有其根；环山之水，必有其源。中华姓氏，源于上古，传续至今，在漫长的历史进程中，离合演化，人世翻覆，甚是繁杂。

追本溯源、寻根问祖是人的一种本性、一个情结、一份真情。姓氏及其附着的文化内涵就是一张绝佳的名片，是打通古今交流通道的最好载体，它以一种血缘文化的特殊形式记录了中华民族的形成史。

民族是家族的集合，家族是民族的镜子。每个家族都有一个梦，那就是人丁兴旺、门第光耀。个人与家庭、家族与民族是联系在一起的。寻根问祖的过程，也是寻梦之旅。它不仅是寻找族谱、寻找族群、寻找先祖、寻找亲人的过程，也是寻找家族之梦、民族之梦的过程，更是寻找一种家国情怀的过程。在寻根的过程中，我们或为过去繁盛的家族而骄傲，或为祖先的创业而感动，或为长途的迁徙而震撼，或为百折不回的壮举而崇仰；得到的是祖先创业不易、后人定当珍惜的结论；产生的是唯有勤勉才能生存、唯有奋斗才能兴业的省悟；激发的是不忘祖训、振兴家族的内生动力。

一、姓氏的产生与发展

姓氏是表明某人从属于某一祖系家族的字。中国人的姓氏来源历史悠久，源远流长。

绝大多数的人了解姓氏是从《百家姓》开始的。《百家姓》成书于北宋初，原收集姓氏440个（不同版本数目略有不同）。现在的一些启蒙读物，如李逸安译注的《百家姓》（中华书局2009年版）中姓氏共504个，其中单姓444个，复姓60个。《百家姓》采用四言体例，对姓氏进行了排列，而且句句押韵，虽然它的内容没有文理，但对于中国姓氏文化的传承、中国文字的认识等方面都起了巨大作用，这也是它能够流传千百年的一个重要因素。

中国特别古老的姓氏，都可以追溯到三皇五帝。伏羲氏就开始"正姓氏，别婚姻"，但先秦时代的姓和氏是两个不同的概念，姓产生在前，氏产生于后。在母系社会，同一个母亲所生的子女就是同姓；在父系社会，姓则随父亲。随着同一祖先的子孙繁衍增多，这个家族往往会分成若干支散居各处，各个分支的子孙除了保留姓以外，另外为自己取一个称号作为标志，这就是"氏"。也就是说，姓是一个家族的所有后代的共同称号，而氏则是从姓中派生出来的分支。姓产生后，世代相传，一般不会更改，比较稳定，而氏则随着封邑、官职的改变而改变，因此会有一个人的后代有几个氏或者父子两代不同氏。另外，不同姓之间可能会以同样的方式命氏，因此会出现姓不同而氏相同的现象。

《左传·隐公八年》有一段著名文字，精要地阐明了"姓""氏"之间的关系和区别："天子建德，因生以赐姓，胙之土而命之氏；诸侯以字为谥，因以为族；官有世功，则有官族，邑亦如之。"意思是说，天子分封诸侯，根据出生而赐姓，又分封土地而称氏；诸侯以字作为谥号，后人便将之作为族号；担任官职而世代有功者，就以官名为族号；也以有受封采邑作为族号的。这里的族号，就是"氏"。

姓氏主要有四个来源：

一是从封地和赐姓而来，天子就是赐姓命氏的人。黄帝对他的二十五个儿子创设了十二个姓。陶唐氏之后代封于刘地，其后裔以刘为姓。

二是以生长地为姓。黄帝生于寿丘，长于姬水，故以姬为姓。

三是以封爵、官职为姓。楚庄王少子，作上官大夫，后代就以上官为姓。

四是因事物或其他原因而得姓。汉丞相田千秋年纪大了，出入乘车，人称"车丞相"，后人就以车为姓。葛是古姓，本来是琅琊诸县人，后有葛姓家族迁居阳都，阳都本来有姓葛的，又搬去姓葛的，故姓葛的人多了，就用"诸葛"来区别称呼他们，从此就有了复姓诸葛。

秦灭六国不久，汉又统一天下，作为维系周王室的宗法制度重要标志的姓氏有别制度，也随着王室的彻底坍塌而消亡。至此中国的姓氏才合二而一，或言姓，或言氏，或姓氏兼言。实际上皆以男氏代姓了。这就表明，以后的子孙，都是男袭血缘关系的繁衍，正如明代顾炎武在《日知录》中所说："自战国以下之人，以氏为姓，而五帝以来之姓亡矣。"从此姓氏便成为维系氏族传统之纽带、团结宗族之象征，于是尊祖敬宗便成为几千年来中国人的传统美德。

二、中国人的名、字、号

现在的人，大多数有"名"无"字"，所以当我们说到"名字"的时候，通常指的是人的姓和名。可是，在古代多数人尤其是做官的和知识分子既有"名"又有"字"，有些人除"名""字"之外还有"号"。

古人云："名以正体，字以表德。"名，是在社会上使用的个人的符号。自称用名，称人以字。"字"往往是"名"的解释和补充，起名是为了分彼此，取字是为了明尊卑。

字的产生，是出于尊崇长辈显贵的伦理需要。古代人在拜祭先祖的时候，为了表示恭敬，不敢直接称呼先祖的名，这样就产生了"字"。在古代，一般情况是，人在年幼的时候称呼其名，男子20岁以后称呼其字，女子到了许嫁之时（约15岁）加"字"，未许嫁时叫"待字"。经过辛亥革命、五四运动，传统的尊卑秩序被完全否定，因而以明尊卑为主要功能的字，也就失去了存在的基本依据。现代人几乎是一个名伴其一生。

称名时有尊卑之分，长者对幼者称名，尊者对卑者称名，个人自谦也称名。平辈或尊辈称字，以示亲近或尊敬。通俗地来讲，名，一般用于各种正规场合，如写正式奏章、职务往来、出书、考试报名、登门拜帖、送礼、文人之间初次交往等往来活动。这种场合以名称呼别人，一般是不太相熟甚至是陌生、疏远的表现。字，一般用于平辈亲友之间，同年、同学、同乡、同僚等较为亲近，或有某些渊源的人之间的称呼。以字称呼别人，一般是相熟、亲近的表现。

中国人历来讲究取名，每个人的名字或铭刻着时代特征、家族烙印，或凝聚着长辈的殷切期望、美好愿景。中国人取名素有"女诗经，男楚辞"的说法。2015年诺贝尔生理学或医学奖获得者屠呦呦的名字就取自《诗经·小雅》："呦呦鹿鸣，食野之苹。"

家族成员以字辈命名，是我国人民长期使用的一种取名方式，也是我国姓名文化的重要内容之一。家族中同辈人为了体现宗族关系，通常在起名时需找一个共同用字，不同辈分的共同用字排列起来就形成了这个家族用以表明世系次第的字辈谱。辈分的"字谱"又称昭穆、字派、行派，用以表明同宗亲属、家族世系、血系秩序的命名字辈排列。辈分的排列常常体现在人名中，使用辈分用字不仅便于在同族中排行辈、认辈分，也便于探本溯源、寻根问祖。一般而言，以字定辈分者，都将这些辈分字置于姓之后，如毛泽东、毛泽民、毛泽覃兄弟都是毛氏家族中的泽字辈。也有在名字中用相同的偏旁来表示同一辈分，如《红楼梦》中贾赦、贾政、贾敏都是文字辈；贾琏、贾宝玉、贾珍都是玉字辈。

另外，中国人起名时关注最多的还有另外两点。一是本人的生辰八字，取名前对生辰八字进行推算，找出命运中的喜用神（对命主有利的五行），选取适合的汉字，通过姓名对命运加以补救；二是避讳，由于宗法制的影响，讲究为尊者讳，在起名时，遇到君父长上的名字一律要回避。取名时也不能取他们名字中有的或同音的字。现在虽然已经不讲究这些了，但是仍然有部分人在取名时尽量不取与父辈或祖辈同名或同音的字作为名字。由于避讳的影响，现在的中国人还是认为直呼长辈的名字为不敬。

在古代有的人除名、字外，还有"号"。号是人的别称，所以又叫"别号"。号的实用性很强，除供人呼唤外，还用作文章、书籍、字画的署名。所以，对古代文人作家，我们不但要知道他们的名和字，而且还要记住他们的号。起号之风，源于何时，文献资料上没有详细记载，大概在春秋战国时就有了。像"老聃""鬼谷子"等，可视为中国最早的别号。南北朝时代有更多的人给自己起了号，唐宋时形成普遍风气，元明清达到鼎盛，不但人人有号，而且一个人可以起许多号。延至近代，用号风气一直不衰，现代以来文人的号逐渐被笔名所代替。

三、亲属关系

亲属是基于婚姻、血缘形成的社会关系。主要包括血缘关系和姻缘关系。血缘关系是由出生形成的纵向谱系性纽带。其中，男性以自己的出生为准，追溯个人与祖先的关系称父系；女性以自己出生为准，追溯个人与祖先的关系称母系。姻缘关系是由婚姻形成的横向亲属纽带，也是缔结婚姻的男女双方的血缘关系的结合。中国古代宗法社会男尊女卑，形成了以血缘关系为中心的家族体系，姻缘关系服从于血缘关系。

宗　祠

亲属制度是以婚姻家庭为中心的，包括家族亲属和族外亲属在内的社会关系秩序化规范制度。其延伸的表现是家庭之间关系层次的外亲称谓制度，因此，亲属制度也称为亲属称谓制度。但亲属制度的本质绝非这种形式上的秩序关系，而是一种文化层面的制度规范。中国古代是以宗亲（父亲所在的宗族，也叫本宗）、外亲（母亲的宗族亲属和本宗女系亲属之子女）和妻亲（妻子的宗族亲属）来区分亲属关系的远近亲疏的。

九族是中国古代最典型的家族制度。家庭成员的地位在血缘关系上，具体又可分为血缘九族制和血亲五服制两种。血缘九族制，即以本人为基准，向上、下各推衍四代，共九代，为九族。也有的以父族四、母族三、妻族二为九族。血亲五服制，即以本人为基准，向上推四代的直系亲属称祖先。孝祭有严格的规定，五服以内是近亲，五服以外不是亲族，是同宗。

五服也指五种丧服，在中国古代社会，以丧服来表示亲属之间血缘关系的远近以及尊卑关系。古代的律法中有"准五服以制罪"之说，就是按照五服所表示的亲属关系远近及尊卑，来作为定罪量刑的依据。具体原则是：服制越近，即血缘关系越亲，卑犯尊的处罚越重，尊犯卑的处罚越轻。如果服制越远，则表明血缘关系越疏远，这种情况下，卑犯尊的处罚越轻，尊犯卑处罚越重。"五服"辈分排列：从自己开始，上到父亲、祖父、曾祖父、高祖父；从自己开始，下到子、孙、曾孙、玄孙。

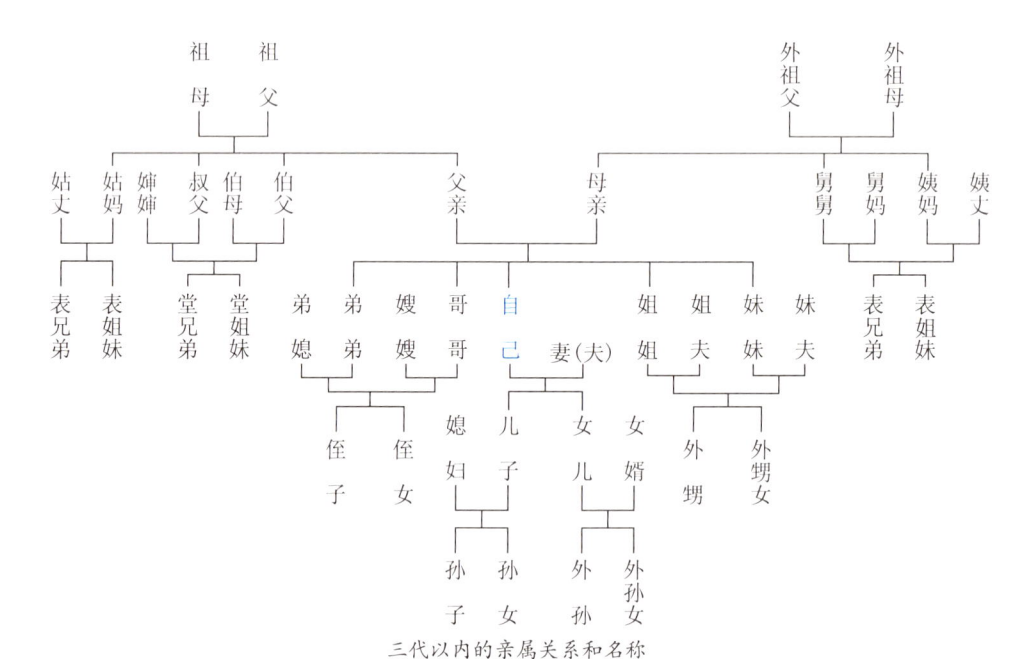

微课：家风家训（一）

三代以内的亲属关系和名称

四、宗法家族制度的特征

"家国"是所有中国人的共同信仰和精神血脉，而究其根源，正是古代中国源远流长的血缘宗法和家族制度，才造就了无数中国人深入骨髓的家国情怀。不同于西方血缘关系相对淡薄、个人主义为主的文化传统。在古代中国，我们的先民主要从事定居的农业生产，血缘纽带在这个过程中发挥着极为重要的作用，并在此基础上衍生出了一整套血缘宗法与家族制度。

宗法家族制是以婚姻和血缘关系为基础，以父系家长制为核心，以大宗小宗为准则，按尊卑长幼关系而形成的一种伦理制度。宗法制度渊源于原始社会末期产生的父权家族制度，是在中国古代宗族国家制度的形成过程中，为调整人们之间的血缘亲属关系，维护其伦理道德秩序和社会等级制度，逐步建立起来的一种家族和宗族集团的法律规范。宗法即"宗子之法"，也是古人用以定亲疏、别尊卑、辨是非的准则。

中国夏朝时就已确立王位世袭制，但也有"父死子继"和"兄终弟及"的区别。商朝末年才完全确立了嫡长继承制，周朝确立的"立嫡以长不以贤，立子以贵不以长"的嫡长继承制，即正妻所生的长子为法定的王位继承人的制度，进一步完备了宗法家族制。

宗法制贯穿于中国古代社会始终，尽管朝代不断更替，但宗法制总是以不变应万变。中国古代社会的生产方式、社会组织形式、上层建筑等各个领域，无不受到家族宗法制的制约和影响。

今天的社会，宗族制度虽然被打破了，宗族观念却依然深深扎根在国人心中。自古以来形成的对血缘关系和家族制度的深入骨髓的重视，不仅塑造了中国人"位卑未敢忘忧国"的家国情怀和"故土难离""落叶归根"的家园意识，而且使中国人的"阖家团圆"的观念深入人心，"春节回家""清明祭奠""中秋团圆""重阳敬老"已经成为每个中国人的节日夙愿。

对中国人来说，家事、国事、国运都是绝对不能抛诸脑后的大事；故土、故乡、故人都是无论如何都难以割舍的情怀。可以说，中国人无论走到哪里，无论走多远，根都系着故土，心都向着家国。

知识链接

家谱与辈分

在中国使用字辈谱的家族和姓氏十分普遍。宗族中的"字辈谱"用以加强宗法制度，所以其用字也充分反映了这一目的，主要有三类，第一类是美德或吉祥的字，如：德、仁、明、孝、福、禄、吉、祥、贤；第二类是希望宗族延续和昌盛的字，如：永、传、昌、盛、兴、延、继、承；第三类是怀念先祖和歌颂皇天恩德的字，如：泽、祖、显、荣、恩、锡、启、先。家谱的行辈字派是家谱中尤其重要的内容，一般由家庭中的某一位名人制订，编成几句吉祥话，有的文人甚至将其写成诗。如山东曲阜孔子家族的孔姓字辈诗50字："希言公彦承，宏闻贞尚衍，兴毓传纪广，昭宪庆繁祥，令德维垂佑，钦绍念显扬，建道敦安定，懋修肇彝常，裕文焕景瑞，永锡世绪昌。"

孔氏族人的名字从四十五代起，已注意订定行辈，但不太严格。明代初年，太祖朱元璋先后赐给孔氏10字10辈，即"希、言、公、彦、承、弘（宏）、闻、贞、尚、胤

（衍）"（清代为避帝讳，将弘改为宏，胤改为衍），从五十六代往下排列。明崇祯二年（1629），六十四代衍圣公孔胤植（孔衍植）报请皇帝，又立"兴、毓、传、继、广、昭、宪、庆、繁、祥"10字10辈。清同治二年（1863），七十四代衍圣公孔祥珂经皇帝核准，又立"令、德、维、垂、佑、钦、绍、念、显、扬"10字10辈。1919年，七十五代衍圣公孔令贻由内务部核准备案续立20字20辈，即"建、道、敦、安、定、懋、修、肇、彝、常、裕、文、焕、景、瑞、永、锡、世、绪、昌"。总计50字50辈。按照孔氏宗族的规定，族人取名必须严格按照行辈规定，不准乱起名号，更不得犯上。否则，户头予以追究，不改者，不准入谱。

当代中国家谱（张宏图拍摄）

值得一提的是，后人称说的儒家四圣，即孔子、孟子、曾子、颜子的后代均使用相同字辈，以示师徒情谊。这样，只要看到"四大圣裔"后代姓名中间的字，就可知道他们的辈分。

故事链接

李白名字的由来

唐代著名诗人李白，据说在他生下来后抓阄时，抓到的是一本《诗经》，他父亲在高兴的同时也感到有些为难。他父亲认为名字很重要，无论是眼下读书，将来任职，有个好名字是必要的。如果儿子长大后真的有所成就，要是没有一个漂亮的名字岂不遗憾？因此，他父亲就对给儿子起名愈加谨慎，以至于儿子7岁时，也没有给起出名字来。李白7岁的这年春天，一家人在院子里闲坐时，他父亲为考考儿子的本事，就决定作一首咏春的绝句。他父亲咏了"春风送暖百花开，迎春绽金它先来"后，他母亲想了一会儿吟道："火烧杏林红霞落。"她的话音刚落，李白就用手指着李树，脱口吟道："李花怒放一树白。"他父亲一听，在连声叫好的同时，忽然想到：这句诗的头一个字是自家的姓，最后一个"白"字正好道出了李花的圣洁高雅，这不正是一个充满诗意的好名字吗？于是，他当场决定儿子的名字就叫李白。

——资料来源：文然《李白名字的由来》，《中学语文》1996年第6期，有改动

第二节 礼仪之邦

中国自古以来就是"礼仪之邦"，"礼仪"是中国传统文化中一个十分重要的概念，也是祖先留给后代子孙的一份遗产。人们通常认为"礼"起源于原始社会中氏族公社举行的宗教祭祀活动，即"礼"立于敬而源于祭。中国传统礼仪的意蕴非常丰富，具有多种功能，具体表现为仪式、礼节、礼貌等。它不仅可以规范他人的行为规范和仪式程

序、维系等级差别；还可以体现人们的文化层次、文明程度和道德水平。礼仪文化作为中国传统文化的一个重要组成部分，对中国社会的发展起到了广泛而深远的影响，其内容十分丰富。礼仪所涉及的范围十分广泛，几乎渗透于古代社会的各个方面。

一、礼制：五礼

中国的礼仪传统源远流长，是制度、规则和一种社会意识观念。我们可以从史籍记载中了解到，从周公制礼乐起，"礼"就成为一种不可逾越的行为规范，只有合乎"礼"的才是合理的，否则便是大逆不道。

根据《周礼》记载，周人把"礼"分为五类，即"五礼"：吉礼、凶礼、军礼、宾礼、嘉礼，这五礼作为我国古代礼仪制度的主要内容世代相袭，许多内容延续至今。

五礼的内容相当广泛，从反映人与天、地、鬼神关系的祭祀之礼，到体现人际关系的家族、亲友、君臣上下之间的交际之礼；从表现人生历程的冠、婚、丧、葬诸礼，到人与人之间在喜庆、灾祸、丧葬时表示的庆祝、凭吊、慰问、抚恤之礼，可以说是无所不包，充分反映了古代中华民族的尚礼精神。

吉礼：是指有关祭祀的典礼，主要是祭宗庙、祭社稷、祭天地等。

凶礼：在周代时，凶礼除了包括吊唁去世者等礼仪外，还包括对国家遭遇灾难的吊慰礼仪，后多指有关丧葬哀悼的典礼，带有生者对死者的顾恋悲哀之情。

军礼：指有关军事活动的典礼，包括校阅、用兵、田猎等活动时的礼仪。

宾礼：是指诸侯朝见天子，以及各诸侯国之间相互交往时的礼节，包括朝、聘、盟、会、遇、觐、问、视、誓、同、锡命等一系列的礼仪制度。

嘉礼：是古代礼仪制度中，内容最为庞杂的一种礼仪，涉及日常生活、王位承袭、宴请宾朋等多方面的内容，以冠礼、婚礼、射礼、飨礼、宴礼、贺庆礼最为重要。

以五礼为主要内容的礼仪制度，自西周正式形成后，历朝历代在相袭沿用的同时，又不断进行改革和完善，从而使五礼所涉及的范围不断扩大，内容日渐增多。

实际上礼仪可分为政治与生活两大部类。政治类包括祭天、祭地、宗庙之祭，祭先师先圣、尊师饮酒礼、相见礼、军礼等。生活类礼仪的起源，按荀子的说法有"三本"即"天地者生之本""先祖者类之本""君师者治之本"。在礼仪中，丧礼的产生最早。丧礼于死者是安抚其灵魂，于生者则成为分长幼尊卑、尽孝正人伦的礼仪。礼仪在建立与实施过程中，孕育出了中国的宗法家族制度。礼仪的本质是治人之道，是鬼神信仰的派生物。古人认为一切事物都有看不见的鬼神在操纵，履行礼仪即是向鬼神祈福。因此，礼仪起源于鬼神信仰，也是鬼神信仰的一种特殊体现形式。

宋代时，礼仪与伦理道德说教相融合，即礼仪与礼教相杂，成为实施礼教的得力工具之一。行礼为劝德服务，繁文缛节极尽其能。直到现代，礼仪才得到真正的改革，无论是国家政治生活的礼仪还是人民生活礼仪都改变成无鬼神论的新礼仪，从而形成了现代文明礼仪。

二、礼节：待人接物

中华民族素有"礼仪之邦"的美誉，古代种种繁复的礼节，就是其具体表现。礼节者，顾名思义，有礼有节。有礼即讲礼貌，待人要有恭敬的态度；有节是守规矩，行事要有节度，不可过之，亦不可不及。古人讲"礼仪者敬人也"，实际上是一种待人接物的基本要求。

古代礼节有着严格的规定，具体到人们的衣食住行、生死嫁娶等，无不有一套周全完备的礼节。正规场合或举行重要仪式时，用到的礼仪比较隆重，如三跪九叩、三跪三叩、三跪三拜、八拜、四拜、二拜。与现代人见面、分别时使用"握手"的礼节不同，古人平时常见的礼节有稽首、叩首、顿首、作揖、拱手、颔首（答礼）等，这些礼仪有一个共同的特点，那就是宾主之间相向行礼，没有任何肢体上的接触。但是到了魏晋时期，情况发生了很大的变化。士人相见、分别之际，常行"执手"礼，"执手"成为一种正式而通行的礼节，是作为朋友间会见、分别时的一种表示友好的行为，并延续至今。

中国最早、最重要的礼，可以说就是食礼。检验一个人修养的最好场合，莫过于筵席了。古代"筵"和"席"都是铺在地上的坐具，铺在地上的叫"筵"，铺在"筵"上供人卧的叫作"席"，"筵"长"席"短。人们往往就饮食为设筵，且筵上有席，故称之为"筵席"。最初的饮宴开始于祭祀、祭奠鬼神祖先的活动，《礼记·乐记》《史记·乐书》都曾记述古代"布筵席，陈樽俎"的设筵情况。此后，筵席一词逐渐由宴饮的坐具演变为酒席的专称。由祭祀、礼仪、习俗等活动而兴起的宴饮聚会，大多都要设酒席。进餐中大家坐在筵席之上，酒食菜馔自然地置于筵席之间，这种形式，简言之即酒席。发展到后来，筵席就成了进行隆重、正规的宴饮活动的专称。

汉墓壁画（席地而坐，一人一席）

宴席中有很多礼节，诸如"有盛馔，必变色而作""食不语，寝不言""乡人饮酒，丈者出，斯出矣"等。其中基础仪程和中心环节是宴席上的座次之礼——"安席"。古人"席地而坐","上坐"乃宴席的"尊位所在"。两汉以前,"席南向北向,以西方为上",即"面东为尊""左为上"。而在位于宫室或宅院主要建筑物前部中央坐北朝南的"堂"上,则是以南向为最尊,次为西向,再次为东向。隋唐以后,开始了由"席地而坐"向垂足高坐的起居方式转变,方形、矩形诸种形制的餐桌均已齐备,座次尊卑也有了新的变化。圆桌是清中叶后流行的餐台式样,其座次一般是依餐厅或餐室的方位而定,或取向门、朝阳,或依厅室设计所体现出的中心与突出位置设首位。而隆重的婚宴、寿宴或大型宴会则往往在各餐台座位前预先摆放座位卡(席签),所发请柬上则标明与宴者的台号。这样或由司仪导入,或持柬对号入座。

就一张餐台的具体座位来说,目前中餐通行的规范是:面门为主,主人坐于面对正门的正中,有两位主人时,二人面门而坐;主宾在其右,副主宾居其左,其他与宴者依次按从右至左、从上向下排列。

古代礼节是中国传统文化的一部分,是古人传统社会生活的一个缩影,代表礼敬、和睦、集知识、趣味于一体。了解一些古代礼节,不但能提高自身修养,对学习中国传统文化也是大有裨益的。

三、礼貌:个人涵养

"礼"作为道德规范,它的内容复杂而广泛。作为伦理制度和伦理秩序,谓之"礼制";作为待人接物的形式,谓之"礼节";作为个体修养,谓之"礼貌";用于处理与他人的关系,谓之"礼让"。我国古代许多有识之士皆重视自我修养,常以多种方法自警自戒,陶冶自己的情操,加强个人的涵养,实际上这也是"礼"的内容。

秦汉之后,修身之道要求的对象,从知识分子开始转变为所有阶层人士。对于个人来说,"修身"是一种"为己"的学说,追求的是自己内心世界的丰富与完美,孜孜以求的是对涵养德性、变化气质的修养。

"修身"在实践层面上,分"内修"与"外修"。内修,就是孟子所说的"尽其心者,知其性也。知其性,则知天矣"。修身的本质主要是反观内心、穷究人性。若"修身"的目的,只是满足于自我的"内修",这是消极的。儒家坚持"内修"与"外修"的统一,如《大学》所云,从格物、致知、诚意、正心、修身,到齐家、治国、平天下。其中"格、致、诚、正"是"内修"或"内化"的过程,"齐、治、平"则是"外修"或"外化"的过程。伴随这种内修与外修不断循环反复、层次不断提升,就达至"内圣外王"的高度与"止于至善"之境界,社会责任感和使命感得以强化。这正是道德教化与道德修养所追求的目标。

中国古代"修身养性"之道,内容丰富,独具特色,是当今道德教育与建设的智慧之源。如内修或内化过程中的"内省""慎独"与"觉悟";外修或外化过程中的"行善""积德""知行统一""见贤思齐"。孔子说:"三军可夺帅也,匹夫不可夺志也"(《论语·子罕》);孟子论大丈夫:"富贵不能淫,贫贱不能移,威武不能屈"(《孟子·滕文公下》)。孔子说:"无求生以害仁,有杀身以成仁"(《论语·卫灵公》),也就是说一个人为了行善或追求个人的理想,可以献出生命,其人格会得到最高的发扬。

知识链接

家族中的婚姻仪礼

婚姻仪礼，是人们依照一定的社会婚配原则使男女结合成夫妻的礼俗程式。《礼记·昏义》说："昏礼者，将合二姓之好，上以事宗庙，而下以继后世也。"家族社会的婚姻，并不仅是男女两性的结合，婚姻的目的在于祭祀祖先与延续家族。在通婚的原则上，强调"同姓不婚"，以防止出现父系血缘关系的婚配关系，更重要的是防范家族成员身份等级及财产继承关系的紊乱。古代结婚是家族之间缔结关系的重要手段，所谓"合两姓之好"，家族利益成为婚姻的首要考虑，因此作为人生大礼的婚姻仪礼与其说是个人的"终身大事"，不如说是家族社会的阖家大事。

首先，婚姻关系的订立，需首先取得家族祖先的同意。庶族平民的婚姻礼俗，虽然不如贵族铺张，但基本上亦遵循统一的礼仪原则，婚姻礼仪大体上遵从周代六礼的程序。如纳名问吉之礼，在民间俗称"下帖"。男家经媒人取得女方的生辰八字后，将其放在祖先神位前香炉下三日，在此期间如果家中人畜平安，表示已取得家神的同意。否则，就将八字退回女方。占卜成功后，男方即用红纸把男女双方的姓名、生辰八字并排写好，送往女家，称"下帖"。女家接下帖子，就表示答应这门亲事。

其次，以聘娶的形式实行家族间婚姻包办与人财交换。男女双方没有婚姻的自主权，婚姻关系的缔结要靠"父母之命，媒妁之言"，如《诗经·齐风》所咏"取妻如之何，必告父母"。聘娶婚是中国古代最主要的结婚方式，男子娶妻须向女家依礼聘娶。所谓"六礼"，便是聘娶婚中的嫁娶程序，指"纳采""问名""纳吉""纳征""请期"和"亲迎"。"六礼备，谓之聘；六礼不备，谓之奔"。朱熹在制定家礼时将六礼变成了纳彩、纳征、亲迎三礼。但无论怎样简化，聘娶婚的关键环节依然存在。聘婚论财，将男女双方的个人结合变成家族之间交换行为。

最后，拜见尊长，庙见祖先，实现家族对新成员的接纳。中国古代的婚姻礼仪分为成婚之礼与成妇之礼。成婚之礼，指男女在洞房花烛之后，同居而成为夫妻；而成妇之礼，则是经过拜见公婆与庙见祖先，得到家庭、祖宗的承认之后，嫁来的女子才获得加入本宗为妇的身份。"谒舅姑"即拜公婆的仪式在成婚的次日清晨举行，"庙见"即到家庙或宗祠拜见祖先的仪式，在成婚后三天举行。后世民间将成婚礼与成妇礼合并到婚俗典礼之中，夫妇拜堂就包括拜公婆与拜天地、祖先的内容。

——资料来源：王宁《中国文化概论》，湖南师范大学出版社2008年版，有改动

故事链接

千里送鹅毛

"千里送鹅毛"的故事发生在唐朝。相传，西域回纥国为表示对唐王朝的拥戴，派特使缅伯高向唐太宗贡献天鹅。

路过沔阳河时，好心的缅伯高把天鹅从笼子里放出来，想给它洗个澡。不料，天

鹅展翅飞向高空。缅伯高忙伸手去捉，只扯得几根鹅毛。缅伯高急得顿足捶胸，号啕大哭。随从们劝他说："天鹅已经飞走了，哭也没有用，还是想想补救的方法吧。"缅伯高一想，也只能如此了。

到了长安，缅伯高拜见唐太宗，并献上礼物。唐太宗见是一个精致的绸缎小包，便令人打开，一看是几根鹅毛和一首小诗。诗曰："天鹅贡唐朝，山高路途遥。沔阳河失宝，倒地哭号啕。上复圣天子，可饶缅伯高。礼轻情意重，千里送鹅毛。"唐太宗莫名其妙，缅伯高随即讲出事情原委。唐太宗连声说："难能可贵！难能可贵！千里送鹅毛，礼轻情意重！"今天，人们用"千里送鹅毛"比喻送出的礼物很普通，但情意却异常浓厚。

曾子避席

"曾子避席"出自《孝经》，是一个非常著名的故事。曾子是孔子的弟子，有一次他在孔子身边侍坐，孔子就问他："以前的圣贤之王有至高无上的德行，精要奥妙的理论，用来教导天下之人，人们就能和睦相处，君王和臣下之间也没有不满。你知道先王的至德要道是什么吗？"曾子听了，明白老师孔子是要指点他最深刻的道理，于是立刻从坐着的席子上站起来，走到席子外面，恭恭敬敬地回答道："我不够聪明，哪里能知道，还请老师把这些道理教给我。"

在这里，"避席"是一种非常礼貌的行为，当曾子听到老师要指点他时，他站起身来，走到席子外面向老师请教，是为了表示他对老师的尊重。曾子懂礼貌的故事被后人传诵。

第三节 尊师重教

中国古代教育是辉煌灿烂的中国古代文化的一部分，是中国传统文化赖以延续的基础和不断创新的动力。中国古代的学校教育、家庭教育、社会教育以及百工技艺教育都是中国传统文化得以传承、发展的保证。

在中国古代，从乡村到宫廷，都十分重视教育。教育有着重要的地位。中国古代教师的社会地位很高，无论中央官学、地方官学的教师，还是私塾、书院的教师，都受到全社会的普遍尊重。

一、官学制度

中国古代最早的官学几乎是与国家同时产生的。据文献记载，早在夏商时期，正式的官办学校即开始创办。这些学校开始传授语言文字、数学、天文、历法等方面的知识。到了西周，官办学校开始完备并自成系统。西周官学分中央"国学"和地方"乡学"两级。国学按传授科目的不同又可分为大学与小学。乡学则是地方行政区设立，有塾、庠、序、校等类型。西周国学的教学内容是礼、乐、射、御、书、数的"六艺"。"六艺"之教包括了西周贵族所必须具备的文化修养和各种知识技能。

国子监

　　汉代是中国封建社会官学制度的确立时期。自汉武帝创太学之后，官学制度开始走向完备。汉代官学也分中央和地方两大类。中央官学中有大学程度的太学，还有专科学校性质的鸿都门学。地方官学则有学、校、庠、序等。汉代"独尊儒术"，各级官学的教学内容主要是儒家经典。太学的教师称博士，由精通经学的学者担任。汉武帝时在太学内设五经博士，实行分科施教。地方官学的教学内容也是儒家经学，由经师教授。

　　唐朝是官学制度最完备的时期。唐代官学也分中央官学和地方官学。但是，唐代官学的教学科目更丰富，学校种类也更多。如在中央官学中，有专修儒经的国子学、太学、四门学，还有律学、算学、书学等大学性质的专科学校。另外还有关于医学、卜筮、天文历法、兽医、校书等职官性专科学校。地方官方除专修儒经的学校外，还有医学、玄学方面的专科学校。唐代官学的专职教师称博士、助教和直讲。

　　宋明以来，官学制度又进一步演变和发展。不仅学校的类型有了增加，而且官学的教学内容也有增加。宋代新增武学与画学；元代的地方官学增设阴阳学，分设天文、历算、三式、测验、漏刻、阴阳、司辰等科目；元代所创的社学，对传播农耕科技知识和其他文化知识也有积极作用。南宋以后，"四书"成为更加重要的基本教材。另外学校要求学生增读文史等内容，包括学习《楚辞》《史记》《汉书》《通鉴》等。明清以后，由于科举制度和各级官学传习八股时文，使官学的名誉扫地，反而是原来作为私学兴起的书院有了蓬勃的发展。

　　上所施，下所效，谓之"教"；养子使作善，谓之"育"。自官学开始，古代教育对师德与校规的要求都非常严格，历朝历代都重视教师的选拔。另外，无论官学还是私学，为了推行尊师重道的宗旨，朝廷对各阶层的教育都有规定。唐代规定，太子的老师授业时，太子必须出殿门迎接，先行拜师礼，老师答拜。每进一门，先让老师进，太子后随。入殿后，老师坐下，太子才能落座。到清代，朝廷规定国子监的学生初见老师时，老师在堂中等候，学生进来后，对老师行三揖礼，老师站立受礼，然后老师位于西边，学生在东，面向老师，听老师训诫。训诫完毕，学生行三揖礼退出。而在民间私塾中师生之间的礼节同样注重"尊师重道"。上课前，学生要先请老师，然后拜孔子、向教师作揖行礼、敬茶、击鼓后，方能开始听讲；课上完后，学生要再次敬茶、谢师、作揖，等老师退场，然后才能下课。

二、私学制度

　　私学，是中国古代私人办的学校。私学产生的原因除社会需求外，还有赖于两个基本条件，即有可教学的内容和有从事教学的人。私学作为教育事业的重要组成部分，开创了私立教育模式；实现了教育的独立化；启动了教育理论的探讨；开创了思想自由、学术独立的局面，对中华文明的发展作出了巨大的贡献。

　　私学兴起于春秋中叶，战国时期养士之风的盛行，促进了私学的繁荣，可以说有多少学派就有多少家私学，当时有九流十家之说，指的是儒、墨、道、法、名、农、阴阳、纵横、杂九流，加上小说家为十家。

　　隋唐时期官学繁荣，私学也颇发达，如儒学大师王通、孔颖达、韩愈、颜师古等都是经师讲学的名家，他们的讲学活动与官学教育一道促进了唐代文化教育的繁荣。宋代的私人讲学又盛过唐代，书院成为中国私学教育体系中的最高教育机构。元朝由于统治集团出现了民族更迭，中国私学更趋活跃。随着书院的兴起，元政府一直不断加强对书院的控制，导致元代私学书院的官学化。这在一定程度上影响并限制了学术的发展与繁荣，使私学的办学特色渐淡，自主灵活性渐少。

　　明初"重官学，轻私学"，直到明朝中期，私学才又进入复兴阶段。到嘉靖年间，明朝私学书院已由明初的 80 余所发展到 1 200 余所。清代私学中的蒙学学校，基本沿袭明朝，分义学、村学、村塾等，但教书先生在教材、教学方式和教学方法上都比明朝的先生有更深入的研究和见解。

鲁迅求学的三味书屋

　　《礼记·学记》说："凡学之道，严师为难。师严然后道尊，道尊然后民知敬学。"私塾先生的书案上，永远放着一把戒尺，这可是顽童们最怕的物件。平时上课，先生用戒尺敲打桌椅可以震慑学生。如有哪一位读书不上心，或是不能完成先生布置的作业，或是触犯了学馆的戒律，戒尺就发挥作用了。私塾先生用戒尺打学生被看作是合情合理的事情，上课迟到要挨打，文章不能熟练背诵也要挨打，甚至因为一些鸡毛蒜皮的小事情也要挨打。一般会打手心，也有打屁股的情况。戒尺在当时的教育之中发挥了一定的惩戒作用。教育不一定非要有戒尺才能实现教育的目的，教育可以没有尺，但是不能没有"戒"。

私学打破了"学在官府"的局面，使文化下移，改变了古代官学教育死板、僵化的风气，开启了百家争鸣的学术风气，推动了古代学术的发展；扩大了教育对象，使平民也有了受教育的机会。孔子首倡"有教无类"，并在私学中付诸实践，成为当时各家私学一致遵循的原则。教育对象由少数贵族扩大到平民，使学校教育和人才成长的社会基础更为广阔。

私学作为一种重要的教育形式，由于其办学形式不受官府直接领导，因而具备自由讲学、自由择师等独特优势，一方面促进了我国古代学术的繁荣，另一方面也为国家培养了众多的人才，为中国教育的发展积累了许多可资借鉴的经验。

三、书院制度

书院制度是中国古代有别于官学的重要教育制度。古代书院为名流或开明士绅、百姓捐资而建，一般有学田养护，当然也有得到官府资助的。书院办学的规模、层次不尽一致。层次较低的书院教授蒙童，承担启蒙教育的任务；层次中等的书院可教授有文化基础的学子。

"书院"这个词最早见于唐代。当时有两种场所被称作"书院"，一种是由中央设立的主要用作收藏、校刊和整理经籍的地方；另一种是私人读书治学的地方。唐"安史之乱"后，"干戈兴，学校废，而礼义衰"（欧阳修语），当时的名师大儒学习禅林讲经的做法，利用私人读书的地方治学，或选择山林名胜筑舍聚徒讲学，发展成了正式的书院。北宋初年书院制度的发展趋于完备，成为中国传统教育制度的重要组成部分。

岳麓书院

北宋书院经过宋初的兴盛后，曾一度衰落，主要原因是中央和地方官学得到蓬勃发展。读书人看到非经科举，难入仕途，因此对书院的兴趣减退，以致书院几乎尽废。

南宋时期兴办书院之风再起，书院几乎取代官学成为当时主要的教育机构。南宋书院的发达和理学的盛行息息相关。南宋理学家往往以一所或几所书院作为讲学和学术活动的场所，一方面传播理学思想，一方面培养理学人才，逐步建立起一套完整的书院制度。这一时期书院教育出现了第一个高潮，出现了著名的四大书院：应天书院（于今河南商丘南湖畔）、岳麓书院（于今湖南长沙岳麓山）、白鹿洞书院（于今江西九江庐山）、嵩山书院（于今河南登封嵩山）。

明代书院讲学的政治色彩浓厚，讽议朝政、裁量人物，严重地戕害了学术思想的发展。"洞学科举"的创设，使书院、官学、科举逐渐融为一体。清代的书院绝大部分是官办学校，完全沦为科举考试的预备机构。学生到书院学习的主要是八股文，目的是参加科举考试，获取功名，这使书院完全丧失了原有的教学风格与学术研究的性质，其独立性和自主性已所剩无几。

明清书院普遍重视学子修身进德，因此选聘师长，最看重的一条就是道德操守。如果不是德高望重的硕儒，是很难成为书院士子们的人生导师的。当时书院的最高首领叫山长，就像今日的校长；其次叫监院，近似教导主任。学生年龄相差挺大，小的十几岁，老的四五十岁的也不少见。山长一般都是名闻全国的学士，由当地的最高行政长官聘用。所谓"一日为师，终身为父"，那时书院的学生被列入某位老师的门墙后，还得客串老师家里的"小帮佣"，需要帮老师做许多家务事。

东林书院（张宏图拍摄）

知识链接

古代的尊师礼仪

古时，逢学校落成或新的学年开始，都要举行隆重而俭朴的开学典礼，其内容主要是学生们在学校里的水池中采集萍蘩、芹藻等各种水生植物，祭祀先师孔子。师生依次肃拜奠献，祭物虽薄，态度却相当庄重。

据《礼记·文王世子》等古籍记载，这种祭仪早在周代就有了，王都及诸侯国的新学校落成以及每年春天贵族子弟入学时，都要采集野菜献祭先圣先师，称为"释菜"或"释采"。《礼记·月令》记："上丁，命乐正习舞释菜，天子乃帅三公、九卿、诸侯大夫亲往视之。"郑玄注："将舞，必释菜于先师以礼之。"这说明当时举行释菜仪式时，连天子也要亲率公卿和诸侯大臣前往观礼，重视的程度非同一般。

释菜之外，还有一系列弘扬尊师重道品德的仪式或规矩，其对象也由"先师"转移为现实生活中的老师。如新生入学，应向老师敬献贽仪，依各人家庭经济状况，"无论薄厚"，借此表示心意。听老师讲课，"出入恭敬，如见宾客"，哪怕是位尊九五的皇帝，也要在这方面作出表率。皇帝如此尊师，各级官员更当惕厉，以明清时代的州县官学为例，只要是上面派来了新的老师，地方官"必躬率士子迎礼"，绝对不许有轻视老师或其他傲慢放肆的行为发生，"苟有此风，亟宜正之"。哪怕是在日常生活里，也有"先生将食，弟子馔馈""先生已食，弟子乃彻"等种种仪节讲究。做得更地道一些，还有学生会主动相帮老师做家务、干杂役。

据说现在有些农村地区，仍有学生将菜蔬放在老师门外以表示尊敬的风俗，有人认为这表现了古代释菜之礼的余韵不衰。

——资料来源：完颜绍元《千秋教化》，福建人民出版社2004年版，有改动

故事链接

程门立雪

"程门立雪"说的是宋代学者杨时和游酢向程颢、程颐拜师求教的故事。杨时、游酢二人，原先以程颢为师，程颢去世后，他们都已四十岁，而且已考上了进士，然而他们还要去找程颐继续求学。

相传，一日杨时、游酢来到嵩阳书院拜见程颐，但是正遇上程老先生闭目养神。这时候，外面开始下雪。这两人求师心切，便恭恭敬敬侍立一旁，不言不动，如此等了大半天，程颐才慢慢睁开眼睛，见杨时、游酢站在面前，吃了一惊，说道："啊，啊！你们两位一直在这儿没走啊！"这时候，门外的雪已经积了一尺多厚了，而杨时和游酢并没有一丝疲倦和不耐烦的神情。

这个故事就叫"程门立雪"，在宋代读书人中流传很广。后来人们常用"程门立雪"的成语表示求学者尊敬师长和求学之心诚意坚。

第四节 耕读传家

许多古旧住宅的匾额上，很容易见到"耕读传家"这四个字。"耕读传家"在老百姓中可谓流传深广，深入民心。"耕读传家"是中国思想史中重要的民间观念。而对"亦耕亦读"生活图景的向往和追求则是中国文化的重要传统之一。

一、耕读是一种生存技能

传统"耕读"文化中，读书成为一种生存技能。"耕"是生存之本，"读"是进身之阶，是乡民攀登社会阶梯的唯一途径。在已逝去的年代里，耕读不仅仅是属于文化层面的田园牧歌，还是家族的头等大事，是古人日常生活的重要内涵。他们晴耕雨读、春耕冬读，秀者抱经、朴者负耒。众多寒门细族在这种耕读的秩序下崛起于阡陌陇亩之中。

那么，古代读书人是如何一步登科与维持生计的呢？古代的官吏选拔与任用制度为读书人打开了大门。

"耕读传家"牌匾

历朝的为官之路都不平坦，在夏商周时代，盛行"世袭制"；秦朝按军功授爵，打破了奴隶主贵族世袭爵位的制度；两汉时期选官制度有察举制和征辟制；魏晋南北朝时期实行九品中正制，注重门第出身，导致出身寒门的普通人无法步入仕途。隋朝统一全国后，为了加强中央集权，把选拔官吏的权力收归中央，用科举制代替九品中正制，开启了科举制度1 300多年的历史。

隋炀帝设不同科目选拔人才，后正式设置进士科，考核参选者对时事的看法，分科取士就是科举的前身。此后科举在唐朝时期得到完善，不仅增加了武举考试，而且创制了由皇帝亲自监考选拔人才的"殿试"。科举制度在宋明时期得到了改革，延至清朝结束，是流行时间最长的选拔制度。

明清科举考试一般分为四个级别，最低的一级叫院试，考试通过后为秀才；第二级是乡试，这是省一级的考试，考中的就成了举人；再高一级的是会试，考取的叫贡士；最高一级的考试就是殿试，只有贡士才有资格参加。如果有幸考中第一名状元，不仅能得到高官厚禄，还可以名扬天下。

科举考试，应试者如过江之鲫，然而中榜者寥寥。据统计，在我国1 300多年的科举历史中，共产生了约10万名进士，平均每年76人。那些众多的落榜生除了再考

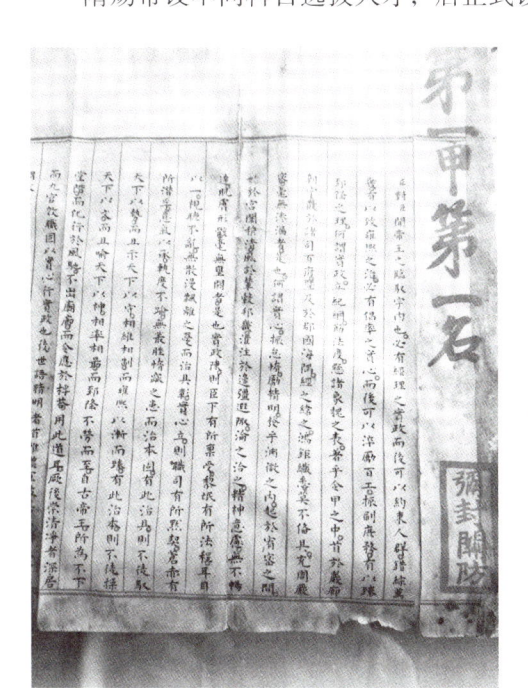

明万历二十六年赵秉忠状元卷仿品（张宏图拍摄）

微课：
家风家训
（二）

之外，他们还会选择什么样的方式生存呢？袁采在《袁氏世范》中明确指出："如不能为儒，则巫医、僧道、农圃、商贾、伎术，凡可以养生而不至于辱先者，皆可为也。"

名落孙山者，比较有面子、相对有保障的职业当属师爷。一般由未考中进士的举人担任，是地方官员自己出钱聘任的幕后顾问，职责是配合官员顾问处置政务。实际上就是官员私人雇用的参谋、秘书，帮助官员处理政务。

未考中举人的秀才没有做官的机会，但朝廷会按月发给其生活补贴，数量很少，所以常被称为"穷秀才"。秀才的出路，大多是在官办学堂当教员、在家开私塾，或是去有钱有势的人家当先生，部分人做官员的幕僚。

未考中秀才的童生人数最多，这样的人读书只是识字而已，在乡下也可以做私塾先生，但收入很低，甚至不能维持生活。聪明些的可以学做生意，或者到大商行里做管理人员，比如账房先生、管家。但总体上来说，这部分人必须寻找读书以外的生存途径和生活来源。

儒家赞美农耕、尚贤举才的思想，由于适应了中国农业社会经济、政治和文化的发展水平，因而对上、下阶层的文化都产生了深刻的影响。在"士农工商"中，士人和农人的子弟是可以参加科举的，而工匠和商人的子弟则要受到某种限制，而"下九流"的子弟根本无权参加科举，在"农为国本"思想指导下，科举制度本身在设计上无疑强化了"耕读传家"的思想。科举以后，寒士崛起，更加强了中国人"耕读传家"的思想和生活方式。"耕读"不仅成了一种社会理想，也成了一种进身途径，人人都可以有选择的机会和对前途的自信。它还造就了中国历代优秀知识分子刻苦读书，报效国家的优良传统。他们蔑视社会等级、以天下国家为己任，以昂扬的自我意识、强烈的民族气节和奔放的爱国激情建功立业，这给中国文化带来了高亢、明朗、雍容、浪漫、从容不迫的气质。

二、耕读是一种生活方式

"耕读传家"思想是儒家伦理思想的重要组成部分，是相当一部分儒家学者或受儒家思想影响的人们基于家庭建设目的而提出的一种以劝人勤于耕种和善于学习为主要内容的家庭美德思想，它反映了儒家在士农工商诸业选择中基本的价值追求和人文关怀，寄托着儒家学者关于家庭建设和社会风气建设的理想，具有深刻的伦理文化意蕴。

> 开荒南野际，守拙归园田。
> 方宅十余亩，草屋八九间。
> 榆柳荫后檐，桃李罗堂前。
> 暧暧远人村，依依墟里烟。
> 狗吠深巷中，鸡鸣桑树颠。

这是陶渊明《归园田居》中的诗句，也是中华文明史中一幅绵延数千年的厚重生活图景。

农忙时耕田种地，农闲时浏览书籍；种田获取生活资料，读书获取精神营养。这确实是一种理想的农家生活方式。

"耕读传家"——"耕"，可事稼穑，丰五谷，养家糊口，以立性命，是为生存之本；"读"，可知诗书，达礼义，修身养性，以立高德，是为教化之路。"耕读"，是在求生存之余，读圣贤书，在日常生活里接受潜移默化的熏陶和教化；"传家"则是相继传承的带有社会性的家庭生活方式。所以，"耕读传家"既学做人，又学谋生。这里所说的"读"，当然是读圣贤书，为的不仅是做官，更重要的是学"礼义廉耻"等做人的道理。

"耕读传家久，诗书继世长"。"兴家旺族"显示了"耕读传家"思想的重要性。因为"耕读传家"思想是家庭美德的重要组成部分，是家庭美德的基础，对于指导家庭建设和繁衍种族、中兴门楣有着重要的意义。

这里不得不提及另外一种能与"耕读传家"相提并论的家庭生存方式——"书香世家"。"书香世家"与"耕读传家"的分野，系于家庭财力的强弱，以及因此建立的家庭文教传统的强弱。家庭文教传统的强弱，除了表现在家族先辈中读书成才典型的无形感召外，家藏诗书的有无与多寡，往往也成为一种物质形态上的表征。假如说前者还是属于"精神遗产"范畴的话，那么后者就是实实在在的"文化财富"了。因此，拥有若干起码的书籍，并送子弟开蒙读书，往往是"耕读传家"的应有之义；而缥缃万卷书，设家塾教育子弟，则常常是保持"书香世家"门第的必要之举。

"耕读传家"曾经是中国传统农业社会中，小康农家所努力追求的一种理想生活图景。它从形而下的耕读行为，上升为哲学层面的理念、风俗，对中国民间社会产生了深远的影响。当我们远足乡村，吟诵着祠堂老宅残存的劝世楹联："几百年人家无非积善，第一等好事只是读书""传家无别法，非耕即读；裕后有良图，惟俭与勤""一等人忠臣孝子，两件事读书耕田"，可以看出耕读在民间有着多么深厚的土壤。

三、耕读的功利性

传统"耕读"文化在中国的源起和传承，除了中国农业社会的特性外，与中国传统的读书传家、科举取士，以至"中兴门庭"的思想有着非常重要的关系。"读"以"耕"为基础，"耕"以"读"为价值追求。"读"的意义在于一方面可以修身养性，调养性情，以"无为"来行"有为"之理想，退也可"独善其身"；另一方面可以考取功名，治理国家，进则"兼济天下"。

自古以来，读书人十年寒窗，无非是因为"学而优则仕"。宋真宗赵恒御笔亲作《劝学文》，"书中自有千钟粟""书中自有黄金屋""书中自有颜如玉"传布天下，迷醉天下士子几近千年。

在古代社会中，读书人本着"十年寒窗苦，一举成名天下闻"的目的走上仕途。尤其科举制度施行后，科举成了知识分子进入官场的入场券，成为他们为获取高官厚禄的手段。"读书做官"的信条也决定着人们的价值观。"读书、应试、做官"成为当时读书人获取功名必须经过的三部曲。因此读书人便"两耳不闻窗外事，一心只读圣贤书"，多数人变成了"四体不勤，五谷不分"的人，甚至出现了像范进、孔乙己式的人物。

读书到底为了什么？

"读书"是乱世之时的才子隐者或盛世之时无意于功名利禄的通达之士得以修身养性、和睦乡里的舒展之道。在门阀士族横行的魏晋南北朝时期，他们"啸歌弃城市，归来事耕织"，过着"采菊东篱下，悠然见南山"的生活。

"读书"的主要目的在于悟道，并传播道以使道盈于众人的心中。《论语·子张》："百工居肆以成其事，君子学以致其道。"在先秦的儒家看来，"读书"主要是作为寻求"道"这个终极真理的手段。

"读书"能够使自己得到超越。《荀子·劝学篇》说："学不可以已。青，取之于蓝，而青于蓝；冰，水为之，而寒于水。"读书与不读书的人的差异是非常明显的。

"读书"是一种技艺。南北朝时期著名教育家颜之推强调要教育子弟重点学习好儒家"五经"，正确认识"学问"与"文章"的本末关系。他认为，读书并非仅仅是增益身心、强化道德的一种手段，而且是百业之一。

"读书"的目的就在于对社会、对国家作出贡献。曾国藩在其家书中说："吾辈读书，只有两事：一者进德之事，讲求乎诚正修齐之道，以图无忝所生；一者修业之事，操习乎记诵词章之术，以图自卫其身。"他认为，人在某一职位上，不论贡献有多大，只要不是白占着位置，就都是有益的，就都可以无愧了。

功利性读书，其过程必然苦不堪言，只有毕生把读书作为一种生活方式的人，才是真正的享受精神盛宴的幸福的读书人。

知识链接

贡院

贡院是唐代出现的一个科举专用名词，又称贡士院、贡闱、贡场。因唐代的礼部贡院周围插满了荆棘，以防止考生翻越，故贡院又有"棘围""棘院"之名。

唐开元二十四年（736年），朝廷在礼部设立贡院，主要负责对各地解送来的考生进行身份审核。北宋初期，朝廷在京城设立贡院，仅作为科举考试的管理机构，没有专门的贡院建筑。南宋时期，朝廷在都城临安（今杭州）建立了专门的省试贡院，这一场所仅用作科举专用考场，作为科举考试日常管理机构的职能逐渐消失。明清时期，朝廷在府县设立考棚，在京师及各省会城市则设立贡院。

明清时期的贡院已经逐渐形成了较为统一的建筑布局，整齐划一、规模庞大的贡院已经成为地标性建筑。贡院外部建筑主要包括牌坊、围墙、望楼等。内部建筑则可分为三部分：第一部分是明远楼与号舍，明远楼在贡院中心，考试时，负责考场纪律的官员登上明远楼，居高临下，便于监考；第二部分是外帘建筑，主要是除主考官和阅卷官之外的考场工作人员的工作场所；第三部分是贡院的核心部分——内帘。内帘的中央建筑称呼各异，如有聚奎堂、衡鉴堂、衡文堂、抡才堂，这是主考官和考官评阅试卷的场所。

贡院甬道两侧的号舍，又称号屋、号子等，是考生考试和住宿之所，也是贡院建筑的主体。号舍三面有墙，南面敞开。每间号舍宽三尺，深四尺，后墙高八尺，前檐约高六尺。在两边砖墙上离地一尺五寸高和二尺五寸高的地方分别留有一道砖托，用于搁号板用。号板是由两块木板组成，每块一寸八分厚。考生根据需要移动号板的位置，既可以成为考试用的书桌，也能成为休息、睡觉的小床。

每座贡院号舍的数量是根据所在省份考生人数的多少来决定的，多至两万余间，少则三四千间。每排号舍都用《千字文》中的字编号，以便考生识别。考生进入贡院号舍之后，直到交卷之前不能走出号舍，时间长达三天两晚。

由于贡院、考棚或试院是进行科举考试的场所，因此完善的贡院制度，是实现科举公正取士、杜绝徇私舞弊的关键。明清贡院规制包括考生点名识认、入场搜检、考场纪律、试卷处理、内帘阅卷、录取名单的确定与公布等，每一环节都有明确的规定，对于作弊者有严厉的处罚措施。

——资料来源：李兵《科举旧影录》，湖南大学出版社2011年版，有改动

故事链接

曾国藩家族的家风家训故事

曾国藩是近代历史上最有影响力的人物之一，毛泽东对曾国藩的评价极高，曾说"独服曾文正"。

曾国藩出身缙绅之家，是标准的"耕读传家"者。无论在教子读书、研究学问、勤俭持家、自尊自立、修身养性、做官从政等各个方面，曾国藩都传承着中华民族的传统美德，其学养造诣和道德操守在其家书信札中随处可见。所以民间有"从政要学曾国藩，经商要学胡雪岩"之说。曾国藩一生秉承儒家"修身齐家治国平天下"的信条，把"齐家"摆在突出位置。他梳理治家方略，总结其祖父曾玉屏遗留的家风家规，形成"书、蔬、鱼、猪、早、扫、考、宝"的治家八字诀，即读书、种菜、养鱼、喂猪、早起、扫屋、祭祖、睦邻，使世代子孙从中受益。

曾国藩生有三子，长子曾纪第，早殇；次子曾纪泽；三子曾纪鸿。曾纪泽，袭父一等毅勇侯爵，官至户部左侍郎，是清朝著名的外交家。在处理西北边境危机中，凭借其斗志和谈判艺术舌战强敌，从沙俄手中夺回了伊犁，从而取得清末外交史上一次难得的胜利。曾纪鸿喜爱自然科学，在数学研究上造诣颇深，是中国近代著名的数学家，与他人合著有《对数评解》《圆率考真图解》《粟布演草》等数学专著。

曾国藩十分重视孩子的品德修养。为了防止家中子孙沾染不良的品行，他反复教育孩子戒除骄奢，提倡勤俭。他告诫子孙饭菜不能过分丰盛；衣服不能过分华丽；门外不准挂"相府""侯府"的牌匾；出门要轻车简从等。

曾纪鸿中秀才后，数次参加岁考科举都不顺利，曾国藩当时已经是大学士，特地写信告诫曾纪鸿"场前不可与州县来往，不可送条子，进身之始，务知自重"。

儿子曾纪泽新婚，曾国藩写信嘱咐他转告儿媳，要学习编织、酒食二事，要亲自下厨房。她的夫人和儿媳们每晚织麻纺纱，"夜治木棉，声达户外"。有天夜里曾纪泽被扰得睡不着，向屋外的夫人刘氏恼道：再吵下去，把你纺车砸了。片刻，从另一房内传出曾国藩的声音：把你母亲的一并砸了。

曾家不仅子辈成才，更令人叹服的是，曾家的孙辈还有曾广钧这样的诗人，曾孙辈又出了曾宝荪、曾约农这样的教育家和学者。据调查，曾国藩及其四兄弟家族，绵延至今190余年间，共出有名望的人才240余人，未出一个纨绔子弟。如此长盛兴旺之家，在古今中外实属罕见。

——资料来源：梁常芳《曾国藩教子家书》，石油工业出版社2009年版，有改动

第五节　理想品格

中国的传统文化，是极其看重人的品格锻炼和修养的。古人把理想品格当作毕生追求的人生境界和人生目标。理想品格是中华民族精神传统、思想传统的一个有机组成部分，是民族不断前进和发展的精神支柱、思想基础。在理想品格的某些方面表现得非常突出的人，就如天上繁星，数不胜数。后人在设计自己的人生理想和人格理想时，在构建自己的理想品格时，不可避免地会把眼光投向他们，从中吸取营养，寻求借鉴。

一、谦让恭和：蔺相如

中国人为人处世特别注重"谦让恭和"，素来就以"谦恭"为美，以"谦恭"为君子风度，以"谦恭"为道德标准。谦恭既是对自己人格的诠释，更是对他人的尊重与理解。历史上有许多表现谦让恭和的故事，如我们小时候就听过的"孔融让梨""六尺巷""将相和"。"将相和"这个故事的主角正是蔺相如。

蔺相如（约前329年—约前259年），战国时期赵国人，著名的政治家、外交家。入官之前是赵国的宦官缪贤家的门客，与赵国名将廉颇同朝为官。《史记·廉颇蔺相如列传》记载了与他有关的"完璧归赵""渑池之会"和"负荆请罪"等故事。

赵惠文王时，秦国觊觎赵国价值连城的"和氏璧"，愿以十五个城池换取。蔺相如受命携璧入秦。他足智多谋，据理力争，最终"完璧归赵"。后在渑池（今河南省渑池县西）筵席之上，他面对秦王的百般刁难和羞辱，不畏权贵，机智应对，灭了秦国的威风，维护了赵王的尊严。渑池之会后，赵王赏识蔺相如过人的勇气、智谋和胆识，将蔺相如封为上卿，位居廉颇之上。廉颇不服，几次三番有意为难蔺相如，但蔺相如"不肯与会""不与争列""引车避匿"，一再容忍谦让。这种谦恭忍让在外人看来是懦弱无能的表现，但体现的是蔺相如以国事为重、宽容友善、恭敬谦让、隐忍大度、顾全大局的长远眼光。最后廉颇很受感动，"负荆请罪"，两人结成了生死与共的朋友，成就了"将相和"的佳话。太史公赞曰："相如一奋其气，威信敌国，退而让颇，名重太山，其处智勇，可谓兼之矣。"这一个"让"字更是体现了蔺相如"谦让恭和"的品德。

蔺相如

蔺相如"先国家之急而后私仇"。在国家的荣辱面前，他不顾一切地去捍卫国家的尊严，表现出了对国家的责任与担当；在个人矛盾面前，他宽宏大量，一让再让，将个人利益置于国家利益之下，为的是兴国安邦。

一个人的谦恭还可以体现在家庭之中，兄弟姐妹、父母子女、邻里同事之间同样需要谦让恭和。俗话说"忍一时风平浪静，退一步海阔天空""家和万事兴"，家庭要和睦，同事要融洽，只要不是大是大非的问题，以博大的胸怀去宽容对方，"让他三尺又何妨"。

谦恭不是一种姿态，而是一个人内在品德和修养的高度表现。无论是在国家大局层面中表现出的谦和，还是在家庭层面中表现出的恭让，虚怀若谷，谦恭自守，体现的都是个人的素质和修养，正所谓"谦谦君子，卑以自牧"。

二、诚实守信：曾参

"诚实守信"是中华民族一个重要的传统美德。诚实，即忠诚老实，就是忠于事物的本来面貌，不隐瞒自己的真实思想，不掩饰自己的真实感情，不说谎，不作假，不为不可告人的目的而欺瞒别人。守信，就是讲信用、讲信誉，信守承诺，忠实于自己承担的义务，答应了别人的事一定要去做。对人以诚信，人不欺我；对事以诚信，事无不成。

在先秦，所谓"诚"，主要是指"诚实""真诚"和"忠诚"，心里想的要和实际做的一致，这也就是古人所说的"诚于中，形于外"，就是要"勿自欺""勿欺人"。所谓"信"，主要是"真实""诚实"和"信守诺言"，强调一个人要"言必信"，要"言而有信"。后来，思想家们往往把"诚"和"信"相互通用。东汉许慎在他所著的《说文解字》中说："诚，信也。"又说："信，诚也。"由此可见，"诚"和"信"，不论是单独使用或相连使用，在古代，表示的大体是同一个意思。

曾参

孔子认为，在社会生活中，"信"是一个人的立身之本，如果没有诚信，也就失去了做人的基本条件。他把"信"列为对学生进行教育的"四大科目"（言、行、忠、信）和"五大规范"（恭、宽、信、敏、惠）之一，认为只有"信"，才能得到他人"信任"（"信则人任焉"）。孔子说："人而无信，不知其可也。大车无輗，小车无軏，其何以行之哉！"这就是说，一个人，如果失去"信"，就像车子没有轮中的关键部位一样，是一步也不能行走的。孔子在谈到统治者怎样才能得到老百姓信任时说"民无信不立"，如果一个国家对老百姓不讲诚信，就必然得不到老百姓的支持；只有对老百姓讲诚信，才能够树立起自己的"威信"。

我国古代有许多讲诚信的人，流传着许多关于诚信的故事，如：曾子杀猪教子、刘廷式坚娶盲女、宋就以诚感人、季札赠剑。这些故事脍炙人口，流传至今。

曾子（约前505年—约前435年），名参，字子舆，春秋时期鲁国南武城（今山东省嘉祥县）人，是儒家正统思想的正宗传人。曾子上承孔子之道，下开思孟学派，在儒学发展史乃至中华文化史上均占有重要的地位。曾子深受孔子的教导，不但学问高，而且为人非常诚实，从不欺骗别人，甚至是对于自己的孩子也是说到做到。

有一次，他的妻子去街上买东西，独生儿子哭闹着一定要去。可曾子妻子嫌麻烦，就随便哄他一句说："你在家玩吧！等妈妈回来杀猪给你吃。"儿子果然不哭闹了，等着吃猪肉。

妻子回来后，曾子拿起刀就去杀猪。妻子感到很奇怪，就问丈夫："今天又不是过年过节的，你杀什么猪呀？"

曾子回答说："不是你自己说回来后要给儿子杀猪吗？"

"我是哄孩子玩呢，你怎么当真了，应付一下就算啦。"

曾子严肃地说："孩子可不是开玩笑的对象。他小，不懂事，凡事都要向父母学习，听从父母的教诲，如果父母说话不算数，欺骗了孩子，孩子就会认为人是可以欺骗的，转而去欺骗别人。如此一来，孩子骗人就成为父母教的了。而且，你骗了孩子，孩子以后就不再相信你了，你说的话他还听吗？"曾子的妻子恍然大悟。

曾子的这种诚信行为直接感染了儿子。一天晚上，儿子刚睡下又突然起来，从枕头下拿起一把竹简向外跑。曾子问他去做什么，儿子回答："我从朋友那里借书简时说好要今天还的。虽然现在很晚了，但再晚也要还给他，我不能言而无信呀！"曾子看着儿子跑出门，会心地笑了。

三、义薄云天：关羽

义薄云天是形容某个人非常有情有义。这个词出自南宋沈约《宋书·谢灵运传》："屈平、宋玉，导清源于前，贾谊、相如，振芳尘于后，英辞润金石，高义薄云天。"一提到"义薄云天"，人们自然就会想到关羽，脑海便会浮现他那赤面长髯、凤目蚕眉、身披金甲、威风凛凛的形象。

关羽（？—220年），字云长，河东解县（今山西省运城市）人。《三国志·蜀书·关羽传》对关羽的描述只有一千多字，主要有对刘备忠心："稠人广坐，侍立终日，随先主周旋，不避艰险。"斩颜良："策马刺良于万众之中，斩其首还。"对曹操："羽尽封其所赐，拜书告辞。"刮骨去毒："羽割炙引酒，言笑自若。"我们现在了解的很多关于关公的事迹大都是由此演绎而来的。

传说中的关羽又具有哪些优秀品德呢？根据

关　羽

《三国演义》中的描述，大概体现在两个方面。

第一是他的神勇，表现了他的胆识和武功，这是关羽形象的一个最典型的特征。桃园结义之后，他与刘备、张飞共破黄巾，这是他初步建立功勋；接着温酒斩华雄、三英战吕布，斩颜良、诛文丑、过五关、斩六将；后来水淹七军，擒于禁，杀庞德。这一连串的描写都体现了他的神勇。而华佗给关羽刮骨疗毒的故事虽嫌夸大，却也表现了关羽的勇敢。其实在《三国演义》里不仅是关羽，像张飞、马超、典韦、许褚也很神勇，但关羽的神勇给人一种气势磅礴、凛然不可侵犯的神威。

第二是他的忠义，表现了他的道德品质。关羽讲的这个"义"，是兄弟之义、朋友之义和君臣之义。从桃园结义、降汉不降曹、封金挂印、千里走单骑、护嫂寻兄、古城聚义、华容道义释曹操，以及大意失荆州后的宁死不屈等都体现出关羽的"义"。

综观关羽的一生，他并没有建立什么赫赫伟业，为什么国人如此崇拜关公，处处建有关帝庙呢？后人推崇关羽，是因为关公所代表的社会观、价值观，既为统治阶级极力推崇，也被普通百姓接受。官取其"忠"、商取其"信"、民取其"义"，都寄托了各自的思想和愿望。因此将"智勇双全、固守原则、忠心耿耿、不为利诱"的"忠义"全才形象加载在关公身上。

与关羽一样，介子推、蔺相如、程婴、信陵君魏无忌等都是"忠义之士"的代表，人们崇尚这种传统美德，认可他们。同时，凝聚在"关羽们"身上而为万世共仰的忠、义、信、智、仁、勇，蕴含着中国传统文化的伦理道德，渗透着儒学的春秋大义，并为佛教、道教所趋同的价值观念所接受。

四、匠心独具：鲁班

匠心，指巧妙的心思。匠心独具指具有独特的巧妙心思，多指科学技术或艺术方面有创造性。鲁班、黄道婆、李春、马钧等都是匠心独运的代表。

鲁班（约前507年—约前444年），姓公输，名般，鲁国人（今山东省曲阜市），人称公输盘、鲁般。"般"和"班"同音，古时通用，故人们常称他为鲁班。鲁班是我国古代一位出色的发明家，两千多年来，他的名字和有关他的故事，一直在广大人民群众中流传，被民间供奉为土木工匠的祖师。

鲁班很注意对客观事物的观察、研究，致力于创造发明。他受自然现象的启发，发明了很多东西。一次攀山时，手指被一棵小草划破，他摘下小草仔细察看，发现草叶两边全是排列均匀的小齿，于是就模仿草叶制成伐木的锯。

他看到各种小鸟在天空自由自在地飞翔，就用竹木削成飞鹞，借助风力在空中试飞。《墨子》一

鲁　班

书中有这样的记载："公输子削竹木以为鹊，成而飞之，三日不下。"就是说鲁班制作的木鸟，能乘风力飞上高空，好几天不降落。

鲁班一生注重实践，善于动脑，在建筑、机械、木工等方面作出了很大贡献。他能建造"宫室台榭"；曾制作出攻城用的"云梯"，舟战用的"钩强"；创制了"机关备制"的木马车；发明了曲尺、墨斗、刨子、凿子等各种木制工具，还发明了磨、碾、锁等。鲁班的名字实际上已经成为古代劳动人民勤劳智慧的象征。

《增广贤文》有言："良田百顷，不如薄艺在身。"《考工记》记述："知者创物，巧者述之守之，世谓之工。百工之事，皆圣人之作也。"两千多年来，工匠精神一直流淌于中华民族的血脉之中，一部中华文明史凝聚着历朝历代工匠们的智慧和创造，如同诸子百家造就了中华民族思想天空的群星灿烂一样，工匠精神也曾造就中华民族的百业兴旺、空前繁荣，同样星光璀璨。

"工匠精神"既是一种技能，更是一种精神品质，是一种在设计上追求独具匠心、质量上追求精益求精、技艺上追求尽善尽美的精神，蕴含着严谨、耐心、踏实、专注、敬业、创新、拼搏等可贵品质。新时代的"工匠精神"主要包括爱岗敬业的职业精神，精益求精的品质精神，协作共进的团队精神和追求卓越的创新精神。其实，我们周围之所以缺少真正称得上"巧匠"的人，是因为成为巧匠，需要精益求精的态度；需要长时间的技能磨炼；需要经历种种痛苦和挫折。只有勇敢地直面困难，坚强地走出困境，才能达到"巧匠"的境界。

知识链接

子贡

子贡，复姓端木，名赐，字子贡，春秋末年卫国人，是儒学的学习者、传播者和维护者，"孔门十哲"之一，孔子曾称其为"瑚琏之器"。子贡悟性极高，富而好礼，能言善辩，也善经商。他把尊师与弘道、求学与致用、行义与营利有机统一起来，做到了从学、从政、从商三者皆优，成为孔子最器重的学生之一。

子贡的外交能力和政治才能非常突出。他主张和平的外交政策，主张通过对话解决争端，反对使用武力。"愿著缟衣白冠，陈说白刃之间"，"不持一尺之兵，一斗之粮，解两国之患"。公元前483年，齐相田常想通过伐鲁来削弱国内政敌的力量。子贡为免孔子怀国之忧，自告奋勇出使各国，巧妙地根据不同的形势，针对不同的对象，利用他们的利益关系先后使齐国、吴国、越国、晋国入局。经过子贡的一番周旋最终将这灾难转移到了吴国身上，达到了使鲁国避免陷入战乱的目的。司马迁说："故子贡一出，存鲁、乱齐、破吴、强晋而霸越。子贡一使，使势相破，十年之中，五国各有变。"

子贡很会做生意，家境殷实，孔子对他的评价是"赐不受命而货殖焉，亿则屡中"。孔子一生中很长时间，孜孜不倦地奔走于各诸侯国之间，宣扬其主张以求实现自己的理想。他周游列国的费用基本上都是子贡承担的。不仅如此，子贡追随孔子学习后，还将儒家思想与经商之道融会贯通，使之相得益彰。他始终牢记孔子"君子爱财，取之有道""义以求利""富与贵是人所欲也，不以其道得之，不处也"等的教诲，率先将儒家的明"义"与商家的求"利"有机统一起来。

子贡非常尊崇孔子,将孔子比作日月,认为孔子的形象像数仞之墙般高大。当旁人对老师有误解、亵渎甚至攻评时,子贡总是旗帜鲜明地捍卫师道,认为"自生民以来,未有夫子也"。孔子死后,其弟子皆在墓地守丧三年,而子贡则是守丧六年。他纵横捭阖于各诸侯国之间时,积极宣扬孔子的主张,使得孔门儒学知名度大大提高。司马迁洞察此情,谓之曰"夫使孔子名布扬于天下者,子贡先后之也"。

故事链接

管鲍之交

管鲍之交的故事出自《列子·力命》。

管仲和鲍叔牙是春秋时代的人,两人同朝为官,互相照顾,亲如手足。

管仲智慧过人,满腹经世治国之道。他的父亲一心希望儿子复兴家族,但由于当时的社会环境和时代背景,管仲不得不为生计四处奔波。他经过商,做过小吏,当过兵,从事过很多职业,经历了无数磨难。面对这些困难,他毫不退缩,顽强地挺了过来。而他的莫逆之交鲍叔牙给予了他极大的支持与鼓励。

齐僖公有三个儿子,长子诸儿,次子纠,幼子小白。按照周朝的礼制,君位一般都由长子继承。前698年,齐僖公去世,他的长子诸儿顺利接班,当上了齐王,史称齐襄公。诸儿继位后,对诸弟痛下杀手,公子纠被迫逃奔鲁国(都城在今山东省曲阜市),公子小白流亡在莒国(都城在今山东省莒县)。而管仲辅佐公子纠,鲍叔牙辅佐公子小白,两人因此天各一方,各为其主。

当初,齐僖公让鲍叔牙辅佐公子小白。因为公子小白母亲早亡,他在宫里没有靠山。鲍叔牙为此很不高兴,不愿意接受这项任命,并抱恙躲在家里不上朝。管仲劝说鲍叔牙,身为人臣,应该尽职尽责,而且世事无常,说不定公子小白将来会登上王位。管仲的话解开了鲍叔牙心里的疙瘩,他欣然应下了辅佐公子小白的事。

齐襄公即位后,朝纲失常,政局混乱。此时,身在鲁国的公子纠和在莒国的公子小白也在积极为自己寻找靠山。公子纠得到了鲁国的支持,而公子小白则赢得了齐国内部贵族的扶持。两位公子各自积蓄力量,一场为争夺君位的明争暗斗随之开始。

前686年,齐国发生了一次内乱,国君齐襄公被杀。齐国上卿高侯悄悄派人往莒国请小白回国;鲁国也同时派兵护送公子纠回齐国,并让管仲率军半路阻截公子小白,小白装死逃过一劫,并抢先一步赶到了齐国,取得君位,他就是春秋时期五霸之一的齐桓公。

小白决定封鲍叔牙为宰相,但鲍叔牙却极力推荐管仲。小白一听,便说:"管仲要杀我,他是我的仇人,你居然叫我请他来当宰相!"鲍叔牙却说:"这不能怪他,他正是忠心为主才这样做的啊!"小白觉得鲍叔牙的话有理,决定请管仲回来当宰相。

管仲得知此事感慨地说:"我当初贫穷时,曾和鲍叔牙一起做生意,自己拿走的钱多,他却从不认为我贪财;我曾经三次做官,三次被国君辞退,他却不认为我没有才能;我曾经三次作战,三次逃跑,他却不认为我胆怯。生我者父母,知我者鲍子也!"

鲍叔牙推荐管仲以后,自己甘愿做他的下属。天下的人无不赞美管仲的才干,也赞美鲍叔牙善解人意。

后来，大家在称赞朋友之间有很好的友谊时，就会说他们是"管鲍之交"。

——资料来源：云飞扬《中国历史故事：春秋战国》，北方妇女儿童出版社 2012 年版，有改动

扩展阅读

社会主义核心价值观

社会主义核心价值观宣传海报

主题实践

活动一
活动目的：培养家庭观念和孝老爱亲的中华传统美德。
活动内容：找一找自己家的家谱，搜集家训。
具体要求：讲述"我从哪里来"和"我的家风故事"。

活动二
活动目的：学习先贤品格，弘扬热爱祖国、敬业乐群、扶危济困、见义勇为的传统美德。
活动内容：观看电影《鲁班的传说》，并阅读其他名人传记。
具体要求：分组交流读后感，传阅读书笔记。

活动三
活动目的：了解风俗礼仪，做到以礼相待，礼尚往来。
活动内容：收集各地节庆假日或红白喜事时候的风俗和礼仪。
具体要求：分组讨论展示，用演示文稿（PPT）进行汇报。

第四章　创造与交流

阅读指导

中华民族是一个具有非凡创造力的民族。中国古代劳动人民勤劳、勇敢，充满智慧，创造了举世瞩目的伟大成就。汉语汉字、四大发明（即造纸术、印刷术、火药和指南针）、中医中药，都是中国劳动人民的智慧结晶，并通过和平友好的方式不断地传播到周边国家，并且逐步走向世界，为人类的文明进步与和谐发展作出了伟大贡献。

在古代，中国各民族之间以及同世界其他国家和地区之间都存在比较广泛的交流与合作。从汉代丝绸之路的开辟到明朝前期的郑和下西洋，为世界文明的交融、发展作出了杰出贡献。

学习目标

知识目标：了解我国汉语汉字、四大发明、中医中药等重大发明创造和开辟丝绸之路、郑和下西洋等国际交往的重大历史事件。

能力目标：通过学习古代的发明创造和中外交流的历史，理解古人创新创造与交流合作的技巧和智慧，并能够运用这些技巧和智慧解决自己实际生活中遇到的问题。初步具备创新创造和交流合作的能力与智慧。

素质目标：深刻理解古人的创新意识和包容精神，树立创新发展、合作共赢的理念，积极投身新时代中国特色社会主义伟大实践，为实现中华民族伟大复兴的中国梦而努力奋斗。

文化之旅

第一节　汉语汉字

汉语和汉字是中华民族的主体语言和文字。汉语和汉字包含和承载着中国传统文化丰厚的内容与精神，对中国传统文化的保存、传播与发展作出了巨大的贡献。了解汉语言文字，对提高汉语言文字应用水平、弘扬中国传统文化有积极的作用。

一、汉语

汉语是世界上历史最悠久又最富于稳定性的语言之一，具有极丰富的文化内涵。汉语的演变大致经历了上古汉语、中古汉语、近古汉语和现代汉语四个阶段。上古汉语存在于周朝前期和中期（前11世纪—前7世纪），文字记录有青铜器上的刻铭、《诗经》以及部分《易经》。中古汉语使用于隋朝、唐朝和宋朝（7世纪—10世纪），可以分为《切韵》（601年）涉及的早期中古汉语和《广韵》（10世纪）所反映的晚期中古汉语。近古汉语是古代汉语与现代汉语之间以早期白话文献为代表的汉语。《水浒传》《西游记》等书所用语言即近古汉语。广义的现代汉语还包括汉语的各种方言，这些语言都属汉语，只是在语音、词汇、语法等方面存在一定差异。而狭义的现代汉语则是指"普通话"，即"以北京语音为标准音，以北方话为基础方言，以典范的现代白话文著作为语法规范"的现代汉民族共同语。普通话所代表的标准现代汉语也是我国的国家通用语言。

口语和书面语是汉语的两种形式。汉语的发展史上有一种非常奇特的文化现象，就是在相当长的历史时期内，人们说的是白话，写文章用的是文言文，文言文是古汉语的书面语。这就是人们常说的"言文脱节"现象，即口语和书面语严重脱节。产生这种现象的根本原因在于，古代社会教育不普及，交通不发达，书面语只有少数人能够掌握。20世纪初，以陈独秀为代表的有识之士发起了新文化运动，进行了一场以白话文代替文言文的文学革命。白话文是以口语为基础，经过加工形成的书面语，是现代汉语的书面语。白话文取代了文言文，使书面语不再只掌握在少数知识分子手中，而是扩大至普通群众。现代汉语的口语和书面语也存在一定差别。一般来说，口语比书面语灵活简短，理解时，对语境的依赖性比较强，不如书面语严谨。例如，问一个受教育程度不高的老太太："老人家高寿啊？有配偶吗？"对方听不懂；若问："您老多大年纪了？有老伴吗？"对方肯定就能听懂了。这里"高寿""配偶"均是书面语，对于一个受教育程度不高的老人来说，肯定不知你问的是什么，而"多大年纪""老伴"这些生活中常用的口语理解起来就容易多了。

与世界其他语言相比较，汉语在语音、词汇和语法方面有自己独到的特点。首先，汉语是有声调的语言，声调是汉语音节不可缺少的成分。从功能上来讲，声调的主要作用在于辨别意义，声韵相同而声调不同的音节，代表的意义也不同，如"花、划、化"。其次，从词汇方面看，汉语的语素以单音节为主，词以双音节为主，广泛运用词根复合法构词。最后，从语法方面看，汉语没有形态的变化，语序和虚词是表达语法意义的主要手段，英语中的词语则有数量、人称等形态的变化。

二、汉字

汉字是中华文明的重要标志之一，是用来书写汉语的文字，也被借用于书写日语等语言，是汉字文化圈广泛使用的一种文字，也是目前世界上唯一仍被广泛使用的高度发展的语素文字。从仓颉造字的古老传说到100多年前甲骨文的发现，中国历代学者一直致力于揭开汉字起源之谜。关于汉字的起源，中国古代文献上有种种说法，如"结绳""八卦""图画""书契"，古书上还普遍记载有黄帝史官仓颉造字的传说。现代学者认为，成系统的文字工具不可能完全由一个人创造出来，仓颉如果确有其人，应该是文字的整理者或颁布者。

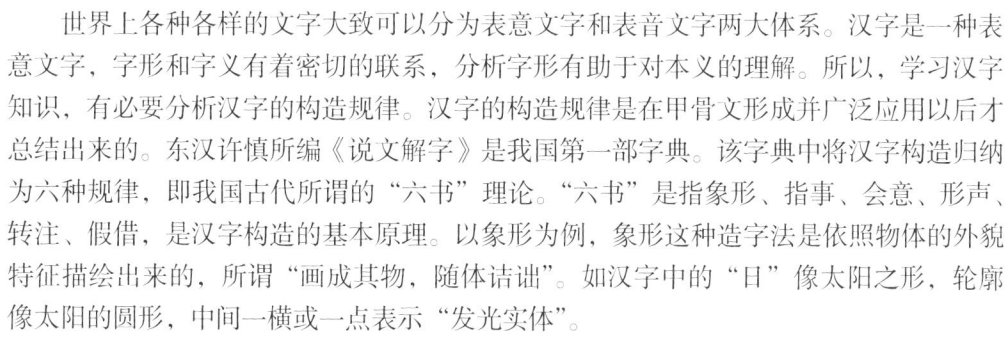

微课：汉字

汉字的演进

世界上各种各样的文字大致可以分为表意文字和表音文字两大体系。汉字是一种表意文字，字形和字义有着密切的联系，分析字形有助于对本义的理解。所以，学习汉字知识，有必要分析汉字的构造规律。汉字的构造规律是在甲骨文形成并广泛应用以后才总结出来的。东汉许慎所编《说文解字》是我国第一部字典。该字典中将汉字构造归纳为六种规律，即我国古代所谓的"六书"理论。"六书"是指象形、指事、会意、形声、转注、假借，是汉字构造的基本原理。以象形为例，象形这种造字法是依照物体的外貌特征描绘出来的，所谓"画成其物，随体诘诎"。如汉字中的"日"像太阳之形，轮廓像太阳的圆形，中间一横或一点表示"发光实体"。

今天所能见到的最早的汉字是殷商甲骨文。自甲骨文到秦代小篆，统称古汉字；自秦汉隶书以后，统称今汉字。古今汉字的重要区别是形态结构不同。在古汉字阶段，汉字的书写单位是线条，这些线条随着事物形体的变化或曲或伸，这时的汉字带有明显的图画性。而今汉字的书写单位是已固定成型的各类笔画。用这些笔画书写出的汉字，原始的图画性已经淡化了。

汉字这套独特的符号系统，除了作为交流工具，还包含着中国人丰富的文化内涵和审美意蕴。如中国有"止戈为武"的说法，"武"指的是战争，"止戈"就是不用武器，这个汉字的意思就是：战争是为了消灭战争，不战才是战争的目的。如"美"，这个字含有中国人审美观方面的信息。上面是"羊"，下面是"大"，即"羊

甲骨文（张宏图拍摄）

大为美"，因羊在古代有吉祥的意思，所以肥大的羊是美的。这反映了最初中国人对美的认识。

知识链接

汉字字体

甲骨文是古人用写或刻的方式，在龟甲、兽骨上留下的文字。现在发现最早的甲骨文是商朝盘庚时期的甲骨文，其内容多为"卜辞"，也有少数为"记事辞"。金文是指铸刻在殷周青铜器上的文字，也叫钟鼎文、铭文。大篆据传为周宣王的史官史籀所创，故又称籀文、籀篆、籀书等，代表为今存的石鼓文。大篆是古字向小篆过渡的一种汉字字体。小篆是由大篆简化而成，相传是秦朝李斯受命整理出来的。相对于大篆而言，小篆的形体结构简明、规正、协调，笔势匀圆整齐，偏旁也发生一定的变异和合并。与大篆相比，小篆的图画性已经大大减弱，每个字的结构已经比较固定。在小篆通行不久，民间又出现了一种比小篆更为简便的新书体，这就是"隶书"。隶书的出现是汉字发展史上一个重要的里程碑。自隶书出现后，汉字的结构基本上固定了下来，一直到中华人民共和国成立，基本上没有太大的变化。楷书流行于魏晋，成熟于隋唐，一直使用到今天。楷书结构严谨，便于识读，也便于书写，因此历经千年而不变。行书和草书是便于快捷化书写的书体，兼有审美性和实用性，有着流畅的气韵，是人们喜欢的书写形式。

从秦汉往后，字体基本稳定了，汉字书法艺术蓬勃发展起来，出现了各种书体。古文字系统中，一种字体就是一种书体，有篆书、隶书、楷书、行书、草书等。唐代以后，书体又指某一书法家的个人书写风格。

故事链接

中药材里的古老文字——甲骨文

王懿荣为清末翰林，进士出身，对青铜器上的铭文，即金文、钟鼎文有很深的研究。据说，1899年，王懿荣突患疟疾，家人从北京宣武门外的药店买回一种叫"龙骨"的中药材，王懿荣发现上面刻的那些符号和他研究的青铜铭文非常相似。王懿荣立刻断定"龙骨"上的符号是一种古老的文字，他马上差人把所有的"龙骨"买回来研究，共得到1508片。王懿荣很快认定，"龙骨"上的文字是比钟鼎文更加古老的商代文字，大都是商代王室的"档案"。甲骨文的发现轰动了中外学术界，把汉字的历史推到公元前14世纪的殷商时代，"甲骨学"很快成为一门新兴的学问，开创了文字学、历史学研究的新局面。王懿荣尚未展开深入研究就在八国联军攻占北京时自杀殉国了。《老残游记》作者刘鹗继承了他的事业，并出版了中国第一部甲骨文著作《铁云藏龟》。后来罗振玉、王国维对甲骨文的研究都有很大贡献。

第二节 四大发明

四大发明是指在中国古代出现的对世界具有很大影响的四种发明，是古代中华民族的重要创造，一般是指造纸术、印刷术、火药和指南针。

中国的四大发明在欧洲近代文明产生之前陆续传入西方，对西方科技发展产生了一定影响，如印刷术的出现改变了只有僧侣才能读书和受高等教育的状况，推动了文化的传播；火药和火器的采用摧毁了欧洲中世纪天主教的思想枷锁；指南针传到欧洲航海家的手里，使他们有可能发现美洲和实现环球航行，为西方奠定了世界贸易和工场手工业发展的基础。

四大发明，在人类科学文化史上留下了灿烂的一页。这些伟大的发明曾经影响并造福于全世界，推动了人类历史的前进。

一、造纸术

人们都知道蔡伦造纸，实际上，在西汉时期我们的先民就已经发明了纸。到东汉时，蔡伦在总结前人经验的基础上，改进了造纸术，他用树皮、麻头、破布和旧渔网等材料制成植物纤维纸。其中树皮纸就是他的发明。蔡伦曾被封为"龙亭侯"，所以人们把他创造的纸叫作"蔡侯纸"。到了两晋时期，人们利用纸写字，由此产生了书法艺术，同时也用纸作画。后来随着造纸技术的提高，一些特殊的纸张诞生了，如闻名始于唐代的宣纸，对中国书法、绘画产生了深远影响。

宣纸制作技艺（人类非物质文化遗产）

从6世纪开始，造纸术逐渐传入朝鲜、日本，以后又经阿拉伯、埃及、西班牙传到欧洲的希腊、意大利等地。1150年，西班牙开始造纸，建立了欧洲第一家造纸厂。此后，意大利（13世纪）、法国（14世纪）、德国（14世纪）、英国（15世纪）、荷兰（16世纪）、美国（17世纪）都先后建厂造纸。到16世纪，纸张已流行于欧洲。中世纪的欧洲，据说抄一本《圣经》要用 300 多张羊皮，文化信息的传播因材料的限制，范围极其狭小，纸的发明为当时欧洲教育、政治、商业的蓬勃发展提供了极为有利的条件。

二、印刷术

中国的印刷术经过雕版印刷和活字印刷两个阶段。晋人借鉴印章和石刻经验发明了墨拓技术。隋代在墨拓基础上发明了雕版印刷术。唐代留下的雕版印刷的《金刚经》(868 年)，精美清晰，是世界上最早的标有确切日期的雕版印刷品。雕版印刷对文化的传播起了重大作用，但是也存在明显的不足：一是刻版费时费工费料，刻一部书需要很长时间和很多木料；二是雕版中如有错字错句，更改也很困难。宋代，毕昇发明了活字印刷术，使印刷术得到迅速推广。活字制版避免了雕版的不足，只要事先准备好足够的单个活字，就可随时拼版，大大地加快了制版时间。活字版印完后，可以拆版，活字可重复使用，且活字比雕版占有的空间小，容易存储和保管，相较于雕板印刷，活字的优越性就表现出来了。

活字印刷术（急需保护的非物质文化遗产）

中国的雕版印刷大约在 14 世纪以后从伊朗传到欧洲，欧洲现存最早的有确切日期的雕版印刷品是《圣克利斯托菲尔》画像（1423 年）。中国的活字印刷术大约 15 世纪传到欧洲，德国人受中国活字印刷术的影响，创制了欧洲拼音文字的活字，用来印刷书籍。

印刷术传到欧洲后，改变了原来只有僧侣才能读书和接受较高教育的状况，为欧洲的科学在经历中世纪漫长黑夜之后突飞猛进的发展以及文艺复兴运动的出现提供了重要的物质条件。

三、火药

我国发明的火药，是古代人们长期炼丹、制药实践的结果。炼丹术起源很早，《战国策》中已有方士向荆王献不死之药的记载。炼丹术中很重要的一种方法就是"火法炼丹"。唐代的炼丹者已经掌握了一个很重要的经验，就是硫磺、硝石、木炭三种物质可以构成一种极易燃烧的药，这种药被称为"着火的药"，即火药。火药不能解决长

《西法神机》中记载的火药制作技艺

生不老的问题，又容易着火，炼丹家对它并不感兴趣。火药的配方由炼丹家转到军事家手里，就成为中国古代四大发明之一的火药。

中国在唐朝时期就已发明了火药，并最早用于军事。宋朝时火器普遍用于战争。蒙古人从与宋、金作战中学会了制造火药、火器的方法，阿拉伯人从与蒙古人作战中学会了制造火器。欧洲人大约于13世纪后期，又从阿拉伯人的书籍中获得了火药知识，到14世纪前期，又从对伊斯兰教国家的战争中学到了制造火药、使用火器的方法。火器在欧洲城市市民反对君主专制中发挥了巨大作用。

恩格斯指出："火器一开始就是城市和以城市为依靠的新兴君主政体反对封建贵族的武器。以前一直攻不破的贵族城堡的石墙抵不住市民的大炮；市民的枪弹射穿了骑士的盔甲，贵族的统治跟身披铠甲的贵族骑兵队同归于尽了。"

四、指南针

指南针的主要组成部分是一根装在轴上的磁针，磁针在天然磁场的作用下可以自由转动并静止在磁子午线的切线方向上，磁针的北极指向地理的北极，利用这一性能可以辨别方向。我们的古人最早发现磁石及其吸铁性，进而发现了磁石的指极性，于是把天然磁铁加工成勺形，将其叫作"司南"。指南针出现于两千多年前的战国时期，在应用"司南"的基础上，人们发现用磁石沿一个方向多次摩擦过的钢针等物也有指南特性，于是发明了指南针。宋初还出现过"指南鱼"，是浮在水面上的一种指南器具。

北宋时期，指南针开始应用于航海，南宋时，普遍应用于航海，同时传到阿拉伯。13世纪初指南针传入欧洲。指南针在航海上的应用，成为以后哥伦布发现美洲新大陆和麦哲伦环球航行的条件之一。这大大加速了世界经济发展的进程，为资本主义的发展提供了必不可少的前提。指南针的影响是多方面的，例如指南针用于地形的测量，使地图的绘制变得简单，完整详细的地图得以面世。

知识链接

梦溪笔谈

《梦溪笔谈》是北宋科学家沈括所著的笔记体著作，一般认为成书于1086年至1093年间。全书包括《笔谈》《补笔谈》《续笔谈》三部分，共30卷，其中《笔谈》26卷，《补笔谈》3卷，《续笔谈》1卷。全书共609条，内容涉及天文、数学、物理、化学、生物、地质、地理、气象、医药、农学、工程技术、文学、史事、音乐和美术等。《梦溪笔谈》详细记载了劳动人民在科学技术方面的卓越贡献和他自己的研究成果，反映了我国古代特别是北宋时期自然科学获得的辉煌成就，是中国科学技术史上百科全书式的著作。英国科学史家李约瑟评价《梦溪笔谈》为"中国科学史上的坐标"。

> **故事链接**

炼丹家与火药

　　隋朝初年，有位名叫杜子春的人去深山寻访一位炼丹的道士朋友。因为两人谈得十分投机，不知不觉天色已晚，这里山高林密，人迹罕至。朋友便让杜子春在自己的炼丹房里住宿，并告诫他不要乱动房里的东西。山里气温很低，杜子春睡到半夜，突然被一阵寒风给吹醒了。他便拾了些枯枝、树叶堆在一起，生火来取暖。不料，他在添加柴火时，不小心碰到了身旁几个装有硝石、硫磺等药物的钵罐，药物一下子溅到火堆里，只听"轰"的一声，冲出一股火焰。顿时火焰冲天，火柱直穿屋顶。不一会儿，整栋房子都被烧成了灰烬。杜子春虽然跑了出来，侥幸保住了性命，可他一想起那钵罐中"会着火的药"，心中仍然害怕不已。后来，人们便把这些"会着火的药"叫"火药"。

　　——资料来源：管成学《中国古代四大发明的故事》，吉林科学技术出版社2012年版

第三节　中医中药

　　中医药学是中华文明的优秀代表。在数千年的医药活动中，中医药学形成了道法自然的生命观，形神兼顾的健康观，整体平衡的思维观，辨证施治的诊疗观和大医精诚的道德观等核心价值观。长期以来，历代中医药人遵循着共同的经典和理论，信守着相同的规则和思想，在医学实践的推动下，形成了中医药学一脉相承的思维方式和价值观，构建了以人为本、整体观念和辨证施治为代表的中医药文化框架体系。

　　这种价值体系体现了中医药文化最具特色的内涵。正是由于这种源于中国传统文化的价值观，中医药学才具有强大的生命力，为中华民族的繁衍昌盛作出了贡献。数千年来中医药学薪火相传，经久不息，并不断发展创新，逐渐向海外传播。传统医学的治疗理念正逐渐为世界所接受，传统医药受到国际社会越来越多的关注，世界范围内对中医药的需求日益增长，为中医药的发展提供了广阔的空间。

一、整体平衡

　　中医学认为，人体是一个有机整体，反对头疼医头、脚疼医脚，而是要根据全身的情况进行综合考察，针对不同的情况来辨证施治。中医还认为，组成人体的所有脏腑经络形体组织，既是有机联系的，又都可以根据其所在部位和功能特点划分为相互对立的阴阳两部分。故《黄帝内经·素问》说："人生有形，不离阴阳。"人体的正常生命活动，是阴阳两个方面保持着对立统一的协调关系，处于动态平衡的结果。疾病的发生标志着这种协调平衡的破坏，故阴阳失调是疾病的基本病理之一。阴阳失调的主要表现形式是阴阳的偏盛和偏衰。由于疾病发生发展变化的内在原因在于阴阳失调，故而中医学从"天人相应"的观点出发，认为人是自然界整体中的一部分，疾病与人自身的精神状态、生活状态、外部环境以及气候变化有密切关系，必须从环境、动静、饮食和心理四

个方面来做好体内阴阳气血的平衡。

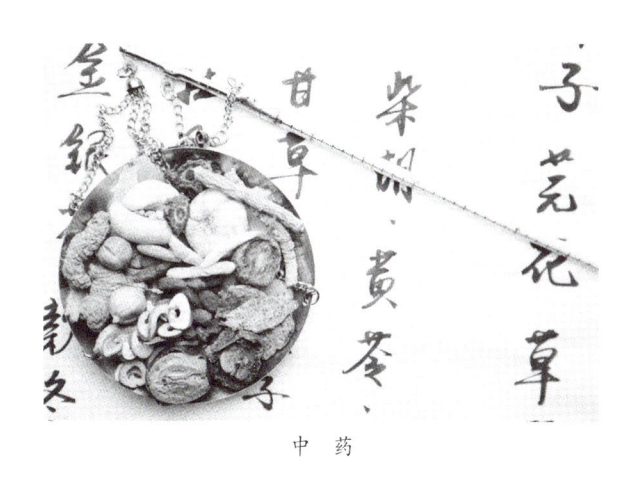

中药

（一）环境平衡

《黄帝内经》曰："处天地之和，从八风之理。"这就是说人类要安然平和地生活在大自然中，必须要顺应自然界季节、气候、风雨、云雾等变化规律来安排自己的生活起居、饮食休息，以及劳作锻炼等方方面面的活动，这就如同"寒加衣服饿进食"一样，是不可忽视的生活规律，必须遵守照办。

（二）动静平衡

《黄帝内经》曰："形劳而不倦。"这就是说，人要参加劳动和运动，但需要根据每个人的个体情况掌握好一个"度"。这是一个科学的因人而异的辩证的论点，参加劳动或运动虽可以运动筋骨、强身健体，但过分而无限制的劳动和超量的运动，都会导致透支体力，形成病痛，有损健康，得不偿失。所以要做到劳逸结合，也就是中医所说的"动静平衡"，才有益健康。

（三）饮食平衡

《黄帝内经》曰："是故谨和五味，骨正筋柔，气血以流，腠理以密。如是则骨气以精，谨道如法，长有天命。"就是说：饮食要有规律，要"因人而宜""因时而宜""因病而宜"，依据不同人、不同时段、不同情况适当调节进食，而且要做到五味调和，不可偏食，使人气血流畅、健康快乐地过好每一天。若能一直遵守这些饮食营养的保健养生法就有利于益寿延年。

（四）心理平衡

《黄帝内经》曰："虚邪贼风，避之有时，恬淡虚无，真气从之，精神内守、病从安来。"这就是说：当出现违反时令季节规律的反常气候时，必须及时回避。而在思想、情绪上，要保持安定洁净、恬淡虚无、不妄想、不贪婪、不攀比、不羡慕。这就提示人们，除了预防外因致病，也应预防内因致病。维护好心理健康，也是重要的养生法则。

二、经络和针灸

经络是经脉和络脉的总称。经,有路径的含义,经脉贯通上下,沟通内外,是经络系统纵行的主干;络,有网络的含义,络脉是经脉别出的分支,细小而纵横交错,遍及全身。它是运行全身气血,联络脏腑肢体,沟通内外上下,调整人体各部功能的通路。《黄帝内经》说:"经脉者,所以能决死生、处百病、调虚实,不得不通。"如果把我们的身体比做一座城市,经络就是城市中相互贯通的交通干道,主干道是经,次干道是络。畅通无阻的城市需要这些主次干道各自分工又密切合作,一旦有哪条干道堵塞不通,整座城市就会陷入交通瘫痪。同样,人体的经络不通了,气血就不能顺利地运送到相关脏腑和四肢,人体也就生病了。经络包括:十二经脉、十二经别、奇经八脉、十五络脉、十二经筋、十二皮部等。其中属于经脉方面的,以十二经脉为主,属于络脉方面的,以十五络脉为主,它们纵横交贯,遍布全身,将人体内外、脏腑、肢节连成为一个有机的整体。

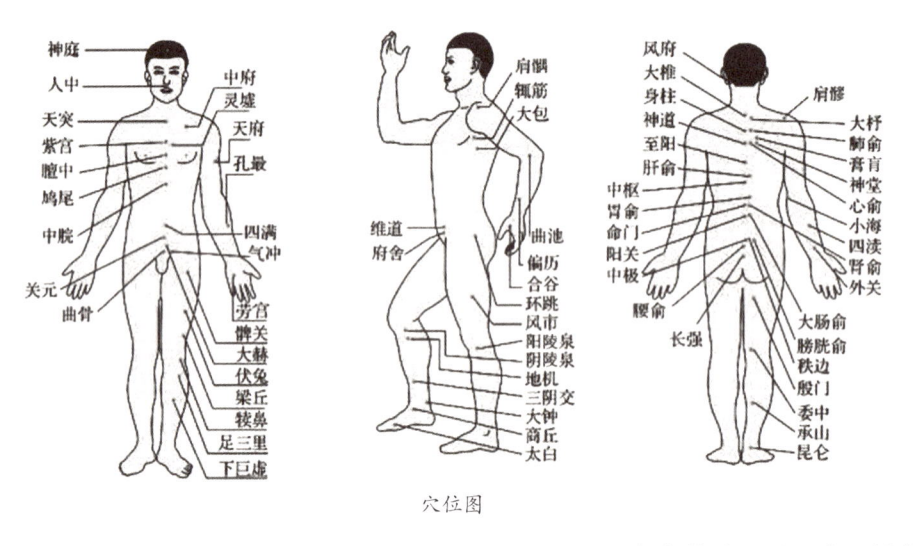

穴位图

针灸是一种我国特有的治疗疾病的手段,它是一种"内病外治"的医术。针灸是针刺和艾灸两种疗法的合称。针刺是指用金属制成的针刺入人体某一穴位,运用这种方法,以调整营卫气血;灸法是用艾绒搓成艾条或艾炷,点燃以温灼穴位的皮肤表面,达到温通经脉、调和气血的目的。

经络学说是针灸处方的基础,熟悉经络循行和交接规律,对辨经络、选穴定方非常重要。病人让针灸医生治病时,经常听到这样一句话:针灸疗法最基本的治疗原理是"行气血,通经络"。在正常生理状态下,经络有运行气血、感应传导的作用,而在发生病变的情况下,经络就成为传递病邪和反映病变的途径。每一条经络都有自己固定的循环路线,又和五脏六腑有着直接或间接的联系,在病理状态下经络又可以反映与之相联系的脏腑的病证。所以在临床上,针灸医生就能根据疾病症状出现的部位,结合经络循行的部位及所联系的脏腑,作出疾病诊断。在治疗上,针灸是在体表有关穴位进行针刺或艾灸，起到激发经气、疏通经络、调节气血、扶正祛邪、调整阴阳平衡之作用，从而恢复人体脏腑和组织器官的正常功能，使疾病得以祛除，健康得以恢复。

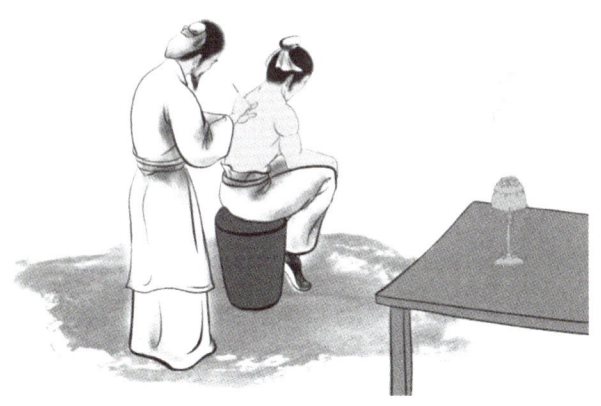

中医针灸（人类非物质文化遗产）

针灸是在中国历代特定的自然与社会环境中产生的科学文化技艺，蕴含着中华民族特有的精神、思维和文化精华，涵纳着大量的实践观察、知识体系和技术技艺，体现了中华民族强大的生命力与创造力，是中华民族智慧的结晶，也是全人类文明的瑰宝，应该受到更好的保护与利用。

三、《神农本草经》与《本草纲目》

中国现存最早的中草药学著作《神农本草经》，于东汉时期集结整理成书。全书载植物药252种、动物药67种、矿物药46种，文字简练古朴，为中药理论精髓，后世本草著作莫不以此为宗。在中国古代，大部分药物是植物药，所以"本草"成了它们的代名词，这部书也以"本草经"命名。

《神农本草经》依循《黄帝内经》提出的君、臣、佐、使的组方原则，将药物以朝中的君臣地位为例，来表明其主次关系和配伍的法则。《神农本草经》对药物的性味有详尽的描述，指出了药物的寒、热、温、凉四气和酸、苦、甘、辛、咸五味等基本性味。医生可针对疾病的寒、热、湿、燥性质的不同选择用药，寒病选热药、热病选寒药、湿病选温燥之品、燥病选凉润之流。这要求医生对药物的归经、走势、升降、浮沉等特性都很了解，才能选药组方，配伍用药。

中国历史上另一部伟大的药学著作就是明代李时珍编写的《本草纲目》。李时珍是明朝伟大的医学家和药物学家。他一面行医，一面研究药物。在实践中，他发现旧有的药物书不但内容少，有的还记错了药性和药效，于是他决心重新编写一部药物书——《本草纲目》。为了写好这部书，李时珍不但在治病的时候注意积累经验，还走遍了产药材的名山。白天，他踏青山，攀峻岭，采集草药，制作标本；晚上，他对标本进行分类，整理笔记。几十年里，他走了上万里路，访问了千百个医生、老农、渔民和猎人，对好多药材，他都亲口品尝，判断药性和药效。就这样，他历尽了千辛万苦，积累了大量的医药资料。

李时珍从 30 多岁起动笔，到 54 岁才把《本草纲目》初稿写出来，以后又连续修改了三次，到了 61 岁，这部 190 多万字的大书才全部完成。

《本草纲目》

《本草纲目》全书 52 卷，收录了药物 1 892 种，分为 16 部、60 类，其中有 374 种是过去没有记载的新药物。该书对每一种药物的名称、性能、用途和制作方法都作了详细说明。书中还附有 1 万余剂药方，千余幅药物形态图。

《本草纲目》于 17 世纪初传入日本和朝鲜，以后又陆续翻译成拉丁文、法文、俄文、德文、英文等多种文字，流传到世界各地，成为全世界人民的宝贵财富。直到现在，《本草纲目》仍是世界医学领域的一部重要文献，也是我国人民对世界医学发展作出的伟大贡献。

知识链接

张仲景

张仲景（约 150 年—约 219 年），名机，字仲景，东汉南阳郡涅阳县（今河南省邓州市）人。东汉末年著名医学家，被后人尊称为"医圣"。他一生勤求古训，博采众方，集前人之大成，揽四代之精华，写出了不朽的医学名著《伤寒杂病论》。这部医书熔理、法、方、药于一炉，开辨证施治之先河，形成了独特的中国医学思想体系，对于推动后世医学的发展起了巨大的作用。他确立的辨证施治原则，是中医临床的基本原则，是中医的灵魂所在。在方剂学方面，《伤寒杂病论》也有巨大贡献。张仲景创造了很多剂型，在其著作中记载了大量有效的方剂。

故事链接

中药店为何称"堂"

凡历史悠久的中药店都称"堂"，如北京的同仁堂、长沙的九芝堂、宁波的寿仁堂、济南的宏济堂、沈阳的天益堂、贵阳的同济堂，我国其他各大城市称堂的中药店也比比皆是。药店多称"堂"的原因和名医张仲景有关。他的医术高明，深受百姓好评。汉献帝建安中期，他被调任长沙太守。当时那里瘟疫流行，死人很多，他很痛心。在工作之余，他就在"办公室"接诊病人，自称"坐堂医生"，以表示自己藐视功名、为民治病的决心。后人为了学习这位名医的高尚品德，就延用这个名称，把自己的中药店也叫作"堂"，意为像张大师那样不讲名利、救死扶伤。

——资料来源：依依《中医界三典故的由来》，《医药与保健》1998 年第 11 期，有改动

第四节　丝绸之路

古代中华文明，形成并发展于一个相对封闭的地理环境中。中国四周的高山、大漠、高原和海洋，阻碍着古代中国与世界的交流，但古代中国人突破了地理环境的阻碍，克服了自然条件的限制，使中外交流特别是中国与中亚、南亚的交流得以实现并持续千年。其中闻名世界的奇迹，就是富于浪漫气息和神秘色彩的丝绸之路。

丝绸之路是一条横贯亚洲、连接欧亚大陆的古代著名陆上商贸通道。它东起长安（今陕西省西安市），西达地中海东岸，直线距离 7 000 多千米。由于这条漫漫长路早期主要是以丝绸贸易为主，因此得名"丝绸之路"。

丝绸之路不仅是一条古代商路，更是连接古代中华文明与欧亚大陆其他文明的纽带，是横贯欧亚大陆的历史文化大动脉。

一、时尚的丝绸

在社交礼仪活动中，人们一般比较讲究衣着服饰，往往热衷于追求着装的时尚。服装的时尚变化多端，时而"绿肥红瘦"，时而唐衫胡服，那些富丽奢华、光怪陆离的款式总是像烟云一般，一阵风后就飘逝了。但无论时尚怎么变迁，却总有一种面料如诗似梦地萦绕在霓裳裙裾当中，以其婉约、灵动的质地营造出灿烂和神秘，那就是丝绸。

丝绸，一种纺织品，用蚕丝或合成纤维、人造纤维、短丝等织成。丝绸是中国的特产，从西汉起，大批中国的丝绸不断地运往国外，成为世界闻名的产品。这条从中国到西方去的大路，被德国的地理学家李希霍芬称为"丝绸之路"。昔日为了一方丝绸，西方人甘愿一掷千金。在时尚的舞台上，丝绸从来不是配角。东方文明经丝绸之路传播到西方之后，在很长的一段时间里，中国的一件瓷器、一匹丝绸、一把折扇都被欧洲人视为上流社会才能享用的奢侈品。

为什么不论东方人还是西方人，都特别喜欢

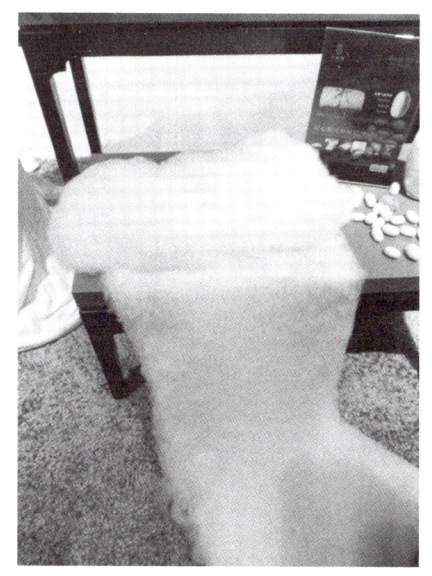

蚕丝（张宏图拍摄）

丝绸？因为，丝绸既是物质产品，也是精神产品。它不仅可以满足人们穿戴的需要，更能最大限度地满足人们对美的向往和追求。丝绸是纺织品里的"贵族"，优裕而从容，不需要涂脂抹粉。它的品质就是它的招牌，一出生就耀眼一方。丝绸，让人联想到湖泊、微风、轻轻的海浪。用丝绸做长袖衬衫、垂地的长裙、披巾，幽雅、含蓄、内敛，可以衬托出东方女性的气质。

中国传统桑蚕丝织技艺

今天的时尚风潮中，丝绸依旧扮演着重要的角色。无论衬衣还是长裙，任何时尚的服装只要换成丝绸面料，就立刻拥有了一种华丽感。据统计，法国著名奢侈品品牌爱马仕每年生产丝巾大约消耗 150 吨丝绸。从 2000 年至 2016 年，中国国际丝绸博览会已经连续举办十七届。参加展会的国内外客商云集、嘉宾荟萃，各项活动精彩纷呈，业内人士和社会各界反响热烈。展会的盛况充分展示了中国国际丝绸博览会是中国乃至世界丝绸行业的一项重要盛事。

丝巾（张宏图拍摄）

二、张骞出使

张骞出使西域，在历史上有着举足轻重的作用。在汉代之前，西域对于中原地区来说，是一个可望不可即的地方，到了西汉，终于有一件事使得中原和西域沟通起来，这就是张骞出使西域。

张骞出使前在汉武帝宫中任侍从一类的小官。那时国家虽然强盛，但仍然受到北方匈奴的威胁。为了彻底摆脱匈奴的威胁，汉武帝想派使者去联络西域各国，特别是与匈奴有矛盾的大月氏，共伐匈奴，为此，汉武帝公开招募聪明又勇敢的志愿者当使节，张骞认为这是非常有意义的事，于是就报名当了使者。前138年，张骞出使西域，途中两次被匈奴扣留，经过千辛万苦终于完成了使命，但说服大月氏与汉朝一起打匈奴的事却没成功。这一次出使，一共花了十三年。随行的共有100多人，回来时只剩他和翻译堂邑父。

前116年，汉武帝再次派他率领一支300多人的使团访问乌孙国。张骞又分别遣副使先后访问了安息、身毒、于阗等国家。不久，这些国家先后派使者回访，中国与中亚、西亚国家的官方往来从此拉开了序幕。中外优秀的文化也通过这条道路得到传播和交流，西域的核桃、葡萄、石榴、蚕豆、苜蓿等十几种植物，逐渐在中原栽培；龟兹的乐曲和胡琴等乐器，丰富了汉族人民的文化生活；中国蚕丝和冶铁术的西进，对促进人类文明的发展贡献甚大。特别是中国的丝绸西传和印度的佛教东进，与这条道路有着密不可分的关系。

三、敦煌莫高窟

莫高窟，俗称千佛洞，是开凿在敦煌鸣沙山东麓断崖上的佛教艺术宝库，是我国著名的四大石窟之一。它始建于十六国的前秦时期，历经北朝、隋、唐、五代、西夏、元等历代的兴建，形成巨大的规模，有洞窟492个，壁画4.5万平方米、彩塑3 000余身，包括圆雕塑像2 000余身，影塑1 000余身，是世界上现存规模最大、内容最丰富的佛教艺术圣地。1987年，敦煌莫高窟被联合国教科文组织列入"世界文化遗产"名录。

敦煌莫高窟的洞窟密布整个崖壁，错落有致，这些大大小小的洞窟与陕西地区的窑洞有着异曲同工之妙。进入窟中，从窟顶到墙壁均有手绘的巴掌大小的佛像所组成的壁画。每一小块佛像身上均贴有金箔，即便到今日，近看时佛身色彩鲜艳依稀如昨，动作表情栩栩如生。个别窟中，还有固定于窟顶上的蓝宝石，光线打在上面依然璀璨夺目。

在众多的壁画图案中，最吸引人眼球的莫过于敦煌飞天，它被称为莫高窟名片、敦煌艺术的标志。飞天依靠飘曳的衣裙、飞舞的彩带在空中轻盈起舞，给人无尽的遐想和愉悦感。只要仔细观察洞窟中的飞天，就会发现每个窟中的飞天形象并不完全相同。这是因为敦煌莫高窟历经几个朝代的修缮，飞天也就保留了不同历史时期的艺术特征，其中尤以唐朝的最为曼妙。飞天身体修长，彩带飞舞，乍看时似蝴蝶落于墙壁，无比轻盈，这是唐人用艺术之手留给后人的飞行之美。

莫高窟飞天壁画

　　莫高窟以壁画闻名于世，同时，它也被称为一座博大的雕塑馆。窟中的彩塑为泥身彩绘。在众多彩塑中给人们留下最深印象的要算莫高窟中高约 26 米的佛像（南大像）。这尊佛像是唐代的作品，佛的形态和衣着雍容华贵，流畅自然的线条让人觉得这就是一个穿着丝质衣服，活生生的生命体。

知识链接

楼兰古国

楼兰古国遗址

　　楼兰古国是古丝绸之路上的一个小国，位于罗布泊西部，处于西域的枢纽，在古代丝绸之路上占有极为重要的地位。楼兰古国在前 176 年建国，到 630 年却突然神秘消失，共有 800 多年的历史。王国的范围东起古阳关附近，西至尼雅古城，南至阿尔金山，北至哈密，现今只留下了一片废墟遗迹。

故事链接

藏经洞重现于世

敦煌文化艺术又称莫高窟文化艺术,被称为东方世界的艺术博物馆。它保存了4世纪到10世纪的洞窟492个,彩塑3 000余身,壁画4.5万平方米,唐宋木结构建筑五座。西汉时,敦煌成为西域进入河西走廊与中原的门户和军事重镇。经过东汉王朝与曹魏政权的继续经营与开发,敦煌成为丝绸之路上一处重要的商品交易中心和粮食生产基地。中原文化在这里生根和发展,儒家经典得到传播。产生于印度的佛教文化也传到了敦煌。十六国时期,中原汉文化在敦煌与河西走廊得以保存和延续。隋朝设河西十军,敦煌石窟的营造达到了极盛,敦煌文化进一步凝聚了来自中原的汉文化,以及来自印度、西亚、中亚的文化。唐朝佛教势力迅速扩展,推动了莫高窟继续兴建。元代以后敦煌停止开窟,逐渐冷落荒废。清光绪二十六年(1900),震惊世界的藏经洞被发现了。不幸的是,在晚清政府腐败无能、西方列强侵略中国的特定历史背景下,藏经洞文物发现后不久,英人斯坦因、法人伯希和、日人橘瑞超和吉川小一郎、俄人鄂登堡等外国人接踵而至,以不公正的手段,从王道士手中骗取了大量藏经洞文物,致使藏经洞文物惨遭劫掠,绝大部分不幸流散,分藏于英、法、俄、日等国的众多公私收藏机构,仅有少部分保存于国内,造成中国文化史上的空前浩劫,给中国人民留下了难以弥合的心灵创伤。

——资料来源:宁可、郝春文《敦煌的历史和文化》,新华出版社1993年版,有改动

第五节 郑和下西洋

中国的海上交通始于秦,海上贸易通道形成于汉。宋元是中国海上交通与贸易的成

郑和下西洋

熟期，到明代中西海路交通已扩展至全球，明朝拥有世界一流的远洋船队。从 8 世纪末开始，瓷器成为中国外销的大宗货物，一直延续了千年之久。因此有学者提议把中国连接东亚、西亚以及地中海的海上贸易通道称为"海上丝绸之路"。

1405 年，明永乐皇帝的近侍郑和，率领由 200 多艘海船、2 万多人组成的船队，从太仓的刘家港出发（今江苏省太仓市浏河镇），远航西太平洋和印度洋。28 年间，郑和率领船队七下西洋，访问了亚洲、非洲 30 多个国家和地区，这就是历史上著名的"郑和下西洋"。

一、先进的航海技术

郑和下西洋比欧洲进入大航海时代早半个多世纪，是明朝强盛的直接体现。武汉理工大学科学技术与社会研究中心教授夏劲指出："郑和使用了当时最先进的航海技术，他的七下西洋，是 15 世纪上半叶世界航海文明的一次高水平的演练与检阅。"他所采用的技术，其中不少都领先于欧洲。

首先，郑和船队使用了多种船位测定方法。

测深辨位：据测量绳入水长度得知水深，据测量锤底部黏附的泥沙得知底质，由此来推测水位和确定预计航线上的行船转向点。

对景定位：以海岸上的山岭或高大建筑、海上的岛屿为物标，求得船舶与景物的相对位置，郑和船队使用的定位技术已由一向定位发展到三向交叉定位。

天文定位：郑和船队通过牵星板测量星体高度（北极星或华盖星）定出船舶所在的纬度。

其次，郑和船队使用了多种导航技术。

陆标导航：利用陆地上的山峰等导航，这在小范围的航道中较为实用。《郑和航海图》上不仅画有陆地山川、海上岛屿和一些标志性的建筑物等用来导航，更画有许多航线，注有航行方向、航道水深、航行距离以及险滩、暗礁的位置。它实际上是一张简单的航海指南。

天文导航：郑和船队利用牵星板与牵星术，通过观测不同季节、时辰的日月星辰在天空运行的位置和测量天体在海面以上的高度来判断方向，确定船在海中的地理纬度。这就把天文导航提高到更为具体和精确的水平，比同时期的西方和稍后的哥伦布等人使用的导航技术要丰富缜密得多。

最后，郑和船队广泛使用海图与航路指南，建立了具有航迹推算与修正意义的针路系统。

这种针路技术，以磁罗盘定航向，以更数定航程，并预先考虑进航区的风、流压差等位移因素，使计划航迹与实际航迹相吻合，展示了中国传统航迹推算与修正技术的成就。在远航途中，只要依图作业，计算没有误差，就能够顺利到达目的地。

郑和船队不仅在航海技术上领先世界，在造船技术上也是世界一流的。郑和宝船，是当时世界上最大的船只，有的学者认为，它长 120 多米，宽 50 多米，载重上千吨，可容纳上千人。

二、面向海洋的胸怀

海洋全球相接相通的特性，孕育了人类开放的海洋精神。在漫长的人类历史中，海洋既是屏障，又是通道，人类曾经因为大海的阻隔而各自独立，又因为大海的联通而相互依赖。郑和下西洋虽然已经过去数百年了，但它留给中国人一个重要的历史启示：文明的建设需要开放的胸怀，没有开放的胸怀，民族也就没有未来。

自明成祖以后，中国为防御倭寇开始禁海。清朝的闭关锁国政策，使中国从政府层面彻底割断了与外部世界的联系。从鸦片战争被迫打开国门起，中国近代史成为一部血泪史、屈辱史。与闭关锁国不同，开放是国家强盛的必由之路。古代中国陆上"丝绸之路"兴盛的同时，海上也有一条"丝绸之路"通往世界。在前者不断衰落的过程中，随着国内造船及航海技术的不断发展，海上的贸易商路逐渐上升为对外交往的主要通道。据《新唐书》记载，当时东南沿海有一条通往东南亚、印度洋北部诸国、红海沿岸、东北非和波斯湾诸国的海上航道，即所谓"广州通海夷道"，这被认为是"海上丝绸之路"的最早叫法。唐朝对外贸易往来频繁，各国商贾往来不绝，开创了一代盛世。明朝郑和下西洋使我国的航海和造船技术得到了突飞猛进的发展。

当今世界高度开放，任何一个国家都不可能把目光局限在国内，必然实施"走出去"战略与他国开展交流合作。"一带一路"展现了中国人民开放包容的姿态和向世界敞开胸怀、追求和平发展、合作共赢的愿望。

三、共享太平的愿望

郑和船队浩荡庞大，足以证明明朝的强大，但郑和船队并没有称霸海洋，而是以和平的姿态出现，船队不仅带回了交换来的各国物品，还有各国人民的友谊。

明成祖在郑和出发时，曾嘱咐他每到一处，要向当地国王、酋长宣传自己提倡的国际关系准则，那就是：祗顺天道，循理安分，勿得违越，不可欺寡，不可凌弱，共享太平之福。这个准则主张各国不要称霸，反对欺凌弱小，应相互尊重、和平共处。郑和严格执行了这一准则。

郑和每次下西洋都带有数万的军队，但从不轻易用兵。郑和七下西洋，用兵仅三次。一次是清除海盗，两次是自卫。郑和七下西洋，没有侵占别国一寸土地，掠夺别国一丝财产，没在别国派驻一兵一卒。郑和每次回来，都有各国使者随船而来。有四位国王还亲自来华访问。

郑和七次下西洋，中国与印度洋地区国家建立了广泛的外交联系，将和平与秩序的理念付诸实践，在东亚与印度洋地区实现了各国官方认同基础上建立起来的国际秩序。这是一个各国和平共处的国际秩序：政治上国家权力整体上扬，经济上官方贸易共享资源互通有无，文化上国家间多元文化广泛认同交融。包括今天的东北亚、东南亚、中亚、西亚、南亚、东非乃至绵延欧洲等广袤地区，连成了一个文明互动的共同体。中国明代共享太平的外交理念得到了东南亚以及印度洋各国的赞同和响应，各国的利益融合在一起，在某种意义上可视为东亚乃至印度洋区域一体化的开端。

知识链接

北洋水师

1874年日本派兵登陆中国台湾，企图将之占据，清兵以仅有之战船赴台将之驱逐。事件引起朝野的警惕，恭亲王提出了"练兵、简器、造船、筹饷、用人、持久"等六条的紧急机宜，原浙江巡抚丁日昌提出《拟海洋水师》章程入奏建议建立三洋海军，李鸿章则提出暂弃关外、专顾海防。在洋务派的一致努力下晚清政府决心加快建设海军。

1875年，清政府命直隶总督、北洋大臣李鸿章创设北洋水师。李鸿章通过总税务司赫德在英国订造4艘炮船，开启了清朝海军向国外购军舰的历史。1881年，清政府先后选定在旅顺和威海两地修建海军基地。1888年12月17日，北洋水师于山东威海卫的刘公岛正式宣告成立，并于同日颁布施行了《北洋水师章程》。从此，近代中国正式拥有了一支在当时堪称世界第九、东亚第一的海军舰队。

1888年建立北洋水师后，晚清政府觉得已经可以一劳永逸，不知道海军是一个要持续投入、持续发展的军种，大幅削减了舰队经费。而当时正为海军技术突飞猛进之时，至1894年甲午战争爆发时北洋舰队已多年未置新舰，部分应进行更新的武器装备也未能更换。原有的战舰已开始落伍，无论航速、射速、火炮皆落后于日本。在1894年至1895年的中日甲午战争中北洋水师全军覆没，它的覆灭标志着洋务运动的失败。清政府也因此签订了丧权辱国的中日《马关条约》。

故事链接

中国人对东南亚的贡献

据历史文献记载，早在两千年前的汉代，中国就与缅甸等国有交流往来。唐至民国时期中国人移居东南亚的人数不断创新高。唐代以前，有少量中国人开始"下南洋"移居东南亚，唐代时，人数开始增多，被当地人称为"唐人"。宋元时期东南亚的中国人更多了。到了明清时期，前往东南亚的中国人剧增。近代中国海外移民总数约1 500万，其中90%移居东南亚国家。由于地缘因素，东南亚有着全球最大的华人群体。

中国人对东南亚的经济社会作出了巨大贡献，对当地的生产、生活都有巨大的影响。许多中国人在海外从事商业活动，通过"海上丝绸之路"形成一个沟通中国与海外贸易的商业网络。公元2世纪，中国人把铁和农具传入现在越南北部，同时他们还把货币、药品、陶瓷、丝绸、纸、茶、酒等传入东南亚地区。还有相当一部分中国人从事手工业、农业、园艺和渔业，把中国的技术和风格带到侨居国，促进了当地社会的发展。近代以来，尤其是在工矿业建设领域，中国人带来了先进的开采技术，发挥了重要作用。例如，锡矿是马来西亚的主要矿产，在很长一段时间占据世界锡总产量的一大半，这些锡矿几乎全部是中国人开发的，凝聚着中国人的辛勤汗水。越南胡志明、菲律宾马尼拉、老挝万象、泰国曼谷、马来西亚马六甲等东南亚城市的唐人街，现在几乎都是当地最繁华的地区，是中国人勤劳的象征和智慧的结晶。

第六节　万里长城

长城对于世界了解中国、中国走向世界有着不可替代的作用。许多外国人知道中国是从长城开始的，长城是世界上其他国家人民了解中国历史、中国文化、中华民族最好的切入点之一。1987年联合国教科文组织正式将长城定为世界文化遗产，说明长城所具备的历史文化和人文价值已被世界所承认，长城既是中国的，也是世界的。

长城是世界上修建时间最长、工程量最大的一项古代防御工程，它的万里身躯横跨大半个中国，所谓"上下两千多年，纵横一万余里"。它凝聚着我国古代人民的坚强毅力和高度智慧，体现了我国古代工程技术的非凡成就，见证了中华民族的悠久历史，也记载着中华民族生生不息的生命力。

一、祈求和平

中国人为什么要修长城？战国时期，由于匈奴、东胡等少数民族骑兵的战斗力比较强，而秦、赵、燕等国步兵的战斗力明显不足，不能有效地阻止匈奴、东胡等少数民族的袭击和掳掠，使得三国北部人民的生命财产受到严重威胁，生产遭到严重破坏。针对这种被动局面，三国便先后进行兵制改革，并在北部修筑长城。后来，秦、汉和明三代王朝，均对长城进行了工程浩大的修建，修建长城的目的与战国时期如出一辙。所以，长城的修建，与反对战争的愿望是联系在一起的，中国人经历了无数次的战争，战争的毁灭性给人留下太深的印象。修建长城有说不尽的艰辛，甚至不少人也因此付出了生命，但与惨烈的战争相比，人们似乎更愿意选择前者。

长城在中国历史上发挥的作用是巨大的。在冷兵器时代，长城在军事防御上起到了不容置疑的作用，尤其在防御北方民族"马背上的进攻"方面，效果是明显的。同时，长城给予民族心理上的安全感，和它的实际军事价值比起来有同样重要的意义。修建长城的人，付出无限的辛劳，他们得到的最大补偿，就是一个安宁的信念。他们相信，长城能保护他们的家园，保护他们家庭的平安，保护他们的收成。

长城是和平的标志，是华夏民族在和平的愿望下修建的。绵延万里的长城，包含着这个东方民族要过安宁生活的强烈愿望。一个爱和平的民族，实在不愿打仗，才会投入这么多的人力、物力去修长城。长城已经在中国人的内心深处埋下了祈盼和平的种子，成为民族文化的基因，这是长城的魅力所在，也是中国人的魅力所在。

二、在隔离中融合

我们从透迤万里的长城中，不仅看到了隔离，也看到了不同文明之间的生存之道。

自古以来，中国因特殊的地理结构和气候特点，形成了南北不同的发展格局。温暖的中原地区以农业为主，是农业文明，而寒冷的北方则以畜牧业为主，属于游牧文明。一道长城将两种不同的文化实体隔离开来，限制了交流的自由，古代中国人出关、入关的艰难，令人叹息。长城的隔离对南北文化的交流的确带来了一定的阻碍。但是这样的人为阻隔，又给各自的文化发展保留了一定的空间，将两种不同文明的冲突降到了最低点，并在此基础上实现了南北双方在经济和文化方面的有序交流。

在漫长的中国古代社会里，民族关系紧张的时期，长城是一个战场；而民族关系相对缓和的时期，长城，尤其是它的各关口和边塞各城镇，便成了重要的经济往来和文化交流的场所，甚至在战争时期，也不能完全阻止经济文化的交流。以长城为纽带，农牧民族频繁交往，游牧人口的南迁，农耕人口的北移，农牧社会的经济往来和文化交流得以实现，北方各族对较为先进发达的农耕经济文化日益认同并被同化，逐步促进了农牧民族的融合。因此，有的学者把长城沿线广阔的区域，形象地称为"长城文化带"。

唐太宗大破突厥军后，使数十万降卒尽住在长城沿线，并设置了六个都督府，任命突厥人为都督。突厥人认同和接受了汉族先进的经济文化，显示了民族融合的新气象。安史之乱后，唐与吐蕃关系紧张，双方争夺河西陇右之地，伤亡都很惨重，但仍然呈现出一种民族融合的趋势。王建《凉州行》中"蕃人旧日不耕犁，相学如今种禾黍"一句，就反映了这一史实。

总之，长城不但保护了中原社会经济、文化的发展，保证了中原地区的强大和统一，而且关口通商也相应地促进了北方游牧民族与中原农耕民族的融合。

三、壮美长城

长城位于我国北方，东起山海关，西至嘉峪关。横贯河北、北京、内蒙古、山西、陕西、宁夏、甘肃等七个省市自治区。它像一条巨龙，翻越巍巍群山，穿过茫茫草原，跨过浩瀚沙漠，奔向苍茫大海，全长一万多里，所以被称作万里长城。修筑长城一般都是就地取材，城砖和石灰就地烧制。高山峻岭地段开采石料，用石头砌筑；在沙漠地段用红柳枝条、芦苇与沙石一层一层铺砌；黄土地区，大都采取夯土垒筑。在重要地段的

微课：壮美长城

司马台长城

城墙一般用砖和石头砌。城墙高低宽窄不一，平均高7米，墙基一般宽6米，顶宽5米左右。

长城城墙上分布着百座雄关、隘口，成千上万个敌楼、烽火台，一个个节点，为无限延伸的城墙注入变化的节奏，使高低起伏的地形更显得雄奇险峻。长城不是直线延伸，而是蜿蜒曲折的。登上长城远眺，就会感受到一种流动的气韵，远古的回忆似乎在刹那间被唤醒，给人荡气回肠之感。登上长城，居高临下，尽览崇山峻岭的壮丽景色，就会惊叹它雄伟、壮观、奇险。

各地长城景观中，保存较好的有八达岭、慕田峪、司马台、山海关、嘉峪关、虎山、九门口长城等。位于北京市密云区内的司马台长城，被联合国教科文组织确定为"原始长城"，以险、奇、巧、密、全著称。

对于中国人来说，长城是意志、勇气和力量的标志，象征着中华民族伟大的力量。它的存在表明，众志可以成城，团结的力量可以移山填海。而一句"不到长城非好汉"，则体现出了中华民族的一种精神气魄，一种积极向上的奋斗精神。《中华人民共和国国歌》中"把我们的血肉，筑成我们新的长城"的歌词，激励着中华儿女为中华民族的伟大复兴而奋斗。

知识链接

秦始皇陵兵马俑

秦兵马俑坑发现于1974年，被誉为"世界第八大奇迹""20世纪考古史上的伟大发现之一"。三个兵马俑坑成品字形排列，总面积2万多平方米，坑内放置与真人真马一般大小的陶俑、陶马7 000余件，具有很高的艺术价值。兵马俑的塑造，是以现实生活为基础而创作的，艺术手法细腻、明快，陶俑装束、神态各异，具有鲜明的个性和强烈的时代特征。俑坑内出土的青铜兵器有剑、铍、矛、戈、戟、殳、弩机以及大量的箭镞

兵马俑一号坑（张宏图拍摄）

等。大部分兵器历经两千多年依然锋刃锐利，表明当时已经有了很高的冶炼技术。1980年，在秦始皇陵西侧，还出土了两乘大型彩绘铜车马，每乘车前驾有四马，车上各有一御官俑。铜车马造型逼真，装饰华美，大量使用金银为饰品和构件，制作非常精巧，被誉为"青铜之冠"。

坎儿井

坎儿井早在《史记》中便有记载，时称"井渠"，而维吾尔语则称之为"坎儿孜"。坎儿井是荒漠地区一种特殊的灌溉系统，普遍存在于中国新疆吐鲁番地区。坎儿井与万里长城、京杭大运河并称为中国古代三大工程。据全国第三次文物普查坎儿井专项调查统计，截至2010年，新疆吐鲁番地区现有已登记核查的坎儿井共1 108条。其中还有水的坎儿井有278条，已干涸的有830条，总长度约4 000千米，竖井总数超过10万个，总灌溉面积约占吐鲁番地区灌溉总面积的8%。

坎儿井是开发利用地下水的一种很古老的水平集水建筑物，适用于山麓、冲积扇缘地带，主要是用于截取地下水来进行农田灌溉和居民用水。坎儿井的结构，大体上是由竖井、地下渠道、地面渠道和涝坝（小型蓄水池）四部分组成。

坎儿井（张宏图拍摄）

故事链接

定城砖的传说

定城砖指放置在嘉峪关西瓮城门楼后檐台上的一块砖。相传明正德年间，有一位名叫易开占的修关工匠，精通九九算法，所有建筑，只要经他计算，用工用料便十分准确和节省。监督修关的监事官不信，要他计算嘉峪关用砖数量，易开占经过详细计算后说："需要九万九千九百九十九块砖。"监事官依言发砖，并说："如果多出一块或少一块，都要砍掉你的头，罚众工匠劳役三年。"竣工后，只剩下一块砖，放置在西瓮城门楼后檐台上。监事官发觉后大喜，正想借此杀掉易开占，哪知易开占不慌不忙地说："那块砖是神仙所放，是定城砖，如果搬动，城楼便会塌掉。"监事官一听，不敢再追究。从此，这块砖就一直放在原地，谁也不敢搬动。现在，此砖仍保留在嘉峪关城楼之上。

烽火戏诸侯

周朝有个周幽王，这是一个非常残暴而腐败的君主，他有个爱妃名叫褒姒，长得非常美丽，"有如花如月之容，倾国倾城之貌"。褒姒虽然很美，但是"从未开颜一笑"。为此，周幽王下了一道命令："谁要能叫王妃一笑，就赏他金子。"大臣虢石父为了讨好周幽王，建议在骊山烽火台点烽火，换取王妃一笑。另一位大臣郑伯友极力反对，认为这是拿国家安危开玩笑。可周幽王不听，带着爱妃褒姒去了骊山。上了骊山周幽王就命令点起烽火。邻近的诸侯看到了烽火，以为西戎（当时国都西方的一个部族）来犯，便领兵赶到城下救援，但见灯火辉煌，鼓乐喧天，才知这是周幽王为了取乐褒姒而干的荒唐事儿。各诸侯汗流浃背，狼狈不堪，敢怒不敢言，只好气愤地收兵回营。褒姒见状，果然笑了出来。周幽王很高兴，回宫后赏了虢石父金子。这样的事情连续发生了好几次，受骗的诸侯、将士都很生气。事隔不久，西戎果真来犯，虽然周幽王点起了烽火，却无援兵赶到。原来各诸侯以为周幽王又是故伎重演。结果都城被西戎攻下，周幽王也被杀死了，西周就这样灭亡了。

扩展阅读

长城谣
——席慕蓉

尽管城上城下争战了一部历史
尽管夺了焉支又还了焉支
多少个隘口有多少次悲欢啊
你永远是个无情的建筑
蹲踞在荒莽的山巅
冷眼看人间恩怨

为什么唱你时总不能成声
写你不能成篇
而一提起你便有烈火焚起
火中有你万里的躯体
有你千年的面容
有你的云　你的树　你的风

敕勒川　阴山下
今宵月色应如水

而黄河今夜仍然要从你身旁流过

流进我不眠的梦中

——资料来源：席慕蓉《七里香》，作家出版社2010年版

主题实践

活动一

活动名称：文化传承与科技创新主题演讲。

活动目的：本次活动以弘扬传统文化（包括文字、书法、中医中药等），激发爱国热情，树立开放、创新、包容、合作的世界观为主旨。充分调动同学们的积极性和创造性，进一步深化青年大学生对"民族复兴"的认知，在文化传承的基础上，努力追求科技创新，拓宽视野，提高素养，培养崇尚创新、热爱科学的精神，提高语言组织表达能力。

具体要求：撰写演讲稿。每位同学以"文化传承与科技创新"为主题，撰写一篇不少于800字的演讲稿，题目自拟。要求主题鲜明，论据充分，积极向上，联系自身实际，语言流畅，逻辑清晰。严禁抄袭和剽窃，否则不给予成绩评定。把电子稿提前交给老师，以教学小组为单位，每组推荐1名同学进行演讲，各组间进行比赛。

活动二

活动名称："一带一路"里中国元素的新媒体设计比赛。

活动目的："一带一路"是"丝绸之路经济带"和"21世纪海上丝绸之路"的简称。本活动要求学生通过调研沿线国家的风土人情，寻找中国与沿线国家之间的历史联系，鼓励学生发现丝路文化的中国元素，制作出H5页面或多媒体课件展示作品。

具体要求：

1. 以学习小组为单位，每个小组通过查阅文献资料、访谈当地的来华留学生、深入当地进行实地考察等形式获取资料，并制作出H5页面或多媒体课件展示作品。

2. 每个小组选派代表发言，全体同学无记名投票，选出最优秀的作品。

3. 教师进行点评。

第五章　艺术与美感

📖 阅读指导

中国传统文化有多种多样的艺术形式，历经几千年岁月的洗礼，愈发绽放出鲜活的生命力。传颂千古的诗词，耐人寻味的小说，灵动飞舞的书法，意境悠远的绘画，绚丽多彩的戏曲，精美的瓷器等都积淀着五千年文明古国深厚的文化底蕴。学习中国传统的艺术，是了解中国社会变迁、探索中国人心灵轨迹和中国人审美趣味的一扇窗户。

🍄 学习目标

知识目标：了解诗歌、小说、音乐、书法、绘画、戏曲、瓷器等艺术形式的特点。

能力目标：掌握一定的审美技能，能鉴赏艺术作品，能透过艺术作品把握其中蕴含的文化内涵。

素质目标：品味传统艺术之美，提升审美素养，树立正确的审美观，提升文化品位。

📖 文化之旅

第一节　诗意中国：诗歌

在中国灿若星河的传统文化中，诗词是其中最为璀璨的一颗明珠，它深刻影响了中国人内在的气质，塑造了中国人独特的审美趣味，慰藉着中国人的心灵，是中华民族精神、民族文化、民族情感的集中体现。

一、诗经

《诗经》又称"诗三百"，是我国最早的一部诗歌总集，共有305篇。《诗经》在中国文学史上具有崇高的地位，奠定了中国诗歌创作的优良传统，对中华民族几千年的思想、文化产生了巨大而深远的影响。

作为中华民族文化的光辉起点，《诗经》开创了抒情言志诗的先河。在三百余篇诗歌中，抒情诗占了大多数。《诗经》所抒之情，是淳朴自然之情，也是深厚浓烈之情，

微课：
《诗经》

是"思无邪"的天性流露，也是"乐而不淫，哀而不伤，怨而不怒"的理性节制，绝无绮靡颓废之气，凸现了中国人既重感情又兼有理性的民族特性，彰显了中国人崇尚"中和"的审美观念。《关雎》是《诗经》开篇之作，是一首描写男女之爱的情歌。诗歌用自然纯朴的语言表达了男子对女子的爱慕之情，诗中"君子"对"淑女"的感情是发自内心的，亦是热烈真诚的，自始至终是中规中矩的，"求之不得"，也不过是"寤寐思服""辗转反侧"。《诗经》表现感情的形式是纯朴率真的，歌颂的感情类型是克制谨慎的。这种对待感情的态度，通过平和的抒情表现出来，形成了抒情诗细腻隽永的特点，对后世抒情诗的发展有着重要影响。

《诗经》中"赋、比、兴"艺术表现手法的广泛应用大大增强了诗歌的抒情性。"赋"是最基本的表现手法。"赋者，铺陈其事而直言之也"，指把作者的思想感情和相关事物平铺直叙地表现出来。它可以对表现对象进行极为细腻的摹写，也可以起到加强气势、渲染氛围的作用。"比"是比喻和比拟，即用形象的事物来打比方，使被比喻的事物更加生动形象。"兴"是托物起兴，通过对自然界事物的描写，通过联想，引出诗人内心的思想感情。《诗经》中的比兴手法，往往富于联想、想象和夸张，使诗意更加含蓄委婉。在《诗经》中，"赋"常与"比""兴"连用，三者的完美结合，营造出情景交融、物我两忘的境界，直接启发了后世诗歌创作者对于意境的追求与创造。

二、离骚

《离骚》是屈原的代表作品。屈原是中国最伟大的诗人之一。不同于《诗经》现实主义的风格特点，屈原的作品保留着绚丽的远古传统，随处可见上古神话和传统巫术的影子，充满天马行空的想象和炽热的情感，洋溢着浓厚的浪漫主义色彩，是中原文化和楚文化相结合的产物。

屈原塑像

《离骚》是一首带有自传性质的长篇政治抒情诗。全诗有373句，近2 500字。《离骚》的主旨是忠君、爱国，在《离骚》里，屈原提出自己的"美政"理想，主张"举贤授能""修明法度"，这在贵族垄断政权的年代里具有进步意义。同时，屈原在《离骚》中反复陈述他希望楚国繁荣富强的美好愿望，当愿望无法实现时，屈原不肯妥协，以投江殉国的方式，表达对祖国的忠诚。这种对于美好理想的执着，对后世诗人品格的影响是深远的。屈原是一个品行高洁的诗人，他拒绝与恶人同流合污，表达出要和奸佞势力斗争到底的意志，这种宁死不屈的斗争精神，激励了中国无数仁人志士，成为中华民族精神的重要象征。

在楚地巫鬼祭祀文化的滋养下，屈原独创以"香草美人"作为诗歌象征手法。在《离骚》中，屈原用大量文字描述了多种香草，一方面用来表现作者高洁、坚贞的品格，一方面与恶草形成对比，象征着政治斗争中对立的双方；反复出现的"美人"意象，象征着贤明的君主，三次求女而不得，喻示着作者政治上的失意和君臣间的疏离。这两类意象相互交织，构建了一个复杂而巧妙的象征比喻系统，创造出一种缠绵悱恻、耐人寻味的境界。较之《诗经》的比兴手法，楚辞中的"比""兴"更加群体化、系列化，"比"的内涵更加丰富，更具表现力，是诗人自身人格美、情操美的外化。

三、唐诗

唐代国力强盛，政策开明，经济繁荣。开放、宽容的社会氛围造就了唐代文人开阔的视野、豁达的胸襟和积极进取的精神，使唐代文学特别是唐诗洋溢着昂扬的情调。唐诗在前人诗歌创作的基础上，实现了诗歌的创造性发展，名家辈出，流派众多，成为后世难以企及的高峰，代表着唐代文学的最高成就。初唐四杰诗歌的壮阔气势，李白诗歌的飘逸豪放，杜甫诗歌的沉郁顿挫，王孟山水田园诗的清新淡远，边塞诗人诗歌的清刚劲健和元白诗派诗歌的通俗平实，共同铸就了唐诗的辉煌，也不约而同地传达出中华民族的精神理想和价值追求：或昂扬，或飘逸，或敦厚，或清新，或劲健，或平和……

（一）李白

李白是继屈原之后我国最杰出的浪漫主义诗人，世称"诗仙"。他恃才傲物，洒脱狂放，志向远大却不堪受传统的束缚，代表了盛唐时期积极进取、蔑视传统的知识分子阶层。李白自少年时代就受到道教的影响，反映在诗作中，是"仰天大笑出门去，我辈岂是蓬蒿人"的特立独行，是不肯"摧眉折腰事权贵"的狂放不羁，是"天生我材必有用"的非凡自信，是"人生在世不称意，明朝散发弄扁舟"的豪放洒脱。作品中凸现的独立不羁、不受约束，成为李白最具魅力的人格特点，也是盛唐精神高度升华的产物。在这种人格魅力的影响下，李白的诗歌表现出善于运用丰富而奇特的想象、大胆的夸张以及新奇的比喻来抒发感情的特点，带有浓烈的浪漫主义色彩。其诗作看似随手拈来、无迹可寻，却层出不穷、妙不可言。

除了追求精神的自由洒脱，李白还追求与自然的和谐共生。一方面，李白"一生好入名山游"，大自然的壮美陶冶了李白的性情，提升了李白对自然的热爱；另一方面，李白自幼养成的道家品格赋予了他笔下的自然山水奇幻瑰丽的魅力和神秘莫测的气质，他笔下的自然山水，是逍遥自在的方外世界，是诗人恣意遨游、自由超脱的圣地，是让人

微课：
李白

身心两忘的仙境,独具飘逸之美。

"清水出芙蓉,天然去雕饰"是李白追求的另外一种飘逸之美。李白作诗随情随性,不虚伪做作,感情真挚,语言朴素自然,是道家追求平淡自然审美风格的体现。他的绝句"字字神境,篇篇神物",多为诗人在大自然和日常生活中汲取灵感、一挥而就的自然天成之作,平易真切,回味无穷,朗朗上口,传颂千古。

作为天才诗人的李白,在道教文化的影响下,以才气为诗,以气质为诗,创作出不朽的作品,建立起独具特色的飘逸仙境,征服了后世诗人和广大读者。

(二)杜甫

杜甫是中国现实主义诗歌史上承前启后的伟大诗人。其诗作的主要风格是沉郁顿挫。沉郁指意境雄浑、感情深沉,顿挫是指诗歌表情达意的跌宕起伏、反复低回。这种风格的形成与作者所接受的儒家思想密切相关,也是作者经历战乱、坎坷不平人生遭际的反映。杜甫曾立下"致君尧舜上,再使风俗淳"的志向,本人更是以"儒生""老儒"自称。他以仁为安身立命之本,自觉地将儒家学说的核心"仁"融入诗歌创作中,体现了"仁者爱人"的深沉情感。杜甫见证了唐朝由盛转衰的过程,特别是"安史之乱"给整个唐朝社会带来的巨大破坏,更给黎民百姓带来毁灭性的灾难。因此,杜甫将关注的目光投向天下苍生,忧国忧民成为杜诗中最为典型的主题,普通的农民、士兵、船夫、织妇等下层百姓成为杜诗中主要表现对象。他的"三吏""三别"描绘出一幅真实的悲惨图景,平民百姓在横征暴敛和连年战乱中求生不得、求死不能。杜甫用悲悯的情怀呼吁停息战事,只有这样百姓才能得以生存,这种心系国家安危、同情民生疾苦的道德情操,在后世爱国诗人中引起广泛共鸣,也影响了士人人格的形成。

杜甫本身的坎坷遭际,也使诗歌创作中弥漫着人生的悲凉与沧桑感。这是形成杜诗沉郁顿挫风格的又一因素。《秋兴八首》作于安史之乱后,此时诗人滞留夔州,自己疾病缠身,好友相继离世。面对山城秋色,诗人回顾自己的一生,既抒发了故园之思,又充满着对往昔岁月的怀念和世事沧桑的感慨。八首诗层层深入,感情浓烈悲愤。在诗人儒家修养的作用下,浓烈的感情并没有喷薄而出,却沉积下来,反复低回,博大深沉。

从唐诗的发展历程来看,杜甫的作品是其中一个转折。白居易、韩愈、李商隐都受其影响,他在唐代诗人中的地位,历经千年而不衰。

四、宋词

宋词,是中国诗歌史上唯一能和唐诗相提并论的一颗明珠。在词史上,宋词有着不可超越的巅峰地位,是宋代文学的最高成就。词始于南朝梁代,形成于唐代而极盛于宋代。宋代的经济结构发生了较大的变化,城市经济繁荣,手工业发达。人们重娱乐、尚奢靡,词的娱乐功能凸现。宋代文人用诗文言志,用词来娱情,在他们的推动下,词空前繁荣并发展起来。柳永登上词坛后,对宋词进行了全面革新,改变了五代以来的词风。直至苏轼,独创豪放一派,使词最终脱离艳科。北宋灭亡后,词的创作发生了巨大变化。李清照提出"词别是一家"的观点,确立了词的独特地位。以辛弃疾为代表的

"中兴词人"把词的创作推向高峰。在辛派词人的努力下,词最终达到了和五言、七言诗歌相等的地位。

(一)苏轼

苏轼对词进行全面改革,将词提高到与诗同等的地位,突破"诗庄词媚"的传统,追求壮美的风格和阔大的意境,抒发自我的真实性情和独特的人生感受。从唐五代到宋初,词的地位不高,大多只是风月场所吟风弄月、表达儿女私情的载体,而以苏轼为代表的豪放派词人出现后,词作变得可以大幅度表现长江大河、历史沧桑和天地宇宙,词变革成一种重要的文学样式。

在北宋三教合一思想氛围的影响下,苏轼形成了以儒学思想为根本、兼容佛家思想和道家思想的人生观。儒家的积极入世、佛家的超脱虚无和道家的清静无为使他执着于人生又超然于物外,使他身处逆境仍然能保持坚定、沉着、乐观和旷达的精神。在他的词作中,怀古之思、感旧之情、对人生的思考都有所表现。苏轼词富有理趣,更多是从情景中自然地生发出哲理。酒、月、水在中国古代文化中都凝聚着深厚的文化意蕴,而在苏轼的作品中,它们更具有着独特的哲学意味,使苏轼的词充满了生命意识和历史感。苏轼提倡"以诗为词",善用题序和典故,将诗的表现手法移植到词中,使词摆脱了音乐的束缚。作为当时的文坛领袖,苏轼团结提携了一批文人,为宋代文坛的繁荣作出了卓越贡献。他进退自如、宠辱不惊的人生态度更是成为后代文人景仰的范式。

苏轼塑像

(二)李清照

李清照是北宋向南宋过渡时期的著名女词人。在北宋灭亡之前,李清照的词充满优雅闲适的情调。南渡之后,李清照受尽颠沛流离、家破夫亡之苦,词中流露出孤苦凄凉之情。李清照提出的"词别是一家",反对以写作诗文的方式来作词,强调词作本身的独立性。她的词具有鲜明的个人风格,自成一家,被称为"易安体"。她充分发挥女性细腻敏锐的感情特点,以日常生活中的细节为切入点,借用意象,营造清婉秀逸的意境，委婉含蓄地展示自我的内心世界，词作颇具"精致"的美感。在语言上，她善于炼字生新，用最平常、最简单、生活化的语言表达婉转的情感和微妙的内心，俗中求雅。她的词作体现了宋朝审美精致化的特点，词中体现的含蓄美、韵味美是中国古典美学的精髓，也是中华古典文化的特质。

虽为女性词人，她的词作不仅仅局限于闺阁之内，也放眼家国，将委婉的情思与超脱的胸襟融合在一起，颇具大家风范。"靖康之变"后，李清照对只知退避、偏安一隅的南宋政府极为不满，写下了"生当作人杰，死亦为鬼雄。至今思项羽，不肯过江东"的警句。她后期的代表作《永遇乐·落日熔金》写南渡前后过元宵节的情景，既抒发了作者个人经离乱的愁苦凄凉之感，又表达了国破家亡之痛。无怪乎沈曾植评价她"易安倜傥有丈夫气，乃闺阁中苏、辛，非秦、柳也"。

李清照塑像

知识链接

《风》《雅》《颂》

《风》即音乐曲调，国风即各地区的乐调。国是地区、方域之意。十五国风160篇包括周南、召南、邶风、鄘风、卫风、王风、郑风、齐风、魏风、唐风、秦风、陈风、桧风、曹风、豳风。周南、召南、豳都是地名，王是指东周王畿洛阳，其余是诸侯国名，十五国风即这些地区的地方土乐。国风中，豳风全部是西周作品，其他除少数产生于西周外，大部分是东周作品。

《雅》即正，指朝廷正乐，为西周王畿的乐调。雅分为大雅和小雅。大雅31篇是西周的作品，大部分作于西周初期，小部分作于西周末期。小雅共74篇，除少数篇目可能是东周作品外，其余都是西周晚期的作品。大雅的作者，主要是上层贵族。小雅的作者，既有上层贵族，也有下层贵族和地位低微者。

《颂》是宗庙祭祀之乐，许多都是舞曲，音乐可能比较舒缓。《周颂》31篇，是西周初期的诗。《周颂》不同于其他诗的体例，不是由数章构成，每篇只有一章。《鲁颂》4篇，产生于春秋中叶鲁僖公时，都是颂美鲁僖公之作。《商颂》5篇，《那》《烈祖》《玄鸟》明显是祭歌，主要写歌舞娱神和对祖先的赞颂。《长发》和《殷武》的祭祀意味不浓，可能是一种祝颂诗，主要写商部族的历史深化和传说。

——资料来源：袁行霈《中国文学史》，高等教育出版社1999年版，有删减

故事链接

苏东坡与西湖的故事

苏东坡任杭州太守期间，意识到西湖对于杭州的意义。他上奏高太后，申请治理西湖。在朝廷的支持下，西湖治理工程得以开工。

开工之前，苏东坡首先解决了西湖的水源问题。西湖的水源主要来自山泉，他在城中分散建了六个水库用来汇集山泉，再由专用管道将水引入到西湖。苏东坡用黏性强的胶泥烧成的陶瓦管代替竹管，上下用石板保护，将六个水库连成一体，互补余缺。再用这种管道将水引入西湖，沿途预留出水口，同时解决了杭州居民的饮水问题。

西湖的治理，历时四个月，苏东坡和民工、船夫一起忙碌于西子湖畔。从西湖清理出来的水草和淤泥堆积如山，苏东坡以此为材料，修筑了一道跨湖的南北长堤，给游人游览西湖提供了极大便利，这道长堤就是著名的"苏堤"。苏堤为湖面增加了视觉上的层次感，使西湖具有了立体的魅力，成为杭州西湖又一道靓丽的风景线。

为了维护修缮的成果，控制水草的生长，苏东坡将岸边的湖面租给民户种植菱角。为了菱角的生长，人们自觉地清除浅水的杂草，解决了杂草丛生的问题。西湖水面广阔，如果民户大面积随意种植菱角，官府难以实时监督。苏东坡便在西湖的中心建造了三座小石塔，石塔围住的水域，严禁种植。这就是后来闻名于世的"三潭印月"。每逢中秋佳节，皓月当空之际，人们在中空的塔内点上蜡烛，洞口蒙上薄纸，烛光外透。塔影、云影、月影融成一片，烛光、月光、湖光交相辉映，呈现出"天上月一轮，湖中影成三"的绮丽景色。

——资料来源：田姝《苏轼——一个天才穷达多变的一生》，光明日报出版社2009年版，有改动

第二节　品味人生：四大名著

明清时期，是中国古代章回体小说的成熟期，《三国演义》《水浒传》《西游记》《红楼梦》这四部著作是其中的代表作品，被称为"四大名著"。明清小说塑造了丰富的人物形象、营造了丰富的故事情节，集中反映了中国人的历史观、生命观、伦理道德观，是整个明清时期社会面貌、风土人情的缩影。

一、《三国演义》

《三国演义》，全名为《三国志通俗演义》（又称《三国志演义》），作者罗贯中。《三国演义》被认为是中国第一部长篇章回体小说，也是中国长篇历史演义小说的开山之作。《三国演义》以历史事实为依据，广泛吸收民间流传的三国故事，通过描写魏蜀吴三国的兴衰，展示了一幅波澜壮阔、气势恢宏的历史画卷，表达了作者渴望仁政、反对暴政、崇智尚勇、恪守仁义的儒家政治道德观。罗贯中在创作中以历史事实为依据，在

微课：
《三国演义》

编写体例上更刻意模仿史书，但并没有受到史实的限制，而是根据自己的道德观念和美学理想进行虚构，对史实进行了调整和取舍。

在这种创作思想的影响下，罗贯中塑造出堪称"三绝"的人物："智绝"诸葛亮、"义绝"关羽、"奸绝"曹操。诸葛亮一出场，就被赋予了超群的智慧、过人的谋略和非凡的才能，从"初出茅庐"到"舌战群儒"，再到"七擒孟获""六出祁山"，诸葛亮的光辉形象被层层拔高，最终被塑造为"鞠躬尽瘁、死而后已"的一代贤相。关羽亦被作者赋予了"忠义勇武"的品格，被塑造为近似于神灵的人物。关羽的"义"涉及社会伦理的诸多方面，符合社会不同阶层的审美要求，得到了社会的广泛认可。关羽这一人物形象也成为义气的化身、英雄的化身，成为被全社会崇拜的人物。在陈寿《三国志》中，曹操的文治武功得到肯定，是一个任才唯贤、聪明机警、仁慈奉孝的英雄，而在罗贯中的《三国演义》中，曹操摇身一变，成为千古奸雄。"宁教我负天下人，休教天下人负我"是该人物最为突出的性格特征。曹操杀吕伯奢全家、借王垕的人头来安定军心、妒杀杨修，不仅自私残忍还奸猾虚诈。其最大的罪责是"挟天子以令诸侯"，觊觎汉室江山，名为汉相，实为汉贼。曹操形象的转变，既是作者儒家正统思想的体现，也反映了当时社会广大人民崇尚忠义、人心思汉的民族情绪。

《三国演义》善于描写战争。书中所描写的战斗场面上百个，作者能抓住不同战争的特点，或寥寥数笔带过，或长篇累牍地描述，写得有声有色，变化无穷。它的问世，对中国长篇小说的创作影响深远，不仅促成了历史演义小说的繁荣，也影响了其他题材的小说创作。其中脍炙人口的三国故事，丰富了古代戏曲的素材，传唱至今。

二、《水浒传》

《水浒传》又名《忠义水浒传》，是中国文学史上第一部反映农民起义的小说，也是中国历史上第一部用白话文写成的长篇小说，开创了白话章回体小说的先河，明代时被列入"四大奇书"。小说描写了梁山一百零八将被逼上梁山、逐渐壮大、起义造反到最后接受招安的故事。

"官逼民反"是古典小说的主要题旨之一。林冲是八十万禁军教头，有一定社会地位。面对高俅的步步紧逼、栽赃陷害，林冲一味退让，发配做囚徒后还想"挣扎着回来"。直到高俅指示陆谦等人火烧草料场，一定要将他置于死地，林冲才忍无可忍，杀了陆谦等人，上梁山为寇。

"忠"和"义"是中国古代儒家伦理观念中的重要内容，自宋元以来在社会上特别流行。《水浒传》中的核心人物宋江，就是忠义的化身。上梁山前，他仗义疏财，结交天下豪杰，但并不认同梁山好汉与朝廷作对的做法，认为与法度不合。迫于无奈落草后，他时刻想的是如何接受招安、报效朝廷。被赐毒酒身亡时，他仍宣称"宁可朝廷负我，我忠心不负朝廷"。

需要指出的是，古代中国人的审美、价值判断，往往把忠义和杀富济贫、匡救天下作为判断是非的唯一标准，这样，阴险的欺诈、残忍的杀害、疯狂的掠夺都变成了合理的历史存在，其中渗透了市侩主义、功利主义的价值观和历史观。《水浒传》也是如此，人们往往只注意和歌颂好汉的忠义，而自觉不自觉地漠视了他们某些不道德、缺乏人性的行径，如：时迁的偷盗、武松的滥杀无辜、孙二娘的人肉包子。

《水浒传》版画

《水浒传》着力于人物刻画和对宋代市民生活的描写。在塑造人物时，把人物置身于真实的历史环境中，紧扣人物的身份、经历和遭遇，做到"异中有同""同中有异"。主要人物宋江、林冲、武松、鲁智深、李逵等，人物个性鲜明，角色语言各有特色。金圣叹评价"《水浒》一百零八个人性格，真是一百零八样"。不同于《三国演义》展示的宏大军事画卷，《水浒传》侧重于普通人民的日常生活。

三、《西游记》

《西游记》是中国第一部长篇神魔小说，具有浓厚的浪漫主义色彩。明代小说家吴承恩在流传了数百年的唐僧取经故事基础上，创作出这部杰出的神魔小说。小说主要描写了孙悟空、猪八戒、沙僧三人保护唐僧西行取经，一路降妖伏魔，历经八十一难，最后到达西天取得真经的故事。

《西游记》以神魔为描写对象，作者通过丰富奇特的想象、大胆的夸张、引人入胜的故事情节，创造了一个神奇瑰丽的神话世界。神奇缥缈的仙境、各种各样的妖怪、千奇百怪的法宝，充满奇趣，引人入胜。作者在塑造神魔妖怪时，把普通人的喜怒哀乐糅进人物形象，神仙接地气，妖魔通人情，给人以真实亲切之感。

孙悟空是《西游记》中最具价值的人物形象，是中国文化中机智与勇敢的化身。他桀骜不驯、蔑视权威，对自由和自我价值的实现有热烈的追求；他爱憎分明，勇往直前，百折不挠，不管遇到什么样的妖魔鬼怪都不曾畏惧，更没有丧失求取真经的信心；他具有超凡的智慧和非凡的法术，善于随机应变，无往而不胜；他还活泼乐观、爱开玩笑，语言风趣幽默。孙悟空身上所体现的这些优秀品格，源自长期积淀下来的民族文化，是民族性格中最受推崇的类型之一。他对神仙权威的蔑视、对自由的向往、对个性的追求，对个人能力、个人价值的肯定，是明代社会中后期社会思潮和社会生活的反映，具有鲜明的时代性。

电视剧《西游记》剧照

四、《红楼梦》

《红楼梦》是中国古典小说的巅峰之作，被誉为中国封建社会的百科全书，传统文化的集大成者。著名红学家周汝昌认为，想要了解中华民族的文化特点，最好的、最有趣味又最为便捷的办法就是去读通《红楼梦》。

小说作者曹雪芹的一生，经历了由繁华富贵向穷困潦倒的巨变，对世道艰难和人生起伏有着深刻的体验。他将个人的体验融入作品中，为读者呈现了人性美的存在状态和毁灭过程。

电视剧《红楼梦》剧照

曹雪芹在《红楼梦》开篇时即点明这本书"大旨谈情"，借一个"情"字讲述作者对人生、对社会、对世界的感知。大观园是作者虚构的有情天地，生活其中的贾宝玉及其周围的各色女性在这里展示了人性的可爱、生命的美好。他们为情而生、为情而爱、为情而喜、为情而怨、为情而死。在当时的社会，这种对于美好人性的追求，对于情的向往是不能被接受的，大观园及其一众有情男女也只能走向毁灭。

曹雪芹追求的艺术境界是"天然图画"。反映在小说中，作者如实描摹着家庭日常生活：吟诗作对、迎来送往、节庆家宴、穿衣吃饭等，通过这些生活琐事，来展示人物的性格和内心世界，以及人物间的关系和其关系的微妙变化。这些日常化的生活，推动了故事情节的发展，矛盾一层层升级，自然而然酿出大事件。在读者看来，大观园里发生的故事，就是生活本身，真实而可信，自然而和谐，丰富而复杂，有"浑然天成"之美。

小说塑造了一批典型人物，成为中国小说史上不朽的传奇。贾宝玉、林黛玉、薛宝钗、王熙凤等，均具有独特的性格特征。这种独特性不同于以往小说中的类型化塑造，而是性格特征的丰富性、多样性、完整性的统一，即使是相似的人物，作者也通过反复刻画、对比映衬表现出各自的特性。林黛玉和薛宝钗都是出身上层社会、极富才情的美丽少女，但却具有迥异的性格特征。林黛玉风流袅娜、孤标傲世，执着于感情和内心，常常率性而为；薛宝钗端庄大方、藏愚守拙，倾向于纲常伦理，以封建礼教压抑自己的天性。在两相对比中，性格的独特性鲜明地呈现出来。

在情节结构上，《红楼梦》创造性地使用了多线索交织的网状结构。主线是贾宝玉和林黛玉的爱情悲剧，副线是贾府由盛转衰的没落过程。众多人物和事件在结构中相互制约、相互推动，使全书构成了有机的整体。

《红楼梦》的语言以北方口语为基础，融汇中国古典文学中各家语言之长，经过曹雪芹的提炼加工，形成了独特的语言风格。书中人物的语言高度符合各自的身份和修养，具有鲜明的个性特点。

《红楼梦》问世不久，就以手抄本的形式广为流传，以《红楼梦》为题材的传奇、杂剧、戏曲数以百计，越来越多的人对《红楼梦》产生兴趣并深入研究，形成了一门专门的学问——红学。《红楼梦》的影响是世界性的。《红楼梦》流传到海外多个国家，被大家认可、研究，成为世界人民共同的精神财富。

经典品读

宝黛初见

一语未了，只听外面一阵脚步响，丫鬟进来笑道："宝玉来了！"黛玉心中正疑惑着："这个宝玉，不知是怎生个惫懒人物，懵懂顽童？"——倒不见那蠢物也罢了。心中想着，忽见丫鬟话未报完，已进来了一位年轻的公子：头上戴着束发嵌宝紫金冠，齐眉勒着二龙抢珠金抹额；穿一件二色金百蝶穿花大红箭袖，束着五彩丝攒花结长穗宫绦，外罩石青起花八团倭缎排穗褂；登着青缎粉底小朝靴。面若中秋之月，色如春晓之花，鬓若刀裁，眉如墨画，面如桃瓣，目若秋波。虽怒时而若笑，即瞋视而有情。项上金螭璎珞，又有一根五色丝绦，系着一块美玉。黛玉一见，便吃一大惊，心下想道："好生奇怪，倒像在那里见过一般，何等眼熟到如此！"只见这宝玉向贾母请了安，贾母便命："去见你娘来。"宝玉即转身去了。一时回来，再看，已换了冠带：头上周围一转的短发，都结成小辫，红丝结束，共攒至顶中胎发，总编一根大辫，黑亮如漆，从顶至梢，一串四颗大珠，用金八宝坠角；身上穿着银红撒花半旧大袄，仍旧带着项圈、宝玉、寄名锁、护身符等物；下面半露松花撒花绫裤腿，锦边弹墨袜，厚底大红鞋。越显得面如敷粉，唇若施脂；转盼多情，语言常笑。天然一段风骚，全在眉梢；平生万种情思，悉堆眼角。看其外貌最是极好，却难知其底细。后人有《西江月》二词，批宝玉极恰，其词曰：

无故寻愁觅恨，有时似傻如狂。纵然生得好皮囊，腹内原来草莽。

潦倒不通世务，愚顽怕读文章。行为偏僻性乖张，那管世人诽谤！

富贵不知乐业，贫穷难耐凄凉。可怜辜负好韶光，于国于家无望。

天下无能第一，古今不肖无双。寄言纨袴与膏粱：莫效此儿形状！

贾母因笑道："外客未见，就脱了衣裳，还不去见你妹妹！"宝玉早已看见多了一个姊妹，便料定是林姑妈之女，忙来作揖。厮见毕归坐，细看形容，与众各别：两弯似蹙非蹙罥烟眉，一双似喜非喜含情目。态生两靥之愁，娇袭一身之病。泪光点点，娇喘微微。闲静时如姣花照水，行动处似弱柳扶风。心较比干多一窍，病如西子胜三分。宝玉看罢，因笑道："这个妹妹我曾见过的。"贾母笑道："可又是胡说，你又何曾见过他？"宝玉笑道："虽然未曾见过他，然我看着面善，心里就算是旧相识，今日只作远别重逢，亦未为不可。"贾母笑道："更好，更好，若如此，更相和睦了。"宝玉便走近黛玉身边坐下，又细细打量一番，因问："妹妹可曾读书？"黛玉道："不曾读，只上了一年学，些须认得几个字。"宝玉又道："妹妹尊名是那两个字？"黛玉便说了名。宝玉又问表字。黛玉道："无字。"宝玉笑道："我送妹妹一妙字，莫若'颦颦'二字极妙。"探春便问何出。宝玉道："《古今人物通考》上说：'西方有石名黛，可代画眉之墨。'况这林妹妹眉尖若蹙，用取这两个字，岂不两妙！"探春笑道："只恐又是你的杜撰。"宝玉笑道："除《四书》外，杜撰的太多，偏只我是杜撰不成？"又问黛玉："可也有玉没有？"众人不解其语，黛玉便忖度着因他有玉，故问我有也无，因答道："我没有那个。想来那玉是一件罕物，岂能人人有的。"

宝玉听了，登时发作起痴狂病来，摘下那玉，就狠命摔去，骂道："什么罕物，连人之高低不择，还说'通灵'不'通灵'呢！我也不要这劳什子了！"吓的众人一拥争去拾玉。贾母急的搂了宝玉道："孽障！你生气，要打骂人容易，何苦摔那命根子！"宝玉满面泪痕泣道："家里姐姐妹妹都没有，单我有，我说没趣；如今来了这们一个神仙似的妹妹也没有，可知这不是个好东西。"贾母忙哄他道："你这妹妹原有这个来的，因你姑妈去世时，舍不得你妹妹，无法处，遂将他的玉带了去了：一则全殉葬之礼，尽你妹妹之孝心；二则你姑妈之灵，亦可权作见了女儿之意。因此他只说没有这个，不便自己夸张之意。你如今怎比得他？还不好生慎重带上，仔细你娘知道了。"说着，便向丫鬟手中接来，亲与他带上。宝玉听如此说，想一想大有情理，也就不生别论了。

——资料来源：节选自《红楼梦》第三回，人民文学出版社2008年版，题目为编者后加

知识链接

《红楼梦》中的女性仆人形象

《红楼梦》中描写众多女性仆人绝非闲笔。曹雪芹描写众多的婆子丫鬟,其中自然有小说情景设定的原因,但是作者对这些女性仆人下笔之用心使《红楼梦》超出了以往中国古典小说中对这类人物的描写,而这些女仆形象也成为了文中极其出彩的一笔。她们可以分为两类群体,第一类是年纪稍大的中老年女性仆人,这类人物以陪房、院子中管事的女性为主,已出嫁;第二类是在公子小姐身边伺候的年轻女性仆人,即丫鬟,通常是妙龄少女,未出嫁。曹雪芹对这两种类型人物的描写在书中都有涉及,但是他对这两类人物群体的态度却差别甚大。贾宝玉在书中曾说过一句话:"女孩儿未出嫁,是颗无价之宝珠;出了嫁,不知怎么就变出许多的不好的毛病来,虽是颗珠子,却没有光彩宝色。"事实上,曹雪芹借宝玉之口说出了自己对《红楼梦》女性描写的一个基本态度,而这一态度在女性仆人群体的塑造中体现得较为明显:文本对中老年女性仆人有着嫌恶倾向,而对年轻女性仆人群体则有着褒扬倾向。这些人物在《红楼梦》中有着独特意义,她们的形象特点是对主旨的反扣,同时对她们的塑造也在对故事情节串联方面起着重要的作用。

不论是中老年女性仆人群体还是年轻女性仆人群体,从她们身上我们可以看到人性中向恶或向善的一面,而这些往往是让读者可感可想的。她们的言行具有现实的逻辑性,具有高度的生活合理性。《红楼梦》中对女仆的多侧面、立体化的人物塑造,是中国古典小说的一个高峰,而对这些人物的探究、解读为进一步理解《红楼梦》的思想内涵有着极大的作用。

——资料来源:张方寒《〈红楼梦〉女性仆人形象探析》,《文学教育》2019 年 09 期,有改动

故事链接

吴承恩与《西游记》

吴承恩(约 1504 年—约 1582 年),字汝忠,号射阳居士、射阳山人。他是淮安山阳(今江苏省淮安市)人。他出生于破落的小商贩家庭。父亲吴锐,原为儒生,喜好读书,凡经史百家,莫不浏览,但迫于生计,弃文从商,却不善经营,朴实木讷,以致家境清寒,被人视为迂阔的"痴人"。在父亲的影响下,吴承恩少年时就爱读稗史小说,喜听奇闻怪事,养成了爱好文学的性格;另一方面,他也饱受势利之徒的侮辱,被称作"痴人家儿"。受此刺激,他发愤苦学,决心走科举入仕之路,以雪屈辱。

吴承恩十多岁时以文名而闻于淮上。嘉靖八年(1529 年),他就读于淮安知府葛木所创办的龙溪书院,受到葛木的赏识,成为书院里的"法筵人"。然而他虽有下笔立就之才,却迂疏漫浪,屡试不中。他时时与友人朱曰藩把臂入酒垆,跌弛自放,诗酒寄趣,以宣泄怀才不遇的牢骚,将自己比喻成不合时宜的山公。尤其是在父亲和恩师葛木

相继去世之后，他更有寂寥之感，觉得"岁华推移如弈棋，今我不乐将何为"，厌倦孜孜经营的举子之业，疏放不羁。虽然每逢应举之年他都要怀着既虔诚又鄙夷的矛盾心情去南京应试，但每次都是铩羽而归。

科场的失意，使"泥涂困穷"的吴承恩转而回复到自己嗜好的小说上来；善诙谐戏谑的气质，又使他对宋元话本《大唐三藏取经诗话》中猴行者、元杂剧《西游记》中猪八戒等形象产生了浓烈的兴趣。于是他悉心搜集有关僧人玄奘西行取经的民间传说、话本、杂剧等，又汲取佛教故事、道教传说，约于嘉靖二十一年（1542年）前后撰成小说的初稿。

这部融神话、传奇、志怪、演义、童话于一体的长篇小说，以奇突铺张、神奇变幻的描写，浪漫多姿的色彩，塑造了孙悟空、猪八戒、唐僧、沙和尚、牛魔王等有鲜明个性的艺术形象，歌颂了孙悟空的机智、勇敢、乐观、幽默和野性不驯、蔑视困难的精神，借神仙们的除魔降妖，表达作者的爱憎和对理想与自由的追求，寄托了挣扎在功名线上的吴承恩的玩世不恭之意。

吴承恩晚年益以诗文自娱，还编订《花草新编》等。他约于万历十年（1582年）去世，身后"家无炊火"。但他的《西游记》却得到刊刻流行，妇孺皆知，盛行不衰，成为我国浪漫主义古典文学名著，后来还被译为英、俄、日、法、德、意等十几种文字，流播世界。

——资料来源：孔祥骙《中华优秀传统文化故事读本》，高等教育出版社2018年版，有改动

第三节　悦耳悦心：音乐

中国自古以来就有重视音乐的文化传统，独特的传统文化造就了极有特色的中国音乐。音乐不仅可以悦耳还可以悦心，既能陶冶性情，又可辅助教化。不同于书法、绘画这些缘系于文人阶层、上流社会的文化形式，音乐的覆盖面上达帝王公卿、下至商贾百姓，各色人等都可以在音乐中找到心灵的慰藉。了解中国音乐，是了解中国传统文化的一把钥匙。

一、黄钟大吕：礼乐治国

礼乐文化是中国传统文化的精粹，在数千年前，圣人孔子就提出"礼之用，和为贵"的礼乐治国思想，将礼乐教化作为最重要的治国安邦的手段，以促进人民道德情操的提升和社会的和谐。

乐大致源于原始的宗教祭祀活动。在祭祀中，音乐主要用来沟通人、鬼、神，并渲染气氛、生发情感、抚慰心灵。周朝将六代乐舞用于郊庙祭祀：用《云门》祭祀天神、《大咸》祭祀地神、《大韶》祭祀四方、《大夏》祭祀山川、《大濩》祭祀周的始祖姜嫄、《大武》祭祀周的祖先。在西周，宗庙祭祀和君臣之道、父子伦理结合在一起，祭祀上升为政治统治的手段，贯穿祭祀仪式的音乐能恰到好处地表现祭礼的实质，也具有了政

治统治的功能。

在古代社会，乐的涵盖范围较广，除了具有和现代社会共通的乐的内容外，它还包括无声之乐。郭沫若认为凡是使人感到快乐的东西都可以称为乐。在儒家看来，乐是人格修养的最高境界，是伦理纲常、宗法规范，是最有效的教化工具。乐治即以"乐"作用于人，用良乐陶冶人的情操，激发内心的美好情感，调节人和人、人和社会的关系，从而使人的行为规范有序，使社会和谐、国家安定。

儒家的代表人物孔子不仅是一名思想家、教育家，还是一名出色的音乐家。孔子爱乐、善乐、教乐，"乐"成为六艺之一。他充分肯定音乐在陶冶人、教化人的过程中所起到的潜移默化的作用，认为人人都应该学习音乐，强调通过对音乐的审美陶冶性情，达到修身的目的，进一步完善个人的人格。孔子看重能体现"仁""中正平和""尽善尽美"的音乐，认为这类音乐最能发挥怡人化人的功能，有助于建立和谐的社会秩序。

礼治和乐治的思想是相互渗透、相互制约的。古代社会礼、乐不分家。礼中有乐、乐中有礼。二者共同作用，达到"和"的境界。

二、阳春白雪：以琴养心

琴是中国古老的乐器之一，有三千多年的历史。一直以来，琴作为中国古代文人、士大夫修身养性的器具，被尊为中国传统文化"琴棋书画"中四艺之首。琴声崇尚"静、远、淡、丽、润、圆"，追求意境深远的"无限滋味"，这与中国传统的理想文化人格不谋而合，因而备受文人推崇，是一种雅乐。

圣人孔子，在音乐上有很高的造诣，精通琴艺乐理。孔子跟随师襄学琴的故事，印证了琴乐中包含着美妙的志趣意蕴，要融入其中才能感悟，也印证了圣人之间心有灵犀，可以通过琴乐来传递。孔子垂暮之年，由卫国返鲁，途经幽谷，触景伤情，作《幽兰操》。孔子以兰自比，反映了一位生不逢时、怀才不遇的贤者内心的无奈与愤懑。空灵、幽远的琴乐成为圣人情感的慰藉、心灵的寄托。

作为"竹林七贤"精神领袖的嵇康，对琴尤为钟爱。弹琴对于嵇康来说，既是生活的日常，也是精神的寄托。他对琴的热爱到了痴迷的地步，曾耗费巨资，求名琴一张。也只有古琴的雅致风韵才配得上魏晋名士的精神风度。千古绝唱《广陵散》是嵇康在刑场上弹奏的临终之曲。它表现的是勇士聂政刺杀韩王的故事，琴曲旋律激昂、慷慨，具有杀伐战斗气氛，直接表达了被压迫者反抗暴君的斗争精神。嵇康不满司马氏的残暴统治，公开抨击其恶行，为司马氏所不容。他选此曲作为离世前的绝奏，正是因为此曲中的主人公和他有着相似的遭际，而琴曲中表现出的抗暴精神，也是嵇康宁为玉碎不为瓦全的真实写照。《广陵散》与嵇康间形成了密不可分的精神契合。

三、下里巴人：多彩民歌

《诗经》是我国第一部诗歌总集，其中的《国风》，是我国古代最早的民歌选集，收录了从西周到春秋约500多年间，15个国家地区的160首民歌。民歌的出现并非偶然，

微课：
礼乐治国

它是人们在长期的劳作中，经过积极探索，迸发出的意识冲动和情感宣泄，是用歌唱来反映内心的一种情感表达方式。

中国民族众多、地域辽阔，有着丰富的民歌资源。不同民族、不同地域的民歌具有鲜明的民族地域特色，集中反映了该民族和当地人民在历史风貌、审美情趣和日常生活上的差异。因此，民歌是了解一个民族或一个地域风土人情的一把钥匙。汉族民歌，南方的较为柔美含蓄、北方的较为直率豪放；傣族民歌清新明丽；蒙古族民歌粗犷奔放。

劳动号子、山歌、小调是民歌的三种基本形式。劳动号子音调粗犷，节奏固定，律动感强；山歌节奏自由，旋律起伏较大，即兴性强；小调旋律流畅、婉转曲折，曲调性强。

起源于江南吴地的民歌小调《茉莉花》，具有独特的江南韵味，至清代时，已经在大江南北流传开来，因地域、民族、文化等因素影响，又衍生出多种曲调，可见其深入人心、广泛传播的程度。《茉莉花》旋律婉约流畅，用同一段曲调，一唱三叹，词曲一字一拍或半拍，音符密集，回旋反复。悠扬婉转的曲调配合洁白如玉的茉莉花意象，传递出恬静清雅之美。这种既不大肆张扬，又不过分妩媚的中和含蓄正是中国几千年精神操守和文化品质的象征。《茉莉花》自流传到海外就因其浓厚的"东方风情"得到普遍认可，意大利歌剧《图兰朵》多处使用《茉莉花》的旋律，日本清乐中也多次出现它的原貌及变体，它已经成为中国的代表民歌之一并活跃在世界舞台上。

知识链接

周代的礼乐制度

中国古代的礼乐制度是周代建国初期由周公制定的，是一种十分严格的等级制度。礼乐的"礼"就是宗法制度和等级制度相互结合的礼仪，"乐"就是音乐，包括乐队、乐舞的编制，乐曲、乐舞的使用等。周代建立礼乐制度的目的是为了巩固等级制社会，使"礼"和"乐"成为统治国家的工具，同时也吸取商代灭亡的教训，反对"淫乐"，采取"节乐"措施。

周代的礼乐制度主要包括以下两个方面的内容：

一、等级化的音乐制度

礼乐制将上层社会的人分为不同的等级，根据等级的不同，规定其生活各个方面的区别和限制，其中也包括使用音乐的制度。各个等级所使用的音乐，在规模和排列上有严格的区别和划分。在各种典礼仪式上，典礼的每一步骤的进行都有严格的规定，不能僭越。

二、繁复的礼节音乐

在周代的礼节活动中，音乐往往参与其中，构成了特殊形式的礼节音乐，并且相当繁复。据史料记载，重要的礼节音乐有八种：祭天地、祭宗庙、大飨、燕礼、大射、养老、乡饮酒、乡射。这些礼节音乐从礼节的内容出发，对乐律、乐器、乐舞都有详细的规定。

礼乐制度的实施巩固了奴隶主阶级的社会地位，促进了音乐的发展，但它又使"乐"成了"礼"的附庸，使音乐成为以"礼"为中心的模式音乐，并逐渐趋于僵化。

——资料来源：柯琳《中国音乐史简明教程》，九州出版社2018年版，有改动

> **故事链接**

焦尾琴与柯亭笛

东汉末年，出了一位了不起的大史学家、大文学家、大书法家、大音乐家，他就是蔡文姬的父亲蔡邕。

蔡邕字伯喈，说起他在史学、文学、书法、音乐上的造诣，不仅在汉代，就是整个中国历史上都很少有人能比得上。他琴弹得非常好，笛吹得非常好，还能作曲，流传至今的琴曲《蔡氏五弄》——《游春》《渌水》《幽居》《坐愁》《秋思》就是他作的。

蔡邕在汉献帝时曾拜左中郎将，故后人也称他"蔡中郎"。蔡邕为人正直，性格耿直诚实，他敢于对灵帝直言相谏，因此得罪了灵帝和宦官。蔡邕自知随时有被加害的危险，于是就打点行李，从水路逃出了京城，远远地来到吴地，隐居了起来。

在隐居吴地的那些日子里，蔡邕常常抚琴，借用琴声来抒发自己壮志难酬反遭迫害的悲愤和感叹前途渺茫的怅惘。

有一天，蔡邕坐在房里抚琴长叹，女房东在隔壁的灶间烧火做饭，她将木柴塞进灶膛里，火星乱蹦，木柴被烧得"噼里啪啦"地响。

蔡邕听到隔壁传来一阵清脆的爆裂声，不由得心中一惊，竖起耳朵细细听了一下，大叫一声"不好"，跳起来就往灶间跑。来到炉火边，蔡邕也顾不得火势灼人，伸手就将那块刚塞进灶膛当柴烧的桐木拽了出来，大声喊道："快别烧了，别烧了，这可是一块制琴的难得一见的好材料啊！"

这块桐木果然是难得一见的良材，只可惜尾部的木头已经烧焦了。蔡邕用它精心制作了一张古琴。这张琴声音精美绝伦，成为古代名琴。因为琴尾的木头烧焦了，所以后人就叫它"焦尾琴"。

蔡邕后来被王允杀害，焦尾琴保存在皇家内库之中。据说齐明帝在位时，曾取出焦尾琴请古琴高手王仲雄弹奏。王仲雄连续弹奏了五天，并即兴创作了《懊恼曲》献给明帝。后传至南唐中主李璟和后主李煜手中。李煜死后琴归宋室所有。据传，明朝昆山人王逢年还收藏过蔡邕制造的焦尾琴。

和这个故事相类似的，还有"柯亭笛"的传说。

蔡邕在吴地避难的时候，曾经住在一个名叫柯亭的地方。柯亭的住房用竹竿做屋椽子，十分别致。一天饭后，蔡邕在屋檐下散步，观赏新居，发现东间第十六根竹椽与众不同，当即把这根竹子换下来，做成笛子，音色果然十分美妙，这支笛子也就被叫作"柯亭笛"。据说此笛后来流传到东晋时的吹笛高手桓伊手中，他常常用它来演奏。

——资料来源：黎孟德《中国音乐故事》，四川文艺出版社2013年版，有改动

第四节　线条舞动：书法

中国书法是人类非物质文化遗产，讲究"形""势""意"的统一，是最能代表中国艺术精神的形式之一，被誉为"无言的诗，无行的舞，无图的画，无声的乐"。

一、法度

书法是一门高度重视法度的艺术。如果不懂法度，心无法度，是无法成为一名书法家的。法，包括书写的用笔之法、结字之法、用墨之法、章法，甚至还包括作品的悬挂之法。因此，书法是一种规范性艺术，不能随心所欲地任意描画。这体现了中国人追求程式美、形式美的审美追求。

用笔之法，是书法艺术的基本法度。元代的赵孟頫认为"书法以用笔为上""用笔千古不易"。用笔包括下笔、行笔和收笔。三者环环相扣，每一个环节会直接影响下一个笔画的造型。"用笔贵用锋"，锋是笔毫的末梢，是笔力集中到达、墨水集中流注的地方。在书法中，一笔一画都是笔锋运走而形成的。中锋用笔，笔力饱满，内涵丰富；侧锋用笔，变化多样，极具张力；逆锋用笔，力透纸背，笔力刚硬；拖锋用笔，转换自然，快慢有致。锋变的不同会导致点画的形状差异，也因此形成了不同字体独特的笔法系统，亦让书法作品呈现出鲜明的个性化特色。

结字之法，是字中的笔画安排之法，虽在一定程度上受用笔之势的影响和制约，但在更大程度上要受到形式美法则的制约，追求和谐之美。书法的表现对象汉字，"依万物之类而象形"，其结构为"汇备万物之性状者矣"，本身已具备了美的素质。在书法作品中，通过巧妙安排字体结构的正与奇、大与小、连与断，展现或奇宕、或端庄、或空灵、或旷远的意味。

如果说笔法是书法的筋骨，墨法就是书法的神采，它与笔法是互为依存、相得益彰。"活"是墨法的审美追求，要求墨色做到浓淡干湿相宜。过浓过淡、过干过湿会导致多种"笔病"，影响书法的生命力。

章法是一幅书法作品中字与字、行与行、正文与落款及用印之间的整体布局。章法布局需要作者提前谋划，思虑成熟后，运腕提笔，一气呵成，追求整体和谐之美。章法也是布白的艺术，不同书体虽然对分间布白有不同的表现方式，但不管哪种书体都讲究远近宜均，疏密得当，是书法艺术既多样又统一审美原则的体现。

二、舞的节奏

宗白华先生认为书法里贯穿着舞蹈的精神，由舞蹈的动作显示虚灵的空间。作为抽象艺术，书法和舞蹈一样强调动态美，追求情感的迸发和意境的营造。郑诵先生说："舞蹈是动态的书法；书法是婀娜多情的舞姿。"这曼妙的舞姿来源于书法中千变万化的线条，从某种意义上来说，书法艺术就是线条的艺术。

书法线条分粗细，粗线厚重、浑朴，细线纤巧、空灵。书法线条有曲直，曲线委婉、含蓄、有张力，直线硬朗、直接、取势强。书法线条讲方圆，方折坚实、果断，圆转灵活、畅达。在书法中粗与细、曲与直、方与圆相互依存，没有绝对的粗细曲直。

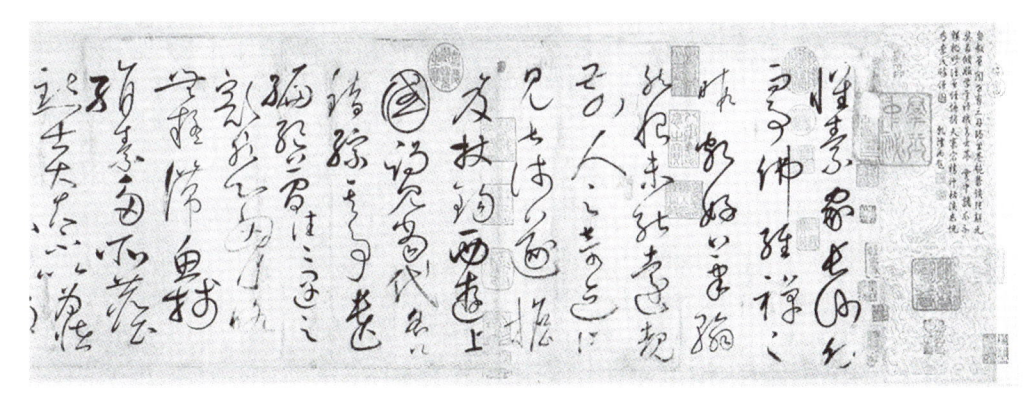

唐·怀素《自叙帖》（局部）

曲线是书法中运用最多的线条，也是最美的线条，在行书、草书中最为常见。怀素是中国历史上杰出的书法家，他善书"狂草"，用笔圆劲有力，使转如环，奔放流畅，一气呵成。他的杰作《自叙帖》用细笔劲毫写大字，笔画圆转遒逸，如曲折盘绕的钢索，收笔出锋，锐利如钩斫，所谓"铁画银钩"也。历代书法家对该帖评价甚高，认为此帖强调连绵草势，运笔上下翻转，忽左忽右，起伏摆荡，其中有疾有速，有轻有重，像是节奏分明的音乐旋律，极富动感。此外也有点画分散者，则强调笔断意连，生生不息的笔势，笔锋回护钩挑，一字、一行，以至数行之间，点画互相呼应。通幅于规矩法度中，奇踪变化，神采动荡，实是草书艺术的极致表现。

行书、草书作为动态书体较之篆书、隶书、楷书等静态书体，具有更强的节奏感。这种强烈的节奏感源自它们更为丰富的线条变化。行书、草书用线粗细不拘，结构造型随意，线条转折回环，幅度大小对比明显，行笔疾速紧迫，往来倏忽，瞬息万变，整体节奏感特别强烈，因而也有更多美感。

三、毛笔与印章

（一）毛笔

毛笔是中国的文房四宝之一，有着悠久的历史，至今还活跃在现代人的生活中。有学者认为，没有毛笔，不仅仅是中国艺术"不是这个样子"的，就连整个中国文化的精神面貌，也要大大不同。在真正的中国文化人看来，毛笔不是什么工具，它能通灵，具有灵性。它能表现使用者个人千变万化的不同气味、气质、性情、意志、精神世界、生活态度等。

毛笔的起源要追溯到新石器时代。秦代蒙恬对毛笔进行了改进，奠定了毛笔的基本形态。唐宋时期，繁荣发达的社会经济文化促进了制笔业的兴盛，宣州发展成为全国的制笔中心。长锋笔的出现带来了唐宋时期纵横洒脱的新的书风。宋代制作的"无心散卓笔"在毛笔史上具有里程碑式的意义。元代湖笔逐渐取代了宣笔的地位。湖州所产长锋羊毫笔，笔锋软硬适中，弹性适宜，且储墨量大，能满足当时文人以诗入画、注重写意的要求。明清时期，湘笔崛起，形成湖湘并峙的局面，满足了明清书画技法对毛笔性能的不同需求。在毛笔的发展历程中，中国历代文人功不可没，促进了毛笔的完善与发展。他们借笔表现自然，抒发情怀，使毛笔摆脱了单纯手工制品的属性，更具文化属性。

书法家的书法风格与他们所使用毛笔的大小、长短、软硬有密切的关系。选择何种类型的毛笔，本身就代表着他们各自的品位和风格。"书圣"王羲之曾把毛笔比作冲锋陷阵、所向披靡的刀和矛，强调了笔在创作中的地位。书法的筋骨血肉气都有赖于毛笔的表现力，为了诠释作品的精妙，表达独特的艺术追求，许多书法大家还是制笔高手。

柳公权选择毛笔时要求"出锋须长，择毫须细"，相对于短锋笔，长锋毛笔更容易表现出瘦劲的线条，可以较为自由地表现出笔画起讫处的修饰笔触。苏轼善用诸葛短锋笔，因此他的作品多小字行书，用笔多取侧势、扁肥，形成深厚朴茂的风格。黄庭坚偏爱瘦长锋笔或羊毫笔，他擅长草书，作品多大字。

从某种意义上说，毛笔是书法家心神意的延伸。通过笔锋运转，将个人的品行、情感、才气外化，达到物我合一。

（二）印章

印章在我国已经有三千多年的历史。最初的印章是官职、地位、身份的象征，也是往来贸易和封检物品的凭信，还有吉祥纳福的功用。随着社会的发展，印章的实用性减弱，艺术性增强。特别是与书画结缘后，印章除了凭证的功能，更为人所看重的是其自身的艺术性及深化书画主题的功能。在篆刻艺术家的手中，印章融汇书学画理，借方寸之间、寥寥数字，来抒怀言志。艺术大师黄宾虹称："一印虽微，可与寻丈摩崖、千钧重器同其精妙。"

依据印文内容，印章有名章与闲章之分。前者是姓名章，后者是布局章。闲章在字数上可多可少，两个字、一句诗，甚至整首诗都可入印。在外形选择上，闲章比较随意，可方、可扁、可长、可圆，尽现天然的意趣。

文人书画上的印章还是我们了解作家创作时心情波动、思想起伏的有效线索。郑板桥有一方"青藤门下牛马走"闲章，还有"七品官耳""难得糊涂"等闲章，这些印章不仅表现了郑板桥的审美追求，也传达出他经历世态炎凉后的人生感悟。

小小一枚印章，承载着中国传统文人的文化底蕴和人文精神，也集中体现着中国文人的审美趣味。

书法作品中的印章并非随意加盖，而是有着一定的章法和布局。巧妙的盖钤，成为作品谋篇布局的一部分，可以提高整幅作品的艺术审美价值。如盖钤不当，则会破坏作品的整体美感。

在水墨山水画营造的空灵意境中，陡现一方朱红，与纯粹的黑白两色相呼应，使色彩更为丰富，提升了作品的层次感，可视为神来之笔。布局章位置灵活多样，在书画作品中起着调结构图的作用，好的钤印可以恰到好处地融合到作品中，达到自然天成的境界。同时，印章还可对作品的布局谋篇进行补救。一幅作品，总有虚实、疏密之处。密处不够紧凑，可用章补之；疏处如觉空荡，可借章充实。

知识链接

《兰亭序》

《兰亭序》又名《兰亭宴集序》《兰亭集序》《临河序》《禊序》等，为行书法帖。东晋穆帝永和九年（353年）的三月初三日，王羲之与谢安、孙绰等41人，在山阴（今浙江省绍兴市）兰亭雅聚，会上人们纷纷作诗，《兰亭序》就是王羲之为他们的诗写的序文手稿。序中记叙了兰亭周围的山水之美以及聚会的欢乐之情，抒发了作者"一死生为虚诞，齐彭殇为妄作"的感慨。

唐时，《兰亭序》为唐太宗所得，被推为王书代表。唐太宗曾命赵模等人钩摹《兰亭序》数本，分赐给亲贵近臣。遗憾的是，唐太宗去世后，《兰亭序》被作为殉葬品埋入昭陵，从此真迹永绝于世。

《兰亭序》共28行，324字，章法、结构、笔法都堪称完美，是王羲之的得意之作，后人评价《兰亭序》称："右军字体，古法一变。其雄秀之气，出于天然，故古今以为师法。"因此，《兰亭序》被历代书家推为"天下第一行书"，表现了王羲之书法艺术的最高境界。在这件作品中，王羲之的气度、风神、襟怀以及情愫，都得到了充分表现。古人曾称王羲之的行草如"清风出袖，明月入怀"，后人如观此作，当有同感。

整体来看，《兰亭序》通篇遒媚飘逸，字势纵横，变化无穷，充分体现了行书起伏多变、节奏感强、形态多姿、点画相应的特点，在布白、结构、用笔上都达到行书艺术的高峰。它不仅是王羲之书法艺术的代表作，同时也是中国书法艺术史上的一座高峰，影响极其深远。

《兰亭序》布局的形式，是采取纵有行、横无列、行款紧凑、首尾呼应的方式。如神龙本的行距，前4行较疏，中幅较匀，末5行则较紧密。除此之外，《兰亭序》字与字之间大小不一，错落有致，保存了起草时随手书写的自然姿态，别有一番自然美。

此外，最卓越的艺术品，往往在有限的空间里蕴含着丰富的艺术美。《兰亭序》就是尺幅之中造就辉煌的书法作品，唐太宗曾赞叹它"点曳之工，裁成之妙"。黄庭坚则说："《兰亭序》草，王右军平生得意书也，反复观之，略无一字一笔，不可人意。"《兰亭序》有324字，每一字都被王羲之创造成为一个富有生命的形象，序中有二十多个"之"字，无一雷同，各具有独特的风韵。而其中的"事""为""以""所""欣""仰"等重字，也都别出心裁，十分精妙。

——资料来源：张兆峰《图说五千年中国书法》，中国法制出版社2016年版，有改动

故事链接

颜真卿临死不屈

公元782年淮西节度使李希烈起兵反叛，唐德宗听从卢杞的建议，派三朝元老颜真卿到许州去安抚李希烈。颜真卿到了许州后，李希烈派其养子领一千多人围着他肆意谩骂，有的还拔出刀比画着要砍要杀的样子。颜真卿面不改色心不跳。李希烈眼见不能得逞，就将其扣留下来。

后来因"四王"事件，颜真卿再次激怒了李希烈，他派人在院中挖了一个坑，准备活埋软禁在馆舍中的颜真卿。颜真卿镇定自若，去见李希烈时说："既然决定杀我，何必要那么多花样呢！赶快一剑砍死我，不是令你更痛快、更满足吗？"李希烈却反而给他道歉。

李希烈即帝位后，国号楚，置百官，又派遣他的将领辛景臻对颜真卿说："你既然不愿意屈节服从，干脆自焚算了！"于是在他居住的庭院，堆起柴点燃。颜真卿向火堆快步走去，辛景臻急忙拉住他。

后来，李希烈看到王师接连获胜，担心发生变故，就派中使到蔡州去诛杀颜真卿。中使到后说："有敕书！"颜真卿拜了两拜。中使说："今天赐颜真卿死。"颜真卿说："老臣没有成绩，罪当死。不知道使者是哪天从长安出发的？"中使说："我是从大梁来的，不是从长安来。"颜真卿说："这样说来，只是贼寇罢了，怎么能说敕书呢？"于是中使勒死颜真卿，而颜真卿最终也没有屈服。

第五节　水墨山水：绘画

水墨画是只用水墨所作的中国画，由文人画发展而来。山水画是以山川自然景观为主要描画对象的中国画。所谓仁者乐山、智者乐水，中国的水墨山水画以自然山水为表现对象，追求自然灵动的韵致和"天人合一"的境界，是中国文人审美追求、艺术境界的体现，也是文人超然气质的表现。

一、黑白世界

中国水墨画主要用墨作为绘画原料，依据清水的添加量，墨色呈现出"浓墨""淡墨""干墨""湿墨""焦墨"等不同层次变化。在这里，墨色不再被视为一种单纯的黑色，而是具有丰富的变化，可以完美地表现物象。

道家认为黑色（玄色）象征着最原始的精神本质和色彩本质，禅宗认为净色为一切色法的依托。在水墨文人眼中，黑色最接近禅的净色。黑色即墨色。因此，比起其他纷繁绚丽的色彩，只有墨色才能更为准确地诠释水墨画家对于禅的参详，对于道的领悟。

"白"，作为水墨画中画面色彩的一色，指纸上的留白。一般表现为水墨山水画中

微课：
黑白世界

的"水""云""天""雾"等自然景象。墨色为寒色,由此构成的画面有寒感,画作呈现出灰暗的色彩基调。但是优秀的水墨山水画,却让人有温暖之意,这有赖于画中的"留白"与墨色的中和。在水墨山水画中,墨色是有形的,白色是无形的,墨色为实,白色为虚。虚实相生,既是中国水墨山水画创作的重要法则,也是其艺术价值所在。艺术大师黄宾虹先生认为"太极图是书画秘诀",简洁而深刻地阐述了中国山水画"留白"的艺术之美。

二、空灵淡远

中国水墨山水画不满足于仅追求所画山水自然的外在形似,更看重画作的意境。

作为山水画中不可分割的留白,不是空白无物,而是一种特殊的语言,是创造画作意境的重要手段。山水画讲究"知白守黑"。知白是指有意识、有目的的布白,用空白来烘托主体,使其更加鲜明突出,更具神韵。南宋画家创造的"边角式构图",使画面留有大幅空白,突出了局部景物,营造出空灵幽远的意境,拓展了传统水墨山水画的表现力。南宋画家夏圭,人称"夏半边",他的传世佳作《溪山清远图》,所描绘的山坡、巨石、江岸、树木、桥梁等都集中在画面下部,画面上半部,或以清淡的笔墨表现远山,或留出大片空白表示江水、烟云,有空灵毓秀之感。

南宋·夏圭《溪山清远图》(局部)

中国画史上的"元四家",黄公望、王蒙、倪瓒、吴镇等四人对中国水墨山水画的发展有着举足轻重的作用,在他们的积极探索和努力下,中国的水墨山水画攀上了新的高峰。因为元代特殊的社会背景,汉族知识分子被边缘化,许多画家文人寄情于参禅学道,隐居在山林之间。他们善于从自然中直接获取素材,画作更富超然气质,颇具空灵淡远之美。"元四家"之首的黄公望,除了画家的身份之外,还是全真教的道士。他看破红尘、浪迹天涯,过着闲云野鹤般的生活,在寄情山水的同时,也将全真教的教义渗透到山水画中。全真教主张三教合一,认为儒释道三家的核心都是道。全真是"祛除虚妄,独全其真",追求精神上的超脱和"心"的自由。《富春山居图》是其晚年的画作,以长卷的形式描绘了富春江两岸初秋的秀丽景色,画中数十峰,连绵起伏;树木苍苍,疏密有致,形态各异;村落、亭台、渔舟散布其中;江面如镜,天水一色。画作用墨淡雅,干湿浓淡并用,墨色丰富,错落有致,层次鲜明。整个画面静寂空灵,境界平淡开阔,是作者真实心境的写照,也是道家天人合一思想的折射。

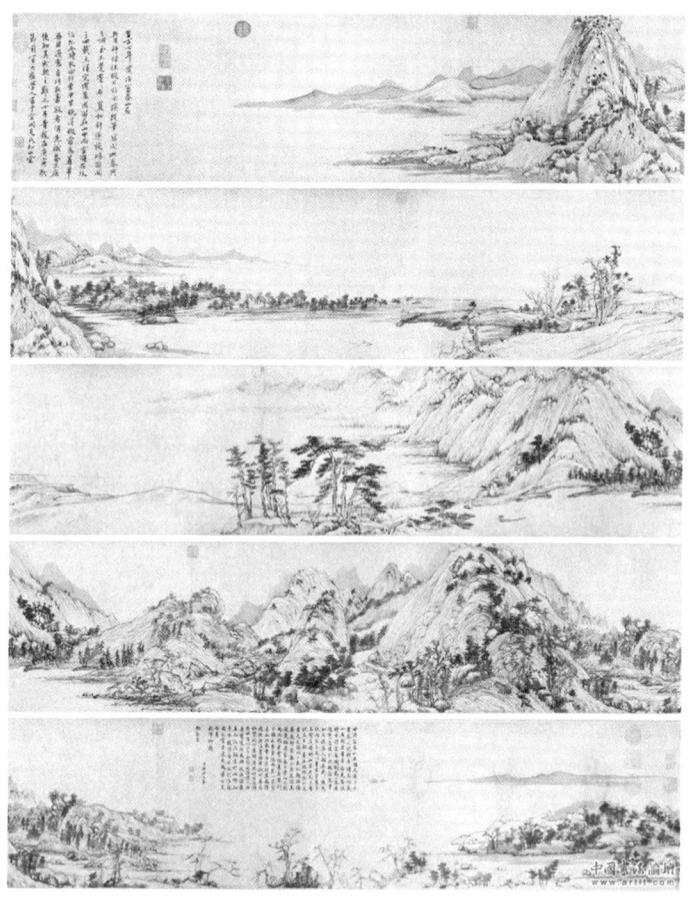

元·黄公望《富春山居图》

三、书画同源

唐代张彦远在《历代名画记》"叙画之源流"中，第一次从理论上阐述了书画同源的理论。元代赵孟頫明确提出"书画同源"的理论，主张"以书入画"，这一观念在后世的文人画家中不断得到重复和深化，促进了中国书画艺术的发展，使其成为具有中华民族独特审美趣味的艺术形式。

"书画同源"观认为书法和绘画都源于人类最早创造的刻画符号和原始图腾。在新石器时代画在陶器上的图形如鱼、蛙、鹿、鸟、花叶等，是中国最早的绘画作品。最早的象形文字，就是用线条画成的一幅幅小画，后来才演变为现在使用的汉字。正因为绘画和写字都用同样的工具，并且都是以线条为主，故有"书画同源"之说。

"书画同源"还表现在书画同器上。中国的文房四宝"笔墨纸砚"是书法和绘画必须使用的创作工具。相同的工具决定了书画对用笔、墨法、布白和结构有相近的艺术要求，传达出相似的审美意趣。书法和绘画都是依靠手腕和手臂的力量控制行笔的速度，同样通过笔的中锋与侧锋、藏锋与露锋、顺锋与逆锋来勾勒线条，营造意境；同样讲究墨的浓淡干湿，强调墨色的对比和转换；同样重视布白的艺术，追求书画作品的整体结构美。

中国书画有着相似的审美追求。中国书法讲究虚实相济，实处之妙由虚处而生，虚与实、白与黑，相互依存，相映成趣。这样的审美法则同样体现在中国山水画中。在山水画中，有画处为实，无画处为虚；粗重拙厚处为实，婉柔缥缈处为虚；浓重繁复处为实，浅淡疏散处为虚。这种虚实相生、阴阳相济的审美观深受道家"天人合一"观念的影响，也是书画家崇尚自然的集中体现。

元代是中国文人画的成熟期。赵孟頫以书为画的主张，把书法的各种用笔技巧融入画法中，丰富了绘画的表现手法。在文人画家眼中，绘画的魅力不仅在于对自然的描摹，还在于线条和墨色自身的韵味。流动飞舞的线条和纷繁变化的墨色，营造出独特的气势和含蓄的意味，抒发了作者主观的情感，也为观众预留了想象的空间。元代文人画盛行以诗题画，即直接在画作上题写诗文。诗文不仅成为画面构图的一部分，诗文的内容也极大地拓展了画面的表现力，作品更具诗情画意。在文人画中，画面与书法的体势和诗意的文辞有机结合，相得益彰。

元·赵孟頫《秀石疏林图》

《秀石疏林图》题诗

赵孟頫的《秀石疏林图》，画面中央部分耸立一块巨石，两旁分布着松木、幽兰、荆棘、小竹。巨石，就是以侧锋"飞白"画就，显得极其洒脱灵秀。不过疏林之竹、点叶树、枯枝，甚至石根之小草，则都用中锋勾、撇、点。竹乃矮枝新篁，用浓墨向上撇叶，笔力凝重。草则自下向上弧曲掠去，秀而遒劲。三株枯枝，皆呈鹿角状，但线条圆曲坚挺，犹存北宋遗韵。左边一株点叶树，枝干倔曲，用笔顿挫转折，叶则用中锋直点，含蓄内敛。卷后有赵孟頫一首自题诗："石如飞白木如籀，写竹还于八法通。若也有人能会此，方知书画本来同。"进一步阐明了书画同源的理论。画作中，浓淡、中锋侧锋运用潇洒自如，以飞白画石、籀笔写木、八法写竹，充分施展了书法笔法在绘画中的效用，对明清以后的文人画创作具有极大的影响力。

知识链接

中国画的类别

人物画：以人物为主体的绘画，简称"人物"。它是历史上最早形成的一个画科，早于山水和花鸟。人物画力求将人物刻画得逼真、传神，讲究气韵生动、神形兼备，因此中国古代画论中又称它为"传神"。人物画又分为：道释画、仕女画、肖像画、历史故事画等几类。历代著名的人物画家有：东晋的顾恺之；五代的顾闳中；宋代的李唐；明代的仇英、唐寅等。

山水画：以山川自然景色为主体的绘画，简称"山水"。它最早只是作为人物画的背景，独立成科后逐渐成为最能代表中国绘画艺术成就的画种。它讲究经营位置（构图）、神韵的表达和笔墨气韵。传统上将山水画分为水墨山水、青绿山水、浅绛山水等几个小类。历代著名的山水画家有：唐代的李思训；宋代的李成、范宽、董源；元代的元四家；明清的董其昌、四王、四僧等。

花鸟画：以花卉、禽鸟（包括动物）为主体的画，简称"花鸟"。它在历史上最晚产生，多是一些小品式的描绘，或是讲究精细的刻画，或是将就笔墨趣味，可以分为工笔花鸟、写意花鸟两类。历代著名的花鸟画家有：五代的黄筌；宋代的崔白、李迪；明代的陈淳、徐渭；清代的朱耷、恽寿平等。

——资料来源：艺术大师编辑部《看懂中国画的第一本书》，江苏凤凰美术出版社2015年版，有改动

故事链接

难得糊涂郑板桥

郑板桥是清代著名的学者、画家，"扬州八怪"的代表人物。乾隆元年（1736年）进士，官至山东范县、潍县县令，政绩显著。后客居扬州，以卖画为生。其诗书画，世称"三绝"。他在潍县做官时，题过几幅著名的匾额，"难得糊涂"是其中最脍炙人口的一块。

相传这块匾是郑板桥在山东莱州的云峰山上写下的。有一年郑板桥专程来云峰山观赏郑文公碑，他沉醉于碑文，流连忘返，不知不觉中，天色已晚。幸好山间有茅屋一座，郑板桥便借宿于此。茅屋的主人是一位看上去相当儒雅的老者，自称"糊涂老人"。老者气质非凡，出语不俗，郑板桥与他相谈甚欢。茅屋内陈列了一块与方桌一般大小的砚台。砚台的石质细腻，镂刻精良，郑板桥见了不胜欢喜。老人看他兴致颇高，就请求郑板桥题字，以便刻于砚背。郑板桥暗暗思索，借老人的名号题写了"难得糊涂"四个

字，压印为"康熙秀才，雍正举人，乾隆进士"。

因砚台过大，郑板桥建议老人题写一段跋语。老人便写了："得美石难，得顽石尤难，由美石而转入顽石更难。美于中，顽于外，藏野人之庐，不入宝贵之门也。"写完，也压了一块印，印字却是"院试第一，乡试第二，殿试第三"。郑板桥一看大惊，猜到老人是一位隐退的官员。他有感于"糊涂老人"的雅名颇有寓意，看到砚背上还有空隙，就提笔补写了一段："聪明难，糊涂尤难，由聪明而转入糊涂更难。放一着，退一步，当下安心，非图后来福报也。"这就是难得糊涂的由来。

第六节　梨园芬芳：戏曲

中国戏曲与古希腊戏剧和印度梵剧，并称为世界三大古老的戏剧文化。中国戏曲源于原始歌舞，是一种融合音乐、舞蹈、美术、武术、杂技、文学等多种艺术样式的综合性舞台艺术。中国戏曲剧种繁多，约有三百六十种，流传至今的优秀传统剧目数以万计。中国戏曲注重写意性，强调程式化，是情与理、虚与实的和谐。

一、绚丽的脸谱

脸谱是中国戏曲重要的审美元素。脸谱的源起可以追溯到原始巫术中的"涂面化妆"和面具，随着戏曲人物行当的丰富而逐渐发展起来，不仅是戏曲与其他戏剧形态相区别的显著特征，也因其丰富的文化内涵，成为一种高度象征性和典型性的民族艺术。

戏曲脸谱色彩绚丽、意蕴丰富，为观众呈现出一个斑斓的世界。它用不同颜色的油彩，直接在演员面部进行勾画，主要颜色有青、红、黄、白、黑五色。其中红、白、黑为主色，青、黄、紫、蓝、绿、粉红、金为辅色，灰、赭、褐、银为衬色。各种颜色相互搭配，变化万千。脸谱的涂色并非随心所欲地描画，而是反映出中华民族传统的伦理道德观。中国人崇尚红色，认为它饱含激情，是生命力的象征。民俗中常将红色用于喜庆的场合中，表达对吉祥、如意、美满的期许。因此，戏曲中的正面人物形象往往勾红色脸，以表现角色的忠贞正直，如关羽。白色，是中国传统中颇为禁忌的一种颜色，被认为是无生命力的表现。宋代以后，白色成为凶色，民俗中的丧葬也多用白色。因此，戏曲脸谱中的白色脸带有贬义色彩，多用于反面人物，以表现人物的阴险、奸诈，如曹

京剧脸谱：关羽　　　　　京剧脸谱：赵匡胤

操、秦桧。黑色在《易经》中被认为是天的颜色，也是中国古代史上单色崇拜最长的色系，多用于正式场合，表达庄重和严肃。在戏曲脸谱中，也用黑脸来塑造表现正直、无私、刚正不阿的人物形象，如包公。除红白黑三个主色外，戏曲脸谱中用蓝色脸表现刚强骁勇、桀骜不驯的人物，如窦尔敦；用绿脸表现勇敢顽强、暴躁莽撞的人物，如程咬金；黄色脸代表骁勇善战、凶猛残暴的人物，如典韦；紫色脸一般表现稳练沉着有血性的人物，如庞统；粉、灰、金、银等颜色一般用于为老年或代表神佛精怪的人物。

除了绚丽的色彩，戏曲脸谱中也有丰富的图案。这些图案在起装饰性作用的同时，也有一定的象征意义。脸谱中的图案布局极为灵活，可出现在额头，亦可出现在眉梢眼眶，还可出现在鼻窝嘴边，呈现出或均衡对称、或失衡求异等不同的审美特征。图案内容更是包罗万千，有植物有动物，有飞禽和走兽，有日月星辰，还有阴阳八卦。可谓无所不能绘，无物不能入。戏曲角色脸上绘何种图案，往往象征着该角色独特的身份、特异的能力、某种偏好或是某类性格特征。

赵匡胤的眉处的龙形图案暗示了角色真龙天子的身份；包公额头的月牙除了表示角色刚正清廉外，更表明角色拥有"日断阳，夜断阴"的超凡能力；孟良额头画有葫芦，表示角色嗜好饮酒；杨七朗额头有一个繁体的"虎"字，显示其勇猛无敌的性格特征。

脸谱约定俗成的色彩审美和图案象征，反映出中国传统的伦理道德观念，表达着人们惩恶扬善、推崇忠义节烈、追求圆满的美好愿望，也反映出戏曲塑造人物类型化的特点。人物一经装扮，就确立了或忠或奸、或智或勇、或善或恶的身份。

京剧脸谱：窦尔敦 　　　　　　京剧脸谱：曹操

绚丽的脸谱、斑斓的戏服、粗犷的声腔，集中在同一个舞台上，形成了强烈的艺术刺激，让观众为之兴奋，浑然忘我，亦折射出中国传统文化的深厚内涵和审美意韵。

二、曼妙的虚拟

虚拟是中国戏曲的美学传统，这与西方戏剧讲究忠实于生活形态的写实性大相径庭。西方艺术重写实，遵循的是"模仿论"；中国戏曲重写意，遵循的是"意象观"。中国戏曲重神似，讲写意，与中国传统美学的审美风尚一脉相承。具有写意风格的虚拟性表演，使中国戏曲摆脱了烦琐的布景和道具，给演创人员提供了极大的艺术表现空间，拓宽了戏剧表现的生活领域。中国戏曲的虚拟无处不在，几声更鼓已经夜尽天明，一个圆场可以行尽万里，几个龙套代表千军万马，轻扬马鞭代表策马奔驰，一张圆桌可以是山也可以是桥……这种以虚代实、以简代繁的表现形式，不仅没有让观众感到疏离，反而有身临其境之感。达到这种审美效果的，有赖于演员表演的程式化。"关门、上马、行船、坐轿"都有一套固定的程式，演员必须遵守。这是用程式来规范、约束中国戏曲的虚拟性。戏曲程式源自生活，但与生活有一定距离。它择选对生活中的关键点进行剖析，通过艺术化的装饰来强化这些关键点，并直观地呈现在观众面前，这种呈现比现实生活中所展示的更准确、更传神、更具美感。

三、昆曲与京剧

昆曲原称昆山腔，发源于江苏昆山，距今已有600多年的历史，被称为"百戏之祖"。2001年被联合国教科文组织遴选为第一批"人类口头和非物质文化遗产代表作"。余秋雨先生认为"昆曲是中国传统戏剧学的最高范型"。作为戏曲的集大成者，昆曲的词作者较之其他剧种的作者必须具有更高的文化素养。这些剧作家大多是文化名人，不少出身于社会上层，有仕宦的经历。他们将自己的思想、经历、感悟、审美追求投射在昆曲中，使昆曲作品具有超群的思想高度和绝伦的艺术美感。昆曲音乐直接继承了中国古典音乐传统，曲牌来源广泛、纷繁复杂。昆曲的曲词高雅、具有较强的文学性。昆曲表演讲究唱、念、作、舞，"无声不歌，无动不舞"，在带给观众视觉审美的同时，更引发观众心灵的共鸣。昆曲中的经典曲目，如汤显祖的《牡丹亭》、洪昇的《长生殿》、孔尚任的《桃花扇》都传唱至今，蜚声海内外。昆曲的魅力就是中国历史和文化的魅力，集中体现了中华民族对于美的品位和追求。

白先勇青春版《牡丹亭》剧照

京剧的前身是徽剧。清乾隆年间，四大徽班陆续进京，通过和其他地方戏的交流、融合、博采众家之长，最终形成了京剧。京剧一经形成即进入快速发展期，在全国范围内空前繁荣，影响至今，被誉为"国粹"。与昆曲不同，京剧继承的文化传统，更多地来自民间而非庙堂。相对于昆曲所代表的文人士大夫趣味，它更接近民间百姓的趣味。京剧的剧目，以历史故事为题材者居多，有"唐三千，宋八百"之说。传统历史剧目如《将相和》《苏武牧羊》《打严嵩》，大多依据历史事实进行不同程度的艺术处理，对于学习中国历史、熟悉历史人物、了解古代社会生活有较大帮助。还有不少剧目出自民间，倾向于反映老百姓的思想感情和道德观念，侧重于伦理教化，如《武家坡》《锁麟囊》《赤桑镇》。这些剧目通过独特的艺术形式，提供审美判断的标准，寓教于乐，寓情于理，引导人们追求真、善、美。京剧流派众多，如旦角中有梅派、程派、荀派和尚派，各流派均有自己独具特色且自成体系的表演风格和艺术风格。流派的形成是京剧繁荣发展的标志之一，也是京剧表演艺术家追求独特审美个性的结果。

京剧《将相和》剧照

知识链接

戏曲的行当

近代戏曲一般将行当划分为两种：一是"生、旦、净、末、丑"五行说；二是"生、旦、净、丑"四行说。"末"主要扮演中年男子。现在不少剧种将"末"归到生行，以"四行"为基本行当。每行里又分若干。

生行：生行是扮演男性角色的一种行当，其中包括老生、小生、武生、红生、娃娃生等几个门类。除去红生和勾脸的武生以外，一般的生行都是素脸的，行内术语叫作"俊扮"，即扮相都是比较洁净俊美的。

旦行：一般是对女性角色的统称。依据扮演人物的年龄、身份、性格及其表演特点，有比较细致的分工，有正旦、花旦、刀马旦、武旦、老旦、彩旦等。正旦又叫"青衣"，唱段较多，多是扮演代表正面形象的年轻女子。

净行：净又称"花脸""花面"。主要扮演在性格、品质或相貌等方面具有突出特点的男性人物。面部化妆勾画脸谱，演唱时运用宽音和假音，表演动作幅度大，以突出其性格、气度和声势。净行分为正净、副净和武净三类，也可按文净与武净划分，细分则有铜锤花脸、黑头、老脸、奸白脸、架子花脸、武花脸等。

丑行：俗称"小花脸"。因化妆时在鼻梁上抹一小块白粉，故而以"丑"为名。又因和净行的大花脸、二花脸并列，又称"三花脸"。丑行的"丑"也有扮相不俊美之意，并非专指品质上的丑恶。丑行扮演的角色既有阴险狡诈的人物，也有正直善良的人物。丑行分为文丑、武丑两种。

故事链接

牡丹亭

《牡丹亭》又称《还魂记》，是一部文学史上及剧坛上极有名的巨著。剧中的女主角宋朝南安府太守杜宝的女儿丽娘，游园伤春，因梦生情，寻梦不得，为情而死，死后三年，又因情复活。本剧虽然离奇荒诞，却足以说明"情"的感人力量。

南宋初年，江西南安府太守杜宝之女杜丽娘，聪慧美丽，因《关雎》诗句挑动情思，私自游园，于牡丹亭小憩入梦，梦中与书生柳梦梅幽会，从此怀春，一病而亡。杜宝升迁转任扬州，在杜家后花园杜丽娘墓地处建了一座梅花观供奉丽娘神位。广州府秀才柳梦梅，原名柳春卿，一天梦见在花园中，一女子立在梅树下，说二人有姻缘，遂改名柳梦梅。柳梦梅为应科举至南安府游学，因病借住梅花观。一日他偶游花园，于假山石间，拾得杜丽娘自画像一幅，携入房内，日日呼唤赏玩，夜夜烧香拜祝。丽娘鬼魂游到梅花庵里，恰遇柳生正在对着自己的真容拜求。丽娘大受感动，与柳生相会。柳梦梅掘坟开棺，丽娘得以重生，两人结为夫妇，同往临安。杜丽娘生前的私塾先生陈最良惊悉丽娘墓被掘，赶往被困淮安的安抚史杜宝处报知。此时，柳梦梅在临安应了科考，但因金兵入侵，延迟发榜。柳生受丽娘之托，携丽娘画像，至淮安向杜宝传报还魂喜讯。杜宝却当柳生是掘墓贼，不听其辩白，吊起来鞭打。幸好报子传来柳梦梅被钦定为新科状元的消息，柳生才得以走脱。杜宝用计退了敌兵，擢升同平章军国重事，但仍拒不承认女儿婚事。后经皇帝裁决，一家人终于得以相认，团圆收场。

第七节　文化名片：瓷器

中国是世界上历史悠久的文明古国之一，同时也是瓷器的故乡。瓷器的发明是中华民族对世界文明的又一伟大贡献。大约在 1 世纪时，中国就出现了瓷器。宋代瓷器是中国瓷器发展的高峰，汝、官、哥、钧、定五大名窑，一直是后代模仿的对象。作为日常生活中不可或缺的器具，瓷器集中体现了中国人的审美追求，是了解中国文化的一张独特名片。

一、浑然天成

浑然天成的意味，是中国瓷器的整体追求，这与中国道家道法自然的美学观不谋而合。"雨过天青云破处，这般颜色做将来"是宋人梦寐以求的色彩蓝图，也是道家敬天的思想体现。开片本是瓷器釉面的一种自然开裂的现象，是瓷器烧制中的一种缺陷，在

宋代瓷器制作中，却变成了一种审美追求。这与中国美学中"风行水上，自然成文"的原理不谋而合。通过掌握开裂的规律而制出的开片釉（即裂纹釉），成为瓷器的一种特殊装饰。由于工艺高超，肃静的釉面上看不到雕琢的痕迹，只看到源于自然、源于天机的美丽。对浑然天成审美趣味的追求也反映在师法自然的造型理念上。宋代瓷器在造型上倾向取法自然界中的诸多自然物的形状，准确模仿自然界中的各种物体，诸如小动物、植物的叶子、花瓣、果实等。除此之外，宋代瓷器还部分沿袭了陶器的器型，广泛借鉴青铜器、金银器、玉器等其他门类的造型特点，在造型的准确和比例考究上，也已达到"增一分则多、减一分则少"的境界。

哥窑瓷器

二、含蓄内敛

深受儒家温润而内敛的美学思想影响，中国瓷器追求温润细腻、含蓄内敛之美。宋人从色彩繁杂的喧哗中退出，回归到更为内敛、含蓄、朴素的色彩本身。定窑的纯白、汝窑的雨过天青、建阳窑的乌金等单色的盛行，使瓷器内在的质感更厚重，更耐看，更值得回味。在造型上，宋瓷不再执着于瓷器造型和装饰，而是从实用出发兼具审美，更注重器物的内在韵味和意境。中国瓷器亦追求画意，浅绛彩瓷画将诗、书、画相结合的文人画形式移植到瓷器上，别有一种意境，气韵不凡。

汝窑瓷器

三、青花之美

青花瓷又称白地青花瓷，简称青花。源于唐代，宋代趋于没落，元代异军突起，蔚为大观。马未都先生评元青花"一出来就是一棵参天大树"。明永乐、宣德年间青花瓷成为青花史上的最高峰，被后人赞誉为"发旷古之未有，开一代之奇葩"。青花瓷之所以有此殊荣，主要因为它与中国人的文化和美学精神相契合，这就是平淡、自然。

青花之美，美在色彩。瓷器追求单纯明净而优雅的美，这在青花瓷中体现得最为充分。传统青花瓷的色调单纯明净，仅蓝白两色相映成趣，这与中国传统水墨画的审美趣味不谋而合，色泽单纯而不单调，变化万千，意趣无穷。它的蓝不同于水彩料的湖蓝，不同于国画料的靛青，而是运用钴料和釉下彩绘，呈现出或深或浅、或浓或淡、疏密相间、粗细有序的蓝色。它的白不是纯粹的白，而是白里泛青，如玉般莹润。

青花之美，美在纹饰。青花瓷的纹饰内容尤为丰富。以元青花为例，早期的纹饰题材大致都是花卉、翎毛走兽、龙凤。同时受到波斯文化影响，很多纹饰来源于西亚金银器皿上的錾刻花纹，如璎珞纹、几何纹、卷草纹；后期则出现了大量戏剧故事、人物。复合纹饰多出现在大罐、大瓶之上，主要题材源自元曲剧本的版画插图。例如三顾茅庐、百花亭、萧何月下追韩信、鬼谷子下山等故事。这类纹饰精美大方，具有较强整体性。

元青花鬼谷子下山图罐

青花之美，美在融合。来自中东的特殊青花料——苏麻离青，造就了元青花的特殊美。马未都先生认为，元青花是中华文化、伊斯兰文化与蒙古文化三者的结晶。它把农耕文化与游牧文化有效结合，利用中国传统而优秀的制瓷工艺表现伊斯兰文化的金属工艺，用伊斯兰文化鲜艳的蓝色改变了中国人固有的审美趣味。元青花的盛行，是不同文化碰撞的结果，是审美趣味多样化的需要，也是中国民族文化对外来文化持宽容、学习、吸收态度的佐证。到明清时，孔雀绿釉青花、豆青釉青花、青花红彩、黄地青花、哥釉青花等衍生品种被创烧成功，满足了多样化的审美需求。

知识链接

唐青花

定义青花瓷器有两个必要条件：釉下彩工艺和使用钴料进行彩绘的工艺。由此，青花瓷器的起源最早可以追溯到唐代。

唐青花又可称釉下蓝彩瓷器，其所用的钴料不同于后世青花的钴料，是伴生有少量铁和铜的硫钴矿，其来源有两种可能：一种是商人从中亚等地获得硫钴矿，经丝绸之路运到唐青花产地；另一种是在河北某地的钴硫化物矿与黄铜矿伴生矿区，在采集铜矿石作陶瓷色料的过程中偶然获得硫钴矿来装饰白瓷。从考古材料及地层分析，学者普遍认为唐青花是河南巩县窑生产的。河南巩县窑是隋代发展起来的窑场，在唐代主要烧白瓷、三彩及黄、绿、蓝等单色釉瓷器。唐青花的出现并非偶然，而是经历了蓝彩釉陶、釉上蓝彩瓷器到釉下钴蓝青花瓷器的发展过程。

——资料来源：杨桂梅、张润平《中国瓷器简明读本》，新华出版社2016年版，有改动

故事链接

哥窑的故事

宋代的瓷器，以汝窑、官窑、哥窑、钧窑、定窑五个窑口的产品最为有名，后人称其为"宋代五大名窑"。五窑之中，哥窑最为神秘。它究竟是什么样子的窑，窑址在哪

里，还是中国瓷器史上的未解之谜。但在民间却流传着不少关于哥窑的传说。

相传宋朝时，在浙江省龙泉县有位手艺高超的章姓瓷匠。他有两个儿子，大的叫章生一，小的叫章生二。老瓷匠含辛茹苦地把儿子养大，还把自己一身的好手艺全传授给了他们。老瓷匠死后，哥俩分家单干，各主一窑。哥哥的窑被称为哥窑，弟弟的窑则称弟窑。哥哥烧制的青瓷相当精美，获得很高的美誉。弟弟怎么做都赢不了哥哥，又嫉妒又生气。为了超过哥哥，他趁哥哥外出时，偷偷来到哥哥的窑上，在瓷器还没烧制完成时就打开了窑门，想搞清楚哥哥烧制精美瓷器的秘密。这时，冷空气流进入了火焰熊熊的窑内，还没烧好的瓷器受到了破坏。出窑后的瓷器表面布满了裂纹，全成了废品。哥哥看到有裂纹的作品，又惊讶又心疼。后来他琢磨出一个补救的办法：将墨汁与釉水调和，使其渗入裂纹中，再入窑复烧，烧成后裂纹如鳞片般美丽，比原来的瓷器更加新颖别致，更受人们的喜欢了。弟弟经过这次教训，认识到自己的错误，将精力投入到瓷器烧制中去，也烧制出了广受欢迎的瓷器。弟弟的窑后来被称为"龙泉窑"。

扩展阅读

形与影——罗丹作品学习札记（节选）

明朝画家徐文长曾题夏圭的山水画说："观夏圭此画，苍洁旷迥，令人舍形而悦影！"

舍形而悦影，这往往会叫我们离开真实，追逐幻影，脱离实际，耽爱梦想，但古来不少诗人画家偏偏喜爱"舍形而悦影"。徐文长自己画的"驴背吟诗"（现藏故宫）就是用水墨写出人物与树的影子，甚至用扭曲的线纹画驴的四蹄，不写实，却令人感到驴从容前驰的节奏，仿佛听到蹄声滴答，使这画面更加生动而有音乐感。

中国古代诗人、画家为了表达万物的动态，刻画真实的生命和气韵，就采取虚实结合的方法，通过"离形得似""不似而似"的表现手法来把握事物生命的本质。唐人司空图《诗品》里论诗的"形容"艺术说："绝伫灵素，少回清真。如觅水影，如写阳春。风云变态，花草精神。海之波澜，山之嶙峋。俱似大道，妙契同尘。离形得似，庶几斯人。"

离形得似的方法，正在于舍形而悦影。影子虽虚，恰能传神，表达出生命里微妙的、难以模拟的真。这里恰正是生命，是精神，是气韵，是动。《蒙娜丽莎》的微笑不是像影子般飘拂在她的眉睫口吻之间吗？

中国古代画家画竹子不也教人在月夜里摄取竹叶横窗的阴影吗？

法国近代雕刻家罗丹创作的特点正是重视阴影在塑形上的价值。他最爱到哥特式教堂里去观察复杂交错的阴影变化。把这些意象运用到他雕塑的人物形象里，成为他的造型的特殊风格。

——资料来源：宗白华《意境》，商务印书馆2017年版

📚 主题实践

活动一
活动名称：传承优秀文化古典诗词大会。
活动目的：接受传统文化的熏陶，感受古典诗词的魅力，培养文化自信心。
活动内容：在院系内部组织开展古典诗词诵读等比赛。
具体要求：以班级为单位进行参赛选手选拔，优秀者进入系部决赛。通过现场竞答、诗词接龙等决出最具才气和最具人气的选手。

活动二
活动名称：艺术交流会。
活动目的：深入了解传统艺术之美，展示艺术才能。
活动内容：在班级内部进行多样的艺术交流，表演并欣赏才艺。
具体要求：请同学各抒己见，谈谈自己最喜欢的一种艺术形式，并说明原因。请班级中有艺术特长的同学为大家现场展示才艺。

活动三
活动名称：传统音乐鉴赏会。
活动目的：深入了解中国的传统乐器和传统音乐曲目，体会传统音乐中蕴含的文化内涵。
活动内容：选择独具特色的中国传统乐器，演奏具有代表性的音乐曲目。
具体要求：依据实际情况，在古琴、古筝、二胡、笛子、琵琶等传统乐器中选择一类。请演奏者为同学们讲解此类乐器的历史、形制、流派以及发展情况，并为大家现场演奏经典曲目。有兴趣的同学，可近距离接触乐器，演奏者也可现场教授。在音乐的美妙世界中，感受中华传统文化的独特魅力。

活动四
活动名称：剧团采风。
活动目的：了解中国戏曲的魅力，传承中华优秀传统文化，提升审美素养。
活动内容：深入剧团采风，实地感受戏曲的独特魅力。
具体要求：组成采风小组，深入剧团，了解戏曲演员的工作环境、工作流程。近距离接触戏服，欣赏传统剧目演出，深入其中感受戏曲文化的魅力。

第六章　生活与情趣

阅读指导

传统文化是维系一个民族生存和发展的精神纽带。中国传统文化对中国人的服饰、美食、民居、茶、游戏等生活的方方面面产生深远影响的同时，这些生活的方方面面也成为传统文化的一部分。中国传统文化具有相对的稳定性，天人合一、中正仁和的哲学思想贯穿始终；中国传统文化同时具有多样性，四大菜系各具特色，南北民居各领风骚；中国传统文化又是充满智慧的，品茶、对弈、功夫、蹴鞠皆能悟出人生哲理。

学习目标

知识目标：了解中国古人的衣食住行以及兴趣爱好，熟悉中国传统代表性服饰、美食、民居、游戏，感受其中蕴含的传统文化魅力。

能力目标：通过对古人生活情趣的学习和了解，培养分辨传统文化中精华与糟粕的能力，培养搜集、整理、交流信息的能力，形成自觉学习、主动学习中国传统文化的能力。

素质目标：深刻理解蕴含在日常生活中的中国传统文化精神，培养高雅的生活情趣，提升个人品位；激发热爱传统文化、学习传统文化、继承传统文化的热情。

文化之旅

第一节　东方风韵：服饰

服饰是人类文明的产物，是人类文化的重要载体，反映着人们的生活习俗、审美情趣、宗教信仰、思想文化等。自古华夏民族就有"衣冠王国"之称。《易经》里说："黄帝尧舜垂衣裳而天下治，盖取诸乾坤。"据专家考证，从商代开始，大襟右衽、上襦下裳的服装逐渐定型，到周代出现"深衣"等服饰。汉族古代服饰，主要是以交领、右衽、系带、广袖或窄袖为代表，后来又出现了圆领、直领。每一个时代都有自己的代表性服装，如先秦时期的深衣和胡服、盛唐时期的袍服和襦裙服、清朝时期的马褂和旗袍等。这些服装虽然各有特色，但它们无一不带着民族的印记和中国文化的气息。

一、典雅的唐装与雅致的旗袍

(一) 典雅的唐装

广义的唐装有三种含义：一是指唐代的服装，有齐胸襦裙、圆领袍、交领襦裙等；二是泛指一切中式民族特色服装；三是指代汉服和汉民族服饰。而我们现在通常所说的"唐装"一词源于海外，即"唐人街华人的中式着装"，其实是一种在满清马褂基础上延续与改良的服装。

2001年在上海举行的APEC峰会上，中国作为东道主请前来参会的亚太地区经济体的领导人穿唐装，使得唐装在海内外华人中迅速流行开来，掀起了一股"唐装热"。此"唐装"即在清代满族服饰"马褂"的基础上发展而来的。传统唐装的款式结构有四大特点：一是立领，上衣前中心开口，立式领型；二是连袖，即袖子和衣服整体没有接缝，以平面裁剪为主；三是对襟，也可以是斜襟；四是盘扣，也叫直角扣，扣子由纽结和纽袢两部分组成。从面料来说，唐装主要使用真丝、织锦缎等面料。唐装的图案一

2001年上海APEC会议领导人身着唐装合影

电视剧《橘子红了》剧照

般是以团花纹样为首选。团花纹样的外圈是个圆形，或是呈放射状，或是呈旋转式。内圈可以是花卉（梅、兰、竹、菊等），也可以用动物（龙、凤、喜鹊等），或者是文字（福、禄、寿、喜等）。传统唐装的主色调是红色调、黄色调和绿色调，尤其是红色和黄色最能体现中国的民族特色。唐装的盘扣和滚边的装饰方式是它最醒目的特色，其中模仿动植物的梅花扣、金鱼扣、菊花扣、喜字扣、寿字扣以及盘结成文字的吉字扣都有吉祥的含义，同时也起着画龙点睛的作用，充分表现出了中国服饰的意蕴与内涵。

唐装是我国独有的服饰，渗透着深厚的文化底蕴，包含着民族意识的觉醒和中华民族文化的自我认同。

（二）雅致的旗袍

旗袍，原为清朝满族妇女所穿用的一种服装，两边不开衩，袖长八寸至一尺，衣服边缘绣有彩绿。辛亥革命以后为汉族妇女所接受，并改良为：直领，右斜襟开中，紧腰身、衣长至膝下，两边开衩、袖口收小。

经过多年的发展，改良后的旗袍主要特征为：衣裳连属、适体收腰，充分体现女性优美的曲线，加上精巧的立领、各种造型的斜襟、开衩以及收工精美的盘花扣等，形成完美的组合。旗袍集满汉文化于一身，达到了形式与内容的完美融合。旗袍表达的是含蓄、朦胧、婉约，它适度地强调胸、臀和细腰，以造型的自然简约格调体现服饰的大家品质：典雅、淑秀、端庄，给人以美的感受；旗袍注重精细艺术手法和工艺表达，采用大量的刺绣、图案等丰富

电影《花样年华》中张曼玉身着旗袍的剧照

电影《金陵十三钗》剧照

的装饰手段，表达了丰富的意境；同时旗袍的端庄、大气，较好地体现了中国服饰力求稳重、平静的特点，有助于安宁、融洽和礼让的人际关系，也体现了中国服饰文化以伦理道德自律的精神。

旗袍是中国女性最具代表性的传统服装，可以说是中国女性典型的着装标志。在中国民族服装中，旗袍以其独特的魅力独领风骚，经久不衰。

二、传统服饰图案

中国传统服饰中的图案装饰艺术是服饰文化重要的组成部分，中国传统服饰图案源于图腾崇拜、神话故事和民族历史，以及对自然的敬畏与眷恋。中国传统服饰图案呈现出极为丰富的形式与内涵，作为一种特定的符号类型，非常具有代表性。

传统服饰图案是在中华传统文化的大环境中即在礼乐文化氛围中形成并逐渐强化的。传统服饰图案在服饰上的体现，更多地表达了普通百姓求生存、盼吉祥、避凶邪的美好愿望。中国帝制时代的服饰等级标志是十二章纹。十二章纹由来已久，在舜帝时正式形成。《尚书·益稷》记载了舜帝和大禹的对话："予欲观古人之象，日、月、星辰、山、龙、华虫，作会；宗彝、藻、火、粉米、黼、黻，絺绣，以五采彰施于五色，作服。"因此，十二章纹依次为：日、月、星辰、山、龙、华虫、宗彝、藻、火、粉米、黼、黻。

微课：
传统服饰图案

明黄色八团云龙寿字妆花缎女夹龙袍
（此为清康熙皇帝祖母孝庄太皇太后御用之物，清宫旧藏）

传统服饰图案主要有以下几种类型。一是动物图案：如以龙与凤为代表的权贵型；以麒麟与虎为代表的"佑子"型；以鹤为代表的长寿型；以鱼为代表的富贵型；以鸳鸯、蝴蝶为代表的爱情型。二是植物图案：如牡丹象征荣华富贵；牵牛花象征长久不断，子孙万代；葫芦、石榴象征多子；梅、兰、竹、菊、荷象征清廉高洁；桃花象征好运。三是器物图案：如花瓶、镜、如意、鼎、古钱、祥云、灯笼、升官印、磬。四是人物图案：如仕女、猎人、儿童、孔子、姜太公、佛祖、玉皇大帝、菩萨、八仙、财神、灶神、门神、麻姑、飞天、月下老人。这些类型的图案可以单独使用，也可以组合使用，构成了中国服饰图案丰富多彩的吉祥寓意。

中国传统服饰图案通过借形、借意、借音的方法来表达种种观念。象征，在中国传统服饰图案的艺术形象中具有"点睛"意义。正是因为有了象征，中国传统服饰图案才变得情深意远、韵重味浓，审美价值大为提高。

三、佩玉的传统

玉在中国传统文化里有着不可替代的作用，中国佩玉的传统最早可追溯到新石器时代，佩玉的称谓依据不同时期和用途有全佩、大佩、组佩和杂佩等。

佩玉是礼制的标志，古人用玉饰件来区分身份、地位和等级。《礼记·玉藻》详细记录了各阶层佩玉的规定。《魏书·高祖纪下》记载："八月乙亥，给尚书五等品爵已上朱衣、玉珮、大小组绶。"

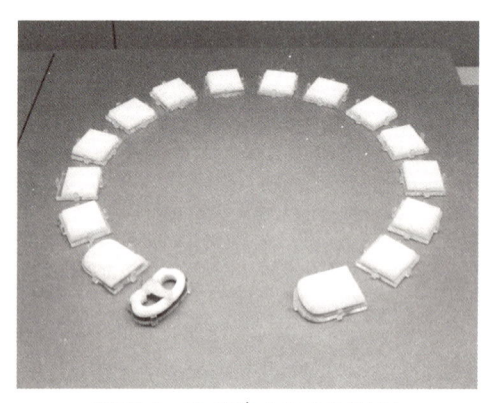

"狮纹白玉"带铐（张宏图拍摄）

佩玉是人格的表征。春秋战国时期儒家认为"君子比德于玉"，主张"君子必佩玉"，有"君子无故玉不去身"的说法。君子佩玉不仅为了装饰，玉温润光洁，还可修德养性。君子应时时警醒自己，使自己的道德修养与品格像玉石一样，外带恭顺，内具坚韧，待人宽，责己严，光华内敛，不彰不显。古人服饰中有两套相同的佩玉，腰的左右各佩一套，每套佩玉都用丝绳系连着。上端是一枚弧形的玉叫珩，珩的两端各悬着一枚半圆形的玉叫璜，中间缀有两片玉，叫琚和瑀，两璜之间悬着一枚玉叫冲牙。如果走快了玉佩就叮咚作响，有失仪态，所以佩玉有节制步伐的作用。君子每日佩玉，以便提醒自己，一言一行都要像玉那样具备美好品质，养心养德。

佩玉是情感的寄托。《诗经》中有大量用玉来寄托情感的篇章，如《诗经·秦风·渭阳》中有"何以赠之，琼瑰玉佩"；《诗经·郑风·女曰鸡鸣》中有"知子之来之，杂佩以赠之。知子之顺之，杂佩以问之。知子之好之，杂佩以报之"；《诗经·卫风·木瓜》又云"投我以木瓜，报之以琼琚""投我以木桃，报之以琼瑶""投我以木李，报之以琼玖"等，可以看出古人很早就以玉佩相赠来表情达意。"佩玉"作为中国传统的一种文化礼仪，对中国人的精神气质和行为规范的影响起到了不可替代的作用。

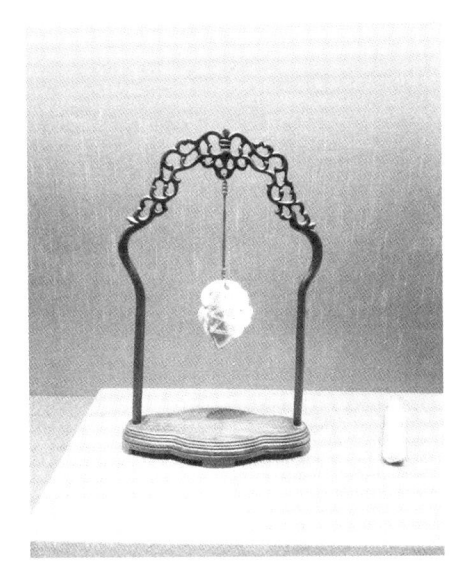

玉挂件（张宏图拍摄）

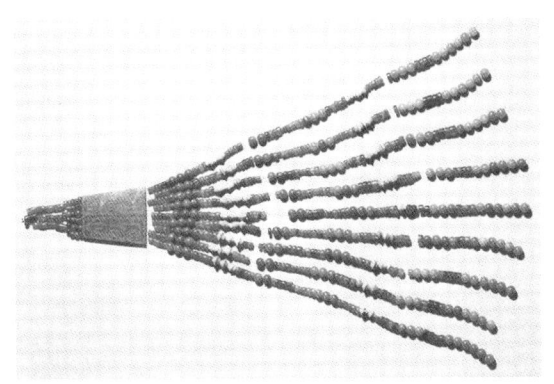

西周玉牌联珠串饰
（1992年曲沃县北赵村晋侯墓地31号墓出土，墓主人为晋献侯夫人。）

玉鱼联珠串饰
（1994年曲沃县北赵村晋侯墓地102号墓出土）

知识链接

中国古代服饰与人物代称

古代的服饰以其鲜明的特性，显示了穿着者的贵贱尊卑或性别职业，因而不同特点的服饰就成了不同社会地位的人的代称，有的甚至沿用至今。

1. 黔首：黔，黑色。黔首，即以黑巾裹头，代指平民，具体而言指从事农业、小手工业、小商业等的平民。《史记·秦始皇本纪》记载，秦始皇二十六年（前221）下诏令谓民为"黔首"，这是秦统一中国后更定名物制度的内容之一。从此，"黔首"一词便伴随着这套封建土地制度和法令在全国范围内施行，进而成为固定称谓。

2. 白丁：古代平民着白衣，所以常以"白丁"称呼平民百姓。刘禹锡《陋室铭》"谈笑有鸿儒，往来无白丁"中的"白丁"可引申为没有学识的人。

3. 白袍：旧指未得功名的士人。唐士子未仕者服白袍，故以为入试士子的代称。唐朝李肇的《唐国史补》卷下中记载："或有朝客讥宋济曰：'近日白袍子何太纷纷？'济曰：'盖由绯袍子、紫袍子纷纷化使然也。'"

4. 布衣：麻布衣服，借指平民。古代平民不能衣锦绣，多穿布衣。汉朝桓宽的《盐铁论·散不足》中记载："古者庶人耋老而后衣丝，其余则麻枲而已，故命曰布衣。"布衣之交，即指贫贱之交。

5. 袍泽："袍"和"泽"都是古代衣服的名称。《诗经·无衣》中有"岂曰无衣？与子同袍""岂曰无衣？与子同泽"之语，在这里用来形容战士们互相友爱、同心同德的品质，因此"袍泽"就成了将士、战友的代名词。

6. 青衿：亦作"青襟"，周代读书人常穿的服装，泛指有学识的人。曹操《短歌行》："青青子衿，悠悠我心。"明清科举时代则专指秀才。

7. 苍头：原指战国时主人战旗下的军队，多以乡党的青年组成，因以青巾裹头，故名。《战国策·魏策一》："今窃闻大王之卒，武力二十余万，苍头二千万。"

8. 黄裳：黄色表示尊贵，穿黄裳意味着臣居尊位，因而黄裳成了对太子的别称。卢照邻《中和乐·歌储宫》："黄裳元吉，邦家以宁。"

9. 黄冠：古代指箬帽之类，蜡祭时戴之。东汉末年，张角创立太平道，信奉黄帝，宣称"苍天已死，黄天当立"，发动农民起义，起义军皆头裹黄巾，首领张角等亦都穿黄衣。这开了后来道士穿黄衣的先风。黄冠是全真道士常用的道冠，全真道士受戒后方可戴之。冠顶两端，各刻一道指甲掐痕。传说全真龙门派长春真人邱处机，西行见过成吉思汗后，成吉思汗赐给邱处机一块金子和一块玉，要邱处机戴在头上。邱处机当即运用道家内功，调动体内二味真火，用手把金子揉成月牙冠，又把玉掐捏成簪子，用指甲掐着戴在头上，惊得成吉思汗目瞪口呆。后来全真弟子为了纪念邱处机，就在黄冠上留下这两道指甲印痕。

10. 缙绅：插笏于绅带间，旧时官宦的装束，亦借指士大夫。张溥《五人墓碑记》："大阉之乱，缙绅而能不易其志者，四海之大，有几人欤？"

11. 簪缨：簪和缨是古时达官贵人的冠饰。杜甫《八哀诗·赠左仆射郑国公严公武》："空余老宾客，身上愧簪缨。"旧时人们把它作为做官者的代称。如：簪缨世族（世代做高官之家）。

12. 青衫：青衫指黑色的单衣，唐代官职低的服色为青黑色。白居易《琵琶行》："座中泣下谁最多？江州司马青衫湿。"后人也常用"司马青衫"形容悲伤凄切。

13. 珠履：缀有明珠的鞋子。《史记·春申君列传》："春申君客三千余人，其上客皆蹑珠履。"因而珠履成了豪门宾客的代称。

14. 巾帼：本是古代妇人头上的头巾或装饰物，借以代表女性，源于《晋书》。当时诸葛亮多次向司马懿挑战，司马懿不予应战，诸葛亮便把妇女的头饰遗下，以此辱笑司马懿。自古以来人们把妇女中的英雄豪杰称为"巾帼英雄"，故代指女性。

15. 青衣：古时地位低下者所穿的服装。婢女亦多穿青衣，后用为婢女的代称。白居易《懒放》诗："青衣报平旦，呼我起盥栉。"

16. 裙钗：用头饰和裙裾泛指古代妇女的服饰，因用为妇女的代称。《红楼梦》第一回："何我堂堂须眉，诚不若彼裙钗哉？"

17. 纨绔：纨绔是古代一种用细绢做成的裤子。古代富贵人家的子弟都穿细绢做的裤子，这很能反映出他们奢侈的特点，因此，人们常用纨绔来形容富家子弟。杜甫《奉赠韦左丞丈二十二韵》："纨绔不饿死，儒冠多误身。"

18. 赭衣：《说文》："赭，赤土也。"以赤土染衣，故曰赭衣，赤褐色。古时囚犯乃服赭衣，因以赭衣代称囚犯。赭衣塞路，比喻犯罪的人很多。

故事链接

唐代服饰

唐王朝在大一统的局面下，南北各民族之间的文化交流日益密切，中外经济文化的交流也空前频繁，唐王朝国力日渐强盛。此时，唐朝社会体现出一种无所畏惧、兼容并蓄的大气。唐朝政治上实行"开明专制"；意识形态上儒、释、道三者并行；文化上则以博大的胸襟广泛吸收外域文化，展现出雄豪壮美的大国风度。与此同时，服饰也展现出前所未有的、丰富多彩的华美形态，形成了个性十足的风格。

唐代服饰形态大致有如下特点。初唐女装比较褊狭，常着胡服、戴胡帽，头饰钗、梳等；盛唐时衣裙渐渐趋向肥大，出现了颇具特点的蝉鬓和倭堕髻；安史之乱后进入中唐时期，短阔的晕眉开始流行，而胡服渐渐不多见；晚唐服饰愈加褒博，首饰也愈加繁缛。男装则融合了胡服褊衣的若干成分而形成了由幞头、缺胯袍、蹀躞带、长鞡靴等所组成的新样式。

胡服骑射

胡服，是指当时胡人日常穿着的服饰，最显著的特征是衣长齐膝，腰部系着带挂钩的皮革腰带，脚蹬短靴。而汉人穿着的服饰衣长及地，袖子宽大。

战国时赵武灵王即位的时候，赵国正处在国势衰落时期。赵国在地理位置上，东北同东胡相接，北边与匈奴为邻，西北与林胡、楼烦为邻。这些部落都是以游牧为生，长于骑马射箭，他们常以骑兵进犯赵国边境，就连中山那样的邻界小国也经常来侵扰。

公元前307年，为抵抗边境胡人的侵扰，赵武灵王决心取胡人之长补中原之短，采取军事改革措施，学习西北方游牧和半游牧民族的服饰，学习骑马射箭，史称"胡服骑射"。

他的做法首先遭到以他叔叔公子成为首的一些人的反对。赵武灵王为了说服公子成，亲自到公子成家做工作，他用大量的事例说明穿胡服的好处，终于使公子成同意了这件事，并表示愿意带头穿上胡服。赵武灵王趁热打铁为其做了一身崭新的窄袖交领右衽的胡服，公子成于是就穿着胡服去上朝了。公子成的工作做通之后，仍有一些贵族和大臣极力反对。他们指责赵武灵王说："衣服习俗，古之理法，变更古法，是一种罪过。"赵武灵王驳斥他们说："古今不同俗，有什么古法？帝王都不是承袭的，有什么礼可循？夏、商、周三代都是根据时代的不同而制定法规，根据不同的情况而制定礼仪。制定礼制、法令都要因地制宜，衣服、器械只要使用方便，就不必死守古代那一套。"赵武灵王力排众议，在大臣肥义等人的支持下，下令在全国改穿胡人的服装，因为胡服在日常生活中做事也很方便，所以很快得到人民的拥护。于是窄袖、交领、右衽的服装就在赵国上下推行开来。

赵武灵王第二件向胡人学习的事，就是骑马射箭。不到一年工夫，赵国大队的骑兵就训练成了。就在行胡服的次年，赵国就向侵略赵国已久的中山国发动了进攻，一直打到宁葭（今河北省石家庄市西北）。赵武灵王又西攻胡地，到达榆中（今内蒙古自治区河套东北岸地区），"辟地千里"，林胡王向赵国贡献良马以求和。赵武灵王让赵固专管所占领的胡地，并向内地提供骑兵。

赵武灵王二十一年（前305），赵国分三路大军进攻中山国，夺取了中山国许多城池。中山王献四邑请和，赵军才停止攻击。赵武灵王决心要灭掉中山，其后再攻中山，到赵惠王三年（公元前296年），终于灭掉了中山国。

赵国在加紧进攻中山的同时，还向北方的匈奴侵略者出击，"攘地北至燕、代"，向西边林胡、楼烦用兵，到达云中。

经过"胡服骑射"改革的赵国，成为当时除秦国外，国力最强的国家。

第二节　舌尖诱惑：美食

"民以食为天"，饮食是人们必不可少的日常生活。从小孩满月时的满月酒，到结婚时的婚宴，再到老人生日时的寿宴，"吃"这件事情被赋予了诸多社会功能，贯穿在社会生活的各个层面。

袁枚说："凡事不宜苟且，而于饮食尤甚。"食材稳定而丰富的农耕生活，使中国人热衷于美食，把烹饪做到了极致，于是便出现了众多技艺高超的烹饪大师和以八大菜系为代表的众多烹饪流派。中国人的饮食无论是在菜肴种类、烹饪技法还是进食习俗方面，内容都非常丰富。饮食文化也成为中国传统文化中重要的组成部分，影响深远。

一、风味各异的地方菜

中国幅员辽阔，不同地区由于自然环境、风俗民情的差异，在长期发展过程中逐渐形成了各具特色的地方菜。这些不同的菜肴系列和风味流派，称为菜系。中国的菜系众多，有四大菜系、八大菜系、十二大菜系等说法。其中世所公认，影响较大的是四大菜系，即鲁菜、川菜、粤菜和苏菜。

九转大肠

鲁菜即山东菜，历史悠久，是北方菜的代表，对其他菜系有较大影响。鲁菜主要由济南菜和胶东菜构成。胶东菜善于烹制海鲜，风味绝佳。济南菜则精于制汤，所制清汤色清而鲜，奶汤色白而醇。鲁菜用料广泛，口味以咸鲜脆嫩为主要特色，烹调技法以爆、炒、烧、熘、扒等见长。鲁菜还常用葱和面酱来进行调味，或以葱配菜，或以葱炝锅。其名菜有：葱烧海参、九转大肠、奶汤蒲菜、扒原壳鲍鱼、芙蓉干贝等，北京烤鸭也源于鲁菜。

麻婆豆腐

川菜即四川菜，以风味独特、注重麻辣闻名。川菜以"味多、味美、味厚"为特色，善用辣椒、花椒、豆瓣酱、陈皮等多种调料，调味多样，富于变化，享有"一菜一格，百菜百味"的美誉。川菜的烹饪技法以煎、炒、熏、干煸、干烧等见长。川菜选料丰富，菜品众多，既有清鲜味重的名贵菜肴，如清蒸江团，还有适合大众的鱼香肉丝、麻婆豆腐、回锅肉等家常风味。

微课：
风味各异的
地方菜

香芋扣肉

粤菜即广东菜,由广州菜、潮州菜和东江菜发展而成。粤菜选料广博,讲究新鲜新奇。粤菜注重时令,夏秋清淡,冬春浓郁。粤菜善于吸收其他菜系之长,近代以来更融合西洋技法,使之独具特色,影响较大。烹制粤菜常用煎、炒、扒、焗、煲等方法。粤菜还多用柠檬汁、蚝油、鱼露、黄油、沙茶酱等调味品,在口味上别具一格。其名菜有:东江盐焗鸡、脆皮烤乳猪、香芋扣肉等。

松鼠鳜鱼

苏菜即江苏菜,由淮扬(扬州、镇江、淮安)菜、金陵(南京)菜、苏锡(苏州、无锡)菜和徐海(徐州、连云港)菜组成。其中尤以淮扬菜最为知名,是中国国宴中的主要菜系。苏菜选料严谨,讲究鲜活,口味清鲜平和,南北皆宜。苏菜的烹饪技法主要以煮、蒸、炒、熘为主,擅长炖、焖、煨、焐,注重火候,讲究原汁原味。苏菜刀工精细,制作考究,造型优美,注重配色。其名菜有:松鼠鳜鱼、碧螺虾仁、蟹粉狮子头、水晶肴肉等。

二、充满故事的菜名

中国菜的菜名大多取自烹制的方法和原料,如糖醋里脊、鲢鱼豆腐。除此以外,还有一些菜名,或雅或俗,各异其趣。有的以形入名,如绣球干贝,因其色彩绚丽、形似绣球而得名。又如芙蓉鸡片,因其色泽洁白,犹如芙蓉而得名。有的以地为名,如北京烤鸭、文昌鸡。还有的菜名则寓意美好,表达祝愿,如四喜丸子、母子相会、全家福。别致高雅的菜名,不仅展示了菜肴的特点,而且给人以美的享受。

中国的菜肴还以诗文、典故来命名，其中就包含着生动的传说、故事，为菜肴增添了丰富的文化意味。如麻婆豆腐、东坡肉、宫保鸡丁。

八仙过海闹罗汉

"八仙过海闹罗汉"是山东曲阜孔府菜中的一道名菜，菜名取自古代"八仙"的故事。相传八仙游至东海，兴之所至，大家提议各人不乘舟船，而用各自的法力渡海登岛，于是八仙各显神通，渡海而去。人们将这道菜的八种材料（鱼翅、海参、鲍鱼、鱼骨、鱼肚、虾、芦笋、火腿）比作八仙，另将剁碎成末的鸡脯肉抹在碗底作罗汉钱状，喻为罗汉，再将制成的罗汉鸡放入正中，最后浇上浓汤，便成了这道名菜。

三、高超的制作技艺

孔子曾说："食不厌精，脍不厌细。"中国人对美食的孜孜追求不断地推动着烹饪技艺的发展。早在原始社会时期，中国古代先民们已经开始"蒸谷为饭，烹谷为粥"。《周礼》中记载的佳肴"八珍"便使用了熬、烧、烤、煎等多种制作方法。南北朝时期，"炒"的发明标志着烹饪技艺的又一次飞跃。"炒"又可以细分为爆炒、小炒、干炒、清炒、抓炒、熬炒、老炒等方式。其他如焖、烩等都是在这一技法基础上衍生而来。北魏贾思勰所著的《齐民要术》是一部伟大的农学经典，其中用大量篇幅记载了当时的几种烹饪方法：如脯腊法、羹臛法、炙法，以及制饼法、制酱法，具体完备。中国的烹饪手法发展到现在已有数十种之多。

嘉峪关魏晋墓画像砖

中国的烹饪讲究"色、香、味、形",核心是"味"。从先秦时期起,人们已开始注重调和"酸、甜、苦、辣、咸"五味。依据调味的原则,人们选配原料、使用调料、把握火候,以此来增加食物的美味。以"味"著称的川菜,擅长通过各种调料制成复合味,发展出鱼香、麻辣、陈皮、怪味、椒盐、椒麻、蒜泥等多种口味。中国的烹饪还重视"色""形"。宋代林洪的《山家清供》中所列的一种冷面"槐叶冷淘",即"取其碧鲜可爱也"。在保持原料的新鲜原色外,中国的美食烹饪还用不同的方法使菜肴色彩均匀、相映成趣。如用不同原色的配料搭配主料,或者用糖浆、红曲等上色。清代袁枚在《随园食单》中说:"或净若秋云,或艳如琥珀,其芬芳之气亦扑鼻而来,不必齿决之,舌尝之,而后知其妙也。"中国菜的制作工艺精湛,能以拼摆、捏塑、刀刻等方法,在菜肴上刻字雕花、描龙画凤,创制出精美别致的造型,令食者赏心悦目,观之不忍下箸。不仅是菜肴的制作,在米面的制作上亦如是,所以一家餐厅或一个单位的食堂往往红案、白案分设,各显神通。

精美的食雕

四、餐桌上的讲究

饮食是中国人表达文化心理的重要载体。中国的饮食文化博大精深,不仅为我们展现了一个"舌尖上的中国",还展示了一个"餐桌上的中国"。

汤 圆

中国人讲究饮食,认为美食代表着特殊的含义。在传统的节日里吃特定的美食是延续至今的传统。除夕夜北方人吃饺子,意为新旧更替,而南方人吃年糕,意为节节高升，有的地方则在餐桌上摆上鱼，象征年年有余。还有元宵节吃汤圆，端午节吃粽子，中秋节吃月饼，等等，人们以这样的方式来纪念先贤、祈福祝愿。

清·樊沂《宴饮流觞图》(局部)

《礼记》："夫礼之初，始诸饮食。"可见，中国古代从较早时期就非常重视饮食礼仪。周代时，已形成严密的饮食礼仪制度，对菜肴的摆放位置、入席的座次顺序、进食的规范仪态等都有明确的规定。如：吃饭前要清洁手；咀嚼的时候不要发出很大的声音；不要当众剔牙；不要在席间扔骨头给狗；不在吃饭时唉声叹气。古代，在朝廷举办的官方宴会中，礼仪规定更为严格，甚至专门派值勤官员巡查，违反礼制者要受到惩罚。

中国饮食礼仪中还包含一些相关禁忌。如对筷子的使用：不能将筷子颠倒使用；不能用筷子敲击桌碗；不要将筷子竖着插在碗内；不能用一根筷子插取食物；不能拿着筷子在餐桌上四处游移。古代的一些饮食礼仪因其体现了中国人尊长敬老、团圆美满的精神，至今仍为人们所遵守。

知识链接

袁枚与《随园食单》

袁枚（1716年—1797年），字子才，号随园老人，浙江钱塘人，清代著名文学家、美食家。他注重生活情趣，爱好烹饪和饮食，每当遇到美味佳肴，便要让家中的厨师去学习它的制作方法。经过多年累积，袁枚把自己的生活经验和理论所得写成《随园食单》。《随园食单》是我国一部重要的饮食著作，在饮食文化史上具有很大影响。全书内容丰富，包含须知单、戒单、海鲜单、江鲜单、特牲单、杂牲单、羽族单、水族有鳞单、水族无鳞单、杂素菜单、小菜单、点心单、饭粥单和茶酒单十四个方面，具体记述了清代乾隆嘉庆时期的烹饪技

袁枚塑像

术、326种南北菜肴饭点，也介绍了各类茶和酒等。此外，该书还记载了作者在烹饪原则等方面的理论。自成书以来，就被奉为厨者的经典。

倪瓒与《云林堂饮食制度集》

倪瓒，字泰宇，别字元镇，号云林子、荆蛮民等，江苏无锡人，是元代的著名画家，"元四家"之一。倪瓒家中豪富，性高洁，后隐居于太湖一带。其不仅工于绘画，且酷嗜美食，著有《云林堂饮食制度集》。

《云林堂饮食制度集》因倪瓒家中的"云林堂"而得名。书中记载了50余种饮食的原料、配材和制作方法等，均以菜品为题，逐条记述。所录烹调技法独特，至今多有传承，不少菜肴如"烧鹅"等历来为后世称道。书内所载菜肴丰富，多涉及鱼、虾、蟹等水产品，汇聚了当时江南地区的特色饮食，是一部有代表性的文人菜谱集。

故事链接

佛跳墙的来历

佛跳墙，是闽菜（福建菜）中的一道名菜，享誉海内外。其用料考究名贵，多用鱼翅、鲍鱼、海参、鱼唇、蹄筋、鸽蛋等山珍海味烹制而成，香味浓郁、肉质鲜美、汤汁醇厚。

据传，清朝光绪年间，福州官银局的一位官员在家中宴请福建布政使周莲。席间，有一道菜是将鸡肉、鸭肉、羊肉、火腿等多种原料加工后，置于绍兴酒坛中煨制而成的。周莲食后觉得味美异常，难以忘怀，回来便要求家中厨师郑春发仿制此菜，几经试验，终不得其味。于是，周莲就亲自带郑春发前去参观求教。郑春发回去后，精心研究，增加了数种山珍海味，终于成功，并且在口味上比官银局的更胜一筹。后来，郑春发辞去职务，自立门户，开设了聚春园菜馆。他继续对这道菜加以改进，添加多种原料及陈酒、桂皮、茴香等配料，将食材放入陶罐瓦坛中煨制，名为"福寿全"。其味鲜美绝伦，声名大噪。一天，几个秀才慕名前来品尝，坛盖开启，满室飘香。吃过后秀才们更是赞不绝口，并吟诗一首，云："坛启荤香飘四邻，佛闻弃禅跳墙来。"因词句生动，引人遐想，此菜即改称为"佛跳墙"。

佛跳墙

第三节 深巷"陋室"：民居

中国历史悠久，疆域辽阔，民族众多。由于环境、气候等自然条件及生活习俗、宗教信仰等人文环境的差异，中国传统民居在长期发展过程中，形成种类繁多、形式复杂的特点。人们通常因地制宜，就地取材，选址讲究，注重环境风水，使民居外观朴素，内藏玄机，具有鲜明的地域特色。比较有代表性的有北京四合院、江南水乡民居、西北黄土高坡窑洞、客家土楼等。

一、堪舆之学

何谓堪舆？《淮南子》中有"堪，天道也；舆，地道也"之说。堪即天，舆即地，堪舆之学即天地之学。堪天道，就是勘察天空日月星辰的方位与运动的天文情况，其基本内容涉及天象、气候变化规律及其"天人感应"的征兆。舆地道，就是勘察地面的自然环境情况，内容涉及地形地貌、山川河流的基本走向及其征兆。汉代史学家司马迁在《史记》中将堪舆家与五行家并行，本有仰观天象，并俯察山川水利之意。早期的堪舆之学主要关乎宫殿、住宅、村落、墓地的选址、朝向、建设的方法及原则，是关于选择地址的一门学问。作为中国传统文化的一个组成部分，堪舆之学自产生至今未曾中断过，它起源于人类早期的择地定居，形成于汉晋之际，成熟于唐宋元，明清时臻于完善。堪舆之学是中国古人长期实践经验的总结。《易经》是堪舆之学的基础，堪舆之学讲究阴阳平衡，讲究五行八卦。堪舆之学的核心思想是人与大自然的和谐，天地人合一是堪舆之学的最高原则。罗盘是立极与定向的测量宝器。我国现存最早的关于住宅堪舆之学的书是《黄帝宅经》。该书认为住宅是阴阳之枢纽，强调修建住宅前要先选择好方位、方向，以求阴阳相得。该书相传为黄帝所作，讲述了人与住宅的和谐，人与天地的和谐，人与自然的和谐，人与宇宙的和谐，强调"宅以形势为身体，以泉水为血脉，以土地为皮肉，以草木为毛发，以舍屋为衣服，以门户为冠带，若得如斯，是事严雅，乃为上吉"。在紫禁城营建的时候，本来没有金水河和万岁山（后改名为景山），设计者基于风水格局的考虑，营造了一个"背山面水"的格局。

二、院落民居：四合院

中国的汉族民居主要有两种，即北方的院落民居和南方的天井民居。北方院落民居以北京四合院水平最高，是中国传统民居的优秀代表，蕴含着深刻的文化内涵。

四合院最早发端于西周，盛于唐代，宋元之际完善，明时风行于大江南北，精于清朝。四合院又称四合房，"四"指东、西、南、北四个方向，"合"即四面房屋围在一起，形成一个"口"字形的结构，其格局为一个院子四面建有房屋，通常由正房、东西厢房和倒座房组成，从四面将庭院合围在中间，故名四合院。

自元代正式建都北京、元朝大规模规划建设都城开始，四合院就与北京的宫殿、衙署、街区、坊巷和胡同同时出现了。北京四合院的营建从择地、定位到确定每幢建筑的具体尺度，都运用到了勘舆之学。标准的四合院是坐北朝南，呈南北长、东西短的矩形院落，北房（正房）、南房（倒座房）和东、西厢房分居四面，而大门则开在宅院的东南角，这就是八卦方位中常说的"坎宅巽门"，寄予了人们期盼出入顺利平安的美好愿望。从地理上讲，北京地势西北高，东南低，把门开在东南，方便下雨后排掉四合院内的积水；从环境上讲，我国北方会受到来自西伯利亚寒流影响，将门开在东南角，能避免寒风灌入，保暖效果更好，居住起来更为舒适。房间总数一般是北房3正2耳共5间，东、西房各3间，南屋不算大门4间，连大门洞、垂花门共17间。如以每间11平方米～12平方米计算，全部面积约200平方米。

北京四合院强调对称的平面布局，对外封闭，对内开敞，中间设有多个庭院，这既保证了家庭与外部世界的某种隔绝，保证了生活的宁静与私密，又满足了中国人特别乐于亲近自然，希望在家中看到天、地、花草、树木的需要。全宅分为内外院，中间以垂花门隔绝，外宾、仆役不得随意入内院，内眷不轻易到外院，反映出严格的内外有别、尊卑有序的宗法思想。

北京四合院的雕饰、彩绘常以蝙蝠、寿字组成图案，寓意"福寿双全"，以花瓶内安插月季花的图案寓意"四季平安"，而嵌于门簪、门头上的吉辞祥语，附在檐柱上的抱柱楹联，以及悬挂在室内的书画佳作，处处体现着民俗民风和传统文化，表现了人们对幸福、美好、富裕、吉祥的追求。中间院落一般种植海棠树，列石榴盆景，以大缸养金鱼，寓意吉利。

北京鲁迅故居
（位于阜成门内宫门口，三开间小四合院）

三、私家园林：苏州园林

中国园林在其发展过程中，形成了包括皇家园林和私家园林在内的两大系列，前者集中在北京一带，后者则以苏州为代表。由于政治、经济、文化地位和自然、地理条件的差异，两者在规模、布局、体量、风格、色彩等方面有明显差别：皇家园林以宏大、严整、堂皇、浓丽称胜，而苏州园林以其古、秀、精、雅、多而享有"江南园林甲天下，苏州园林甲江南"之美誉。苏州园林蕴含着浓厚的中国传统文化内涵。

苏州园林始于春秋时期吴国建都姑苏时，形成于五代，成熟于宋代，兴旺鼎盛于明清。到清末苏州已有各色园林170多处，现保存完整的有60多处，主要有始建于宋代的沧浪亭、网师园，元代的狮子林，明代的拙政园、艺圃、留园，清代的耦园、怡园、曲园、听枫园等。其中，拙政园、留园、网师园、环秀山庄、沧浪亭、狮子林、艺圃、耦园、退思园已被列入"世界文化与自然遗产名录"。其中，沧浪亭、狮子林、拙政园和留园被称为"苏州四大名园"。

苏州园林是城市中充满自然意趣的"城市山林"，"虽由人作，宛自天开""巧于因借，精在体宜"，充分体现了"天人合一"的思想，仿佛将天地吞纳于园林之内。设计者在设计构筑中因地制宜，采用借景、对景、分景、隔景等种种手法来组织空间，使园林呈现出曲折多变、小中见大、虚实相间的景观效果。建造者通过叠山理水，栽植花

沧浪亭

狮子林

微课：
苏州园林

拙政园

留园

木，配置园林建筑，使苏州园林成为了充满诗情画意的文人写意山水园林，使身居闹市的园林主人可以"不出城郭而获山林之怡，身居闹市而有林泉之乐"。

四、江南水乡：周庄

江南，大体上是指环太湖流域的苏南、上海、浙北地区。江南地区气候温和，季节分明，雨量充沛，河道纵横，物产丰富，形成了不同于北方的"小桥、流水、人家"的江南水乡风韵。典型的江南水乡民居常常临水而建，"贴水成街""就水成市"，形成"前街后河"的居住模式。房屋以粉墙黛瓦、木架结构为其突出特色，建筑风格古朴自然。典型的江南水乡有江苏苏州的周庄、同里、甪直、木渎，浙江嘉兴的西塘、乌镇，浙江湖州的南浔，上海的朱家角等。

周庄古镇位于苏州城东南，昆山的西南处，春秋时期谓"摇城"，隋唐时称贞丰里，宋元祐元年（1086年）改名为周庄。周庄古镇四面环水，河道密布，民居依河筑屋，依水成街，井字型河道上横跨14座建于元、明、清代的古桥梁，800多户原住民枕河而居，60%以上的民居依旧保存着明清时期的建筑风貌。吴侬软语，阿婆茶香，橹声欸乃，昆曲悠远，构成了一幅典型的江南水乡风貌图。吴冠中曾撰文称"黄山集中国山川之美，周庄集中国水乡之美"，海外报刊称周庄为"中国第一水乡"。

周庄最为著名的景点有富安桥、双桥、沈厅。富安桥是江南仅存的立体形桥楼合璧建筑；双桥则由两桥相连为一体，造型独特；石桥牢固而又质朴，建于明代，由一座石

富安桥

双　桥

沈　厅

拱桥和一座石梁桥组成，横跨于南北市河和银子浜两条小河上。桥面一横一竖，桥洞一圆一方，错落有致，宛如一把大锁将两条小河紧紧地锁住。沈厅为清式院宅，整体结构严整，局部风格各异；此外还有澄虚道院、全福讲寺等宗教场所。

知识链接

紫禁城

紫禁城

中国建筑的特征，在宫殿建筑中体现得最为突出。紫禁城（故宫）的木结构古建筑是中国现存最大、最完整的宫殿建筑群。紫禁城建成于1420年，是在拆除的元宫的基础上建成的。全宫有一条从南至北的中轴线。这条中轴又在北京城的中轴线上，从南头的宫殿区起点大明门算起，穿过皇城、宫城，至景山，全长约2500米。中轴线的序列处理头等重要，轴线两侧的建筑布局也很重要。中轴线两侧的布局大致对称。故宫严格地按《周礼·考工记》中"左祖右社"的帝都营建原则建造。"左祖右社"中，"祖"指太庙，祭祀皇族祖先；"社"指社稷坛，祭祀以农立国的国土之神"社"和五谷之神"稷"。这鲜明体现了族权和神权对皇权的衬托。

西方建筑的出发点是面，完成的是团块装的体，具有强烈的体积感。中国建筑的出发点是线，完成的是铺开成面的建筑群。中国的建筑群就是一幅"画"。就像中国画中任何一条单独的线，离开了全画，就毫无意义一样，中国建筑的建筑单体一旦离开了群，它的存在也就失去了根据。太和殿只有在紫禁城庄严的氛围中才有价值，祈年殿只有在松柏苍翠的天坛中才有生命。

故事链接

张大千兄弟寄情网师园

网师园夏景

1932年淞沪抗战后，张善孖、张大千兄弟借寓于苏州网师园，张善孖养幼虎一只，取名"虎儿"，常以虎姿入画。抗日战争时期，张善孖画了许多老虎，分赠给前线的抗战将士，鼓励他们勇敢杀敌。八·一三事变后，日军进犯上海，他用白布绘了巨幅国画《怒吼吧中国》，画了28只老虎（象征全国28个行政省）正在追逐扑吞落日（代表日本军国主义），反映了中国人民反侵略的决心。他义卖书画，募款抗日，并到欧洲、美国等地举办展览，深得世界上爱好和平的人士的好评。人们敬称他是"一代爱国画家"。

一次，江南名士杨云史特地造访，正巧张善孖对虎挥毫。杨云史见虎儿一待呼唤，便唯命是从，或蹲或跳，或步或趋，由主人随意指挥。杨惊叹不已，大笑出声，虎儿闻得笑声，突然一啸，室内梁上尘埃散落，杨受惊成疾。善孖因虎儿惊客，所以在它头上轻轻击了几下，呵斥数声。岂料虎儿竟通灵任性，认为主人当众羞辱了它，从此三日不饮食，日夜发出呜呜哀泣之声。这可急坏了张氏昆仲。有人告之：送往木渎灵岩寺高僧印光法师处点化它。于是张氏昆仲急急赶到印光法师处，求高僧收虎儿为徒。印光法师从未收过兽类为徒，觉得不好办，又碍于张氏昆仲的面子，便婉转地说："只要你们能把老虎送上山来，我便剃度它。"

张氏昆仲回到网师园立即找来三辆黄包车。车夫见只有两人，便问："还有一人呢？"张善孖说："虎儿马上就到。"话音刚落，仆人已抱着虎儿走出大门。车夫一见大吃一惊，你推我让，谁也不肯拉虎儿。张大千许以数倍车钱，车夫也情愿不做生意，生怕把小命送到老虎嘴里。推来推去，最后第三个到网师园的车夫自认倒霉，咬咬牙答应下来。但提出要求，让老虎屁股坐在脚踏上，头朝后望，爪子放在靠背上。一路上车夫提心吊胆，哆哆嗦嗦，到达灵岩山下，浑身衣服已被虚汗浸透。

张氏昆仲终于把虎儿送上灵岩山。印光法师无奈之下只得收虎儿为徒。说也奇怪，虎儿一见印光，虎目中两行热泪夺眶而出，昂首哀鸣。印光法师既哀且怜，为它摩顶作祈祷，剃度为僧，取了法名。谁知不到几天，这头惹人喜爱的虎儿，就此夭折。善孖痛惜不已，将其葬于园中假山下，还为之郁郁寡欢了一段时间。

1982年，张大千先生怀念网师园旧居，缅怀1940年殁于重庆的仲兄张善孖，寄情虎儿，于是题写了一纸墓铭，上书"先仲兄所豢虎儿之墓"，自台湾辗转遥寄苏州。1986年，苏州市园林管理局按此书镌刻了墓碑立于网师园殿春簃院内。

第四节　淡雅甘醇：茶

开门七件事：柴、米、油、盐、酱、醋、茶。茶在中国人的生活中占有重要位置。中国人饮茶历史悠久，最早可追溯到神农氏，在魏晋南北朝时期饮茶习俗已被主流文化认同、接受，到唐宋时期饮茶已蔚然成风，茶经历了药用、食用，直至成为人们喜爱的饮料。

一、茶的妙处

在中国，茶以实用为基本价值，在此基础上深入到世人的精神领域，体现了人们的精神追求和审美情趣，茶的妙处也正始于此。一方面，茶的生物效应给人以愉悦的感觉；另一方面，茶文化表现出的精神文化现象，激发着人们对真善美的追求，提升着饮茶人的人品修养。

茶，原产于西南云贵高原的原始森林，在被人工开发后逐渐移栽到山地、丘陵。茶从生长到被采摘炒制再到冲泡，经历诸多工序，味道不但没有消减，反而更加浓郁，从而形成了自身独特的茶性。茶性平和谦让，使人冷静，提神醒脑；茶性之静，引人在喧嚣中回归自然，品鉴生活中的美好；茶性之清，使人超脱世俗的羁绊，保持内心的纯净和善良；茶性之韧，使人在坎坷的人生磨难中更显顽强的生命力。苏轼在《叶嘉传》中称"风味恬淡、清白可爱……容貌如铁、资质刚劲"，茶高洁的品性与中国传统文人追求的君子品格相契合，因此备受推崇。宋徽宗赵佶在《大观茶论》中说茶可使"天下之士，励志清白"。烹茶品茗是一个调节精神和修养自我的过程，是荡涤净化灵魂的过程。陆羽在《茶经》中强调，饮茶者须是精行俭德之人，他把饮茶看作养廉、励志、雅节的手段。

二、品茶之道

品茶之道是以儒释道为主基调的传统文化的体现，是烹茶、饮茶的艺术，讲究形式与精神的统一。品茶，不仅在于品评、感受茶本身的滋味，还在于体验茶带给我们的生活情趣。

微课：
品茶之道

古人有"天下名山，必产灵草，江南地暖，故独宜茶"之说。早在唐代，太湖周围的著名风景区就盛产名茶，阳羡茶、顾渚紫笋更是闻名天下。西湖龙井、安溪铁观音、洞庭碧螺春、黄山毛峰、武夷岩茶、祁门红茶、君山银针、信阳毛尖、太平猴魁、庐山云雾等名茶也皆与青山为伴，得天地之精华，可谓名山秀水孕名茶。好茶，需采摘得时，制作得法。

品茶之人历来讲究泡茶用水，明代许次纾《茶疏》中写道："精茗蕴香，借水而发，无水不可与论茶也。"水的好坏对茶的滋味影响甚大，好茶须有好水相配，所谓"龙井茶，虎跑水""扬子江心水，蒙山顶上茶"。历代茶人也热衷于对烹茶用水进行评定，陆羽在《茶经》中就提出"其水，用山水上、江水中、井水下"之说。历代茶人对水的鉴别一直十分重视，以致出现了许多鉴别水品的专门著述。最著名的有唐人张又新《煎茶水记》。张又新在《煎茶水记》中记载了两份评水单，一份是品水专家、曾任刑部侍郎的刘伯刍所评定的；另一份是陆羽将天下名水列出前二十等次的名录。两份评水单除了对无锡惠山寺石泉水认定为天下第二泉一致外，其余的排序都相差悬殊，可见前人评水主要依靠的还是个人主观经验，但从中也可看出宜茶之水的主要特点，那就是源清、水甘、品活。

好茶配好水还不够，佳茗还需配美器。品茶之人在品饮的过程中讲究茶的色、香、味、形，因而需要有能充分发挥各类茶叶特质的器具。中国的茶具有陶器（含紫砂器）、瓷器、金属、竹木、玻璃等种类，不同质地的茶具适合不同的茶类，反映不同时代的饮茶方式和审美情趣，蕴藏着不同的文化内涵。唐代之前还未有专门的茶具。到了唐代，随着饮茶习俗的普及，茶具得到了很大的发展。陆羽系统地记述了唐代煎茶用的茶器，共计二十四式。唐代茶碗厚重古朴，崇尚越窑瓷器，釉色青，造型佳。宋代流行点茶法，主要是用汤瓶煎水，在茶盏中点茶，黑釉盏最受欢迎，与茶汤上面鲜白色的光泽相映成趣。明以后散茶大兴，多采用冲泡法，茶具朝简而精的方向发展。瓷器的制作水平发展到一个新高度后，壶具造型、釉色、窑品等更为讲究。同时，用散茶壶泡茶的流行也使紫砂壶备受推崇。紫砂壶造型精美、色泽古朴，集造型、诗词、书法、绘画、篆刻、雕塑为一体，兼具观赏和实用价值。清代京师盖碗茶的风行带动了盖碗茶具的发展，盖碗是一种上有盖、下有托、中有碗的茶具。盖碗又称"三才碗""三才杯"，盖为天、托为地、碗为人，暗含天地人和之意。

中华国宝"供春树瘿壶"，现藏中国国家博物馆

中国人把品茶视为一种艺术，注重品饮环境，不同的饮茶方法要和环境、地点

相协调，还要讲究人品、事体。茶僧皎然认为品茶是雅人韵情，宜伴琴韵花香。品饮环境一是主张契合自然、清幽雅洁的自然环境，茶与山水、天地、宇宙交融，文人雅士，松风明月，临溪品茗，吟诗作赋；二是僧寮道院、亭台楼阁、画舫水榭、书房客厅等幽居雅室；三是专门用来进行茶事活动的茶室。茶室室内往往有挂画、插花、盆景、古玩、文房清供等，茶室的庭院往往青松翠竹环绕，与室内环境相映成辉、相得益彰。

明·文徵明《惠山茶会图》卷，现藏于北京故宫博物院

三、茶馆

茶馆，又叫"茶肆""茶坊""茶楼""茶园""茶室"等，虽名称各异，但大体都是指市井中供人饮茶之场所。

中国古代茶馆的发展大致经历了唐、宋、明、清四个发展阶段。唐代出现了最初的茶肆，《封氏闻见记》卷六有"自邹、齐、沧、棣，渐至京邑，城市多开店铺，煎茶卖之"的记载。唐代的茶肆多与旅店、饭店相结合，未完全独立，但也初具规模。宋代商业经济繁荣，市井文化兴起，茶肆、茶坊有了充分的发展并开始独立经营，汴京茶肆、茶坊一片兴旺，其他各大小城镇也几乎都有茶肆。茶肆提供的服务亦日益多样化，各样娱乐活动应运而生，并且出现了适合各种消费群体的特色茶肆。茶肆中出现了熟悉烹茶技艺的"茶博士"，大的茶肆讲究文化装饰，营造品饮环境。《梦粱录》记载当时杭州茶肆"插四时花，挂名人画，装点门面"。明代茶馆更为普遍，较宋代茶馆更为雅致，茶馆饮茶已开始讲究水、茶、器等，"茶馆"一词也正式出现在明代。在张岱《陶庵梦忆》中有"崇祯癸酉，有好事者开茶馆"，此后，茶馆即成为通称。清代则是茶馆最鼎盛的时期，茶馆形式多样，功能丰富，并且出现了一所皇家茶馆，即乾隆皇帝在圆明园兴建的同乐园茶馆，取"与民同乐"之意，亦可见民间饮茶之风颇为盛行。所谓"太平父老清闲惯，多在酒楼茶社中"。吴敬梓《儒林外史》第二十四回记载："大街小巷，合共起来，大小酒楼有六七百座，茶社有一千余处。"茶社比酒楼还多。

中国茶馆的发展与区域文化发展密切相关，各地茶馆不可避免地烙上区域文化的烙印。历史悠久、内涵丰富的京派文化孕育了品种丰富、功能各异的北京茶馆：有以卖茶为主的"清茶馆";有饮茶与听书相结合的"书茶馆";有在郊外荒村中的"野茶馆";有集饮食、饮茶、社会交往、娱乐为一体的"大茶馆"等。绵长久远、神秘灿烂的巴蜀文化造就了四川茶馆集政治、经济、文化功能为一体的特点,并有"四川茶馆甲天下,成都茶馆甲四川"的美誉。正宗川茶馆应是紫铜茶壶、锡杯托、景瓷盖碗、圆沱茶、好么师(茶博士)样样精。

知识链接

陆羽与《茶经》

陆羽(733年—804年),字鸿渐,自号桑苎翁,又号东冈子,复州竟陵(今湖北省天门市)人,唐代著名的茶学专家,被誉为"茶仙"、尊为"茶圣"、祀为"茶神"。陆羽一生嗜茶,精于茶道,著有中国第一部茶学专著《茶经》,对中国和世界的茶艺发展作出了卓越贡献。

《茶经》共十章,七千余言,分为上、中、下三卷。十章目次为:一之源、二之具、三之造、四之器、五之煮、六之饮、七之事、八之出、九之略、十之图。

陆 羽

中国六大茶类

一、绿茶

绿茶属不发酵茶,是以适宜的茶树新梢为原料,经杀青、揉捻、干燥等典型工艺制成的茶叶。其干茶色泽和冲泡后的茶汤、叶底以绿色为主调,故名。绿茶较多地保留了鲜叶内的天然物质。其中鲜叶中的茶多酚、咖啡碱保留85%以上,叶绿素保留50%左右,维生素损失也较少,从而形成了绿茶"清汤绿叶,滋味收敛性强"的特点。

二、红茶

红茶属全发酵茶,是以适宜的茶树新芽叶为原料,经萎凋、揉捻、发酵、干燥等典型工艺精制而成。因其干茶色泽和冲泡的茶汤以红色为主调,故名。红茶在加工过程中发生了以茶多酚酶促氧化为中心的化学反应,鲜叶中的化学成分变化较大,茶多酚减少90%以上,产生了茶黄素、茶红素等新成分。香气物质比鲜叶明显增加,从而形成红茶、红汤、红叶和香甜味醇的特征。

三、乌龙茶

乌龙茶,亦称青茶,属半发酵茶,乌龙茶综合了绿茶和红茶的制法,既有红茶的浓鲜味,又有绿茶的清芬香,有"绿叶红镶边"的美誉。乌龙茶是经过采摘、萎凋、摇青、炒青、揉捻、烘焙等工序后制出的品质优异的茶类。乌龙茶由宋代贡茶龙团、凤饼演变而来,创制于1725年(清雍正年间)前后。品尝后齿颊留香,回味甘鲜。

四、白茶

白茶属微发酵茶，是由人们采摘的细嫩、叶背多白茸毛的芽叶制成。加工时不经杀青或揉捻，只经过晒或文火干燥制成。因其成品茶多为芽头，满披白毫，如银似雪而得名。白茶是中国茶类中的特殊珍品，其最主要的特点是毫色银白，素有"绿妆素裹"之美感，且芽头肥壮，汤色黄绿清澈，滋味鲜醇，叶底嫩匀。

五、黄茶

黄茶属部分发酵茶，品质特点是"黄汤黄叶"，这是制茶过程中进行闷堆渥黄的结果。黄茶芽叶细嫩、显毫，香味鲜醇。由于品种不同，在茶片选择、加工工艺上有相当大的区别。有的揉前堆积闷黄，有的揉后堆积或久摊闷黄，有的初烘后堆积闷黄，有的再烘时闷黄。其按鲜叶老嫩、芽叶大小又分为黄芽茶、黄小茶和黄大茶。

六、黑茶

黑茶属后发酵茶。制作黑茶的基本工艺流程是杀青、揉捻、渥堆、干燥。黑茶一般原料较粗老，加之制造过程中往往堆积发酵，时间较长，因此成品茶的外观呈黑色，故得名。古代时，黑茶主要供边区少数民族饮用，所以又称边销茶。传统黑茶采用的黑毛茶原料成熟度较高，是压制紧压茶的主要原料。

故事链接

洞庭碧螺春的传说

很久以前，东洞庭山莫厘峰上有一种奇异的香气，人们误认为有妖精作祟，不敢上山。一天，有位胆大勇敢、个性倔强的姑娘去莫厘峰砍柴，刚走到半山腰，就闻到股清香，她也感到惊奇，就朝山顶观看，看来看去没有发现什么奇异怪物。为好奇心所驱，她冒着危险，爬上悬崖，来到山顶上，只见长着几棵绿油油的茶树，一阵阵香味好像就是从树上发出来的。她走近茶树，采摘了一些芽叶揣在怀里，就下山来。谁知一路走，怀里的茶叶一路散发出浓郁香气，而且越走，这股香气越浓，这异香熏得她有些昏沉沉。回到家里，姑娘感到又累又渴，就从怀里取出茶叶，但觉满屋芬芳，姑娘大叫："吓煞人哉，吓煞人哉！"她撮些芽叶泡上一杯喝起来。碗到嘴边，香沁心脾。一口下咽，满口芳香；二口下咽，喉润头清；三口下咽，疲劳消除。姑娘喜出望外，决心把宝贝茶树移回家来栽种。第二天，她带上锄头，把小茶树挖来，移植在西洞庭的石山脚下，加以精心培育。几年以后，茶树长得枝壮叶茂，茶树散发出来的香气吸引了远近乡邻，姑娘把采下来的芽叶泡茶招待大家。但见这芽叶满身茸毛，香浓味爽，大家赞不绝口，因问这是何茶，姑娘随口答曰："吓煞人香。"这种所谓的"吓煞人香"茶就是碧螺春。从此，碧螺春渐渐引种繁殖，遍布了整个洞庭西山和东山。随着采制加工技术的逐步提高，逐步形成了现今具有"一嫩三鲜"（即芽叶嫩，色、香、味鲜）特点的，碧绿澄清、形似螺旋、满批茸毛的碧螺春茶。

——资料来源：南国佳木《闲话茶故事》，华艺出版社2007年版，有改动

第五节 智慧游戏：围棋

围棋与琴、书、画并称为"四艺"，具有独特的审美情趣。围棋，也称"弈"，是我国一项历史悠久的智慧游戏。传说围棋是由尧或舜发明的。《资治通鉴》胡三省注中记载"《博物志》云：'尧造围棋，以教子丹朱。或云：舜以子商均愚，故作围棋以教之。'"这也说明围棋具有开启智慧的作用。春秋战国时，围棋已经比较流行，出现了一些具有一定战术水平的高手。《孟子·告子》中就提到了一个围棋高手弈秋，称其为"通国之善弈者也"。自东汉开始，围棋的地位得到了提升。唐宋时期，围棋理论进一步发展，出现了"棋待诏"这样的职业棋手。到明清时代，围棋在社会各阶层中得到普及，涌现出许多围棋名家和围棋流派。围棋在发展过程中，还传播到了其他国家和地区，成为中外文化交流中的独特风景。

明·杜堇《十八学士图》(局部)

一、落子的智慧

围棋是对弈双方斗智博弈的游戏，是一种竞技活动。围棋棋盘上有纵横各19道线，相互交叉为361个点，弈者轮流落子。围棋以围空的多少来决定胜负，"空"就是某一方围起来的交叉点。围棋规则简单，却蕴含着无穷变化，所谓"千古无同局"。因此下围棋非常考验计算能力和逻辑处理能力。《敦煌棋经》曰："夫棋法本由人心，思虑须精，计算须审。"同其他棋类相比，围棋的棋子地位相同，没有高下之分，但"一着不慎，满盘皆输"，每一个棋子都有可能影响胜负。有些高明的棋手，每下一手便能考虑到之后的几十种变化。

中国棋手柯洁与韩国棋手朴廷桓对弈中

古人认为围棋的棋理和兵法是相通的。东汉马融在《围棋赋》中说:"略观围棋兮,法于用兵,三尺之局兮,为战斗场。"围棋就像带兵打仗,讲究战略战术。宋代刘仲甫是著名国手,所著《棋诀》便以古代兵法为棋理,阐述下棋的策略与技巧。他从"布置、侵凌、用战、取舍"四个方面指出,下围棋要善于布局,攻守有序,把握机会,懂得取舍。

围棋讲究整体,下棋如果只顾局部的得失,便会看不清全局,达不到围棋的至高境界。当代围棋大师吴清源晚年致力于研究"21世纪的围棋",并将它称为"六合之棋"。所谓"六合",指的是"天地东西南北",便是宇宙。吴清源认为围棋原先是占卜的用具,棋盘就像是宇宙,棋局从无到有,由简单到繁复,象征着宇宙万物不断孕育、变化、发展。"地是棋盘上的边和角,天可以是棋盘的中腹,也可以是棋盘的整体。人们对地的边和角很熟悉,对天却很难看清楚。"因此,围棋的"每一手必须考虑全盘整体的平衡去下"。

二、争棋无名局

围棋虽论胜负,却并不以消灭对方为目标。《棋经十三篇》曰:"黑白相半,法阴阳。"棋分黑白,代表阴和阳。从第一手开始,黑白子交替陆续下在棋盘上,阴阳双方互相对立,彼此消长,却又相互包容,相互依存。

"争棋无名局",下围棋不应一味地强调争斗,而是要追求一种人生境界。明末丈雪禅师在《佚老关中作》诗中说:"人生好似一枰棋,局局赢来何足奇。输我几分犹自可,让他两着不为迟。"围棋便是在黑白之间"胜不言,败不语"的

明·尤求《围棋报捷图》

人生修养，是"安而不泰，存而不骄"的人生智慧，是"胜固欣然，败亦可喜"的人生态度。

围棋是傲世率性的风标，是潇洒自然的道骨。淝水之战中，前秦数十万大军南下，东晋岌岌可危。谢安在后方督办军事，正与人弈棋时，战场捷报传来，谢安读完信，继续下棋。客人问起战况，才道："小儿辈遂已破贼。"神色从容，一如平常。

围棋是君子之道，是礼义之道。五代名家潘慎修认为："棋之道在乎恬默，而取舍为急。仁则能全，义则能守，礼则能变，智则能兼，信则能克。君子知斯五者，庶几可以言棋矣。"对局前，双方应互相致意，对局中则应正襟危坐，相互尊重。而"观棋不语""落子无悔"等也早已成为凝聚中国传统文化精神的人生格言。

三、手谈

魏晋时期，文人士大夫们笑傲竹林，任性放达，好学老庄与周易，盛行清谈。名僧支道林为人好谈玄理，是清谈的高手。他把围棋叫作手谈，是以手谈代清谈。围棋从此便以"手谈"为别称。

名士们寄情山水，以弈棋为乐。弈棋更被附会说是仙人们用来"养性乐道"的游戏。可以说从"手谈"开始，围棋成为了风雅的游戏。在围棋中，人们找到了联结世俗与理想世界的通道，让人远离尘世的喧嚣，在方圆之中得到乐趣。当弈者坐在纹枰前，深深地沉浸在无穷的静谧世界里，便会忘怀其身，超然物外了。烂柯一局终了，世上已过百年。"手谈"描绘的便是这种超越世俗的美妙意境。围棋是坐隐的逍遥，是忘忧的良药，是"夜阑风静縠纹平，小舟从此逝，江海寄余生"的诗意生活。

围棋是"言不尽意"。围棋之道，包含着广博的玄理。晋代蔡洪说围棋"秉二仪之极要，握众巧之至权，若八卦之初兆，遂消息乎天文"。意思就是：围棋与阴阳、八卦、天文之理相通，能够"究天人之际"。庄子说："大道不称，大辩不言。"不是所有的"道"，都是能说得清楚的。围棋是"得意忘言"。古人将棋品分为九等，以"入神""坐照"为上。"入神"便是"神游局内，妙而不可知"。明代高启《围棋》诗云："坐对忘言久，相攻运意深。"每一手都在深思熟虑

明·钱穀《竹亭对棋图》

之后才下在棋盘上，每一招棋都包含着丰富的信息。把围棋称为"手谈"，说明围棋之道，有时"只可意会不可言传"，此中有真意，尽在不言中。

每一个棋手都有各自的棋风，有的擅长攻杀，有的善于稳守，有的沉稳厚重，有的清净淡泊。从落子的变化能看出对方的心态，从下棋的风格可以读懂对方的性格。围棋是无声的交流，"手谈"就是以手代口，每一招棋都是向对方发出无声的话语，此时无声胜有声。当代国手马晓春在谈到他和李昌镐的对局时说："在高明与失误交替出现时，各自心领神会，时而为自己得意，时而为对手哀叹。这样无声的交流，这样愉快的感觉，并不是与每一位棋手对弈时都能够产生的。""手谈"是和谐的对话，是弈者间的惺惺相惜，是你中有我、我中有你的知音默契。

知识链接

《棋经十三篇》

《棋经十三篇》是我国流传至今最完整、最系统的围棋理论著作，据考证作者为宋代的张靖，一说为张拟。该书在内容和体例上模仿《孙子兵法》，分为棋局篇、得算篇、权舆篇、合战篇、虚实篇、自知篇、审局篇、度情篇、斜正篇、洞微篇、名数篇、品格篇和杂说篇十三个部分。《棋经十三篇》行文简约，以兵法为机理，全面论述了棋品、术语、对弈的原则、策略和基本要领，在围棋史上具有重要的价值。

故事链接

范西屏负棋寄驴

范西屏，浙江海宁人，是清代的围棋大国手。有一次，范西屏骑着驴到扬州探亲，路过一个棋局。范西屏便和人弈棋，哪知连输两局，众人让他给钱。范西屏说："我现在身上正好没钱，只有一头驴子，要不就用它抵账吧。"人们都表示同意，就把驴子牵走了。反正谁也不认识这位客人到底是谁。过了一个月左右，范西屏又来到这个地方，这次连胜了两局棋，大家就商量着要给他钱。范西屏说："我不要钱，把我原来那头驴还给我就行了。"原来，范西屏上次正要买只小船到其他地方去，但驴子却没地方可以寄养。于是，他就借着赌输棋局的机会把驴子寄养起来，现在这头驴倒是被喂养得更加健壮了。这时候，人们才知道这位客人原来就是鼎鼎大名的国手范西屏，都笑了起来。

王积薪的故事

安史之乱中，唐玄宗带领百官前往巴蜀避乱。当时的国手、棋待诏王积薪也随行在列。蜀道艰险，非常难走，大家常常需要停下来休息。沿途的驿站和住户人家，大都被高官显贵们抢先占用了。王积薪没有地方住，于是沿着溪流到山中寻宿。在山的深处，王积薪找到了一户人家寻宿。这家里只有婆婆和媳妇两个人，没有男子，所以没有让他进屋住，只是给他拿来了水和取暖的火。天刚黑，婆媳俩就都关门休息了。王积薪卧在房檐下，暗夜沉沉，无法入睡。忽然，他听到婆婆在屋内对媳妇说："长夜漫漫，不如下围棋解解闷吧。"媳妇答应了。

王积薪听了之后非常好奇，因为屋子里面没有灯火蜡烛，况且婆媳两人是分开住的，她们一个住东屋一个住西屋，这样怎么下棋呢？王积薪就把耳朵贴在门上偷听她们是怎么下棋的。一会儿听到媳妇说："我下在东五南十这里。"婆婆答道："我下在东五南十二。"媳妇接着说："我下在西八南十。"婆婆又答道："我下在西九南十这里。"她们每下一子，都要思考很久。王积薪就偷偷地把她们下的棋路都一一记了下来。四更天快过去了，两人总才下了36手。这时就听到婆婆说："你已经输了，最后我会赢你九个子。"媳妇也说是。

天亮以后，王积薪整理好衣服，恭恭敬敬地向她们请教。那位老妇人说："那你先按照你自己的想法来下吧。"王积薪拿出袋子里的棋子和棋盘，用自己平生最得意的着数来布局。才到十几个子，婆婆就对媳妇说："可以教给这个人一些平常的技巧。"媳妇便指点王积薪各种攻防的方法，说得比较简略。王积薪还想让她们再多讲一点。婆婆说："以你现在的棋力，已经没有对手了。"王积薪很诚恳地拜谢了她们，辞别而去。走了十几步，回头却发现房子已经找不到了。从此，王积薪的棋艺果然大长，精妙无双，成为名副其实的第一国手。然而他用尽心力研究婆媳俩所下的棋局，却总也找不到胜九子的方法。后来王积薪就把这路棋法取名为"邓艾开蜀势"。

这个故事记载于唐代薛用弱的《集异记》中。

人机大战

2017年5月，在中国围棋协会、浙江省体育局和谷歌（Google）联合主办的"中国乌镇·围棋峰会"上，当时世界排名第一的中国棋手柯洁与谷歌开发的人工智能围棋程序阿尔法狗（AlphaGo）进行了三番棋的对弈。

5月23日，人机大战的第一局，柯洁执黑以1/4子落败。25日，柯洁执白，中盘败北。27日，柯洁再次中盘告负。至此，阿尔法狗在这场人机大战中以3:0的比分完胜人类最强选手。而在最后一局比赛中，柯洁甚至一度泪洒赛场。

赛后，阿尔法狗创始人哈萨比斯宣布阿尔法狗就此退役，不再参加任何与人类的比赛。柯洁则表示："阿尔法狗太完美，我看不到希望。"他认为，人类已经研究了围棋几千年，但人工智能却告诉我们，人类还远远没有完全研究出围棋的玄妙变化。

第六节 功夫与蹴鞠

民间体育活动展现着一个民族特殊的生活方式。中国传统民间体育内容丰富，功夫与蹴鞠便是其中的典型代表。

中国武术源于古代技击，根植于传统文化，受儒释道等思想影响，与古典美学、兵法、艺术有密切的联系。中国传统武术是一个门派众多、种类丰富的庞大系统，包含套路、格斗和功法等形式，具有养生健身、技击格斗、表演娱乐等功能。其中最著名的流派便是少林和武当。武术文化重视武德，崇尚侠义，讲究内外兼修，文武兼备。功夫是中国武术的别称。

蹴鞠，也作"蹋鞠""蹵鞠"，是中国古老的体育运动，被认为是足球的源头。蹴是踢的意思，鞠就是球。蹴鞠传说由黄帝发明，后来逐渐成为中国古代民间喜闻乐见的体育活动，妇女儿童也都可以参加，具有较高的艺术观赏性和健身价值。蹴鞠还传到了朝鲜、日本和西亚等其他国家和地区。

一、少林功夫

少林功夫源自河南嵩山少林寺，并因此而得名。少林功夫历史悠久，驰名中外，对其他武术流派的形成产生了重要影响，素有"天下武功出少林"的说法。

少林寺于北魏时建立，后因高僧达摩来此传授佛教禅宗，成为中国佛教禅宗的祖庭。少林寺自建成后，便有习武者到此为僧，传习武技。

隋末时期，社会动乱。为了护寺弘法，少林寺成立了僧兵武装，并且帮助当时的秦王李世民打败王世充的军队，演绎出"十三棍僧救唐王"的故事。由于受到唐王朝的封赏，少林僧人的功夫名扬天下。此后，少林僧众习武传统不辍。直至明代，少林功夫通过吸收各类武术精华，经历代武僧总结提炼，形成了完整的少林功夫体系。清代时期，民间反清教门、帮会借助少林功夫的名声进行反清复明的活动，使少林功夫在社会上的影响日益扩大，成了天下武术的正宗。

微课：
少林功夫

少林寺

少林功夫体系完备，内容庞大。根据拳谱记载，少林功夫套路有708套，其中拳术和器械套路为552套，另有七十二绝技、擒拿、格斗、卸骨、点穴、气功等各类功法156套。而今流传下来的套路有545套，其中拳术178套，器械193套，对练59套，其他115套。

少林功夫中以拳术、棍术最负盛名，历史也最为悠久。少林拳威武刚猛、招式朴实、注重实用，素有"拳打一条线"的说法，讲究步法灵活稳固、动作快速敏捷。其拳术套路有：罗汉十八手、罗汉拳、少林小洪拳、少林大洪拳等。少林棍是少林的器械功夫，讲究移动迅速，着棍有力，出招稳准。明代时期，少林僧兵手持铁棍参加抗击倭寇、保卫边关等战役，在战场上所向披靡，名声大震。其棍术套路有：少林风火棍、少林大夜叉棍、少林阴手棍、少林猿猴棍等。

少林功夫受禅宗思想影响，禅武互为表里，追求"禅武合一"的境界。少林功夫以武修禅，修心见性，"以入定为功"。

少林寺白衣殿壁画《武僧演武》（局部）

二、太极拳

太极拳是当今最为流行的武术拳种，在全世界享有盛誉。其拳理取法于中国传统阴阳学说、道家哲学，因清代王宗岳所著的《太极拳论》始定名为太极拳。太极拳法名"太极"，寓有阴阳相济、虚实相生、循环不息之意。

人们在广场上打太极拳

太极拳源自河南温县的陈家沟，由明末清初的陈王廷所创。经过不断发展，太极拳又衍生出多个流派，其中流传较广、风格显著的有陈式太极拳、杨式太极拳、吴式太极拳、孙式太极拳和武式太极拳。诸流派拳理相同，套路、动作大体相近，但各具特色。

　　太极拳主要由八种手法和五种步法配合完成。手法为：掤、捋、挤、按、采、挒、肘、靠，步法为：进、退、顾、盼、定，合为十三势，因此太极拳又名"十三势"。习练太极拳讲究"松、散、通、空"，要求平心静意，呼吸自然，立身中正，体态安舒，动作连贯，轻灵沉着。

　　太极拳由一系列螺旋缠绕的动作组成，招招呈弧形，圆活平衡，整套动作循环往复，连绵不断，如行云流水，在视觉上极有观赏性。太极拳虽然看起来柔缓，但寓刚于内，注重以柔克刚，以静制动，刚柔并济，动静相宜。对敌时常后发制人，沾手即发，进退相随，舍己从人，化劲打力。一经发动，各部分协调运动，爆发出强烈的刚劲，威力极大。太极拳讲究不用蛮力，不用拙力，善用"四两拨千斤"。

　　太极拳是内家拳，重视内功的修炼，"心为令，气为旗，神为主帅，身为驱使""以心行气，以气运身"，动作连绵不断，循环往复，"用意不用力""形断意不断，意断神可接"。推手，是太极拳双人徒手对练的一种方法，以拳架为基础，"粘连黏随"为核心，集中体现了太极拳既富观赏性又有技击性的特点。

　　太极拳法天地，效自然，以腰脊为轴，运用四肢作螺旋缠绕的动作，招式符合人体的生理特点。经常习练太极拳，有助于平衡气血，舒经活络，达到机体的和谐自然，有修身养性、强身健体、益寿延年的功效。

三、蹴鞠

　　汉代时蹴鞠就已经非常流行。人们除了以蹴鞠消遣自娱外，还将蹴鞠引入内堂表演，成为一项观赏娱乐活动。河南南阳出土的汉画像石中就描绘了这种表演形式，是舞乐百戏之一。在军队中蹴鞠的风气也很浓厚，常被用来训练士兵。名将霍去病就非常喜爱蹴鞠。《汉书·霍去病传》中记载："其在塞外，卒乏粮，或不能自振，而去病尚穿域踢鞠也。"

　　随着蹴鞠运动的发展，球体的制作工艺也产生了变化。起初，蹴鞠所用的球是实心的，外面用皮革缝制，内充兽毛之类的软质物品。到唐代，球体变成了空心，内胆使用充了气的动物膀胱，球体更加轻便，也更加接近圆形，使蹴鞠的玩法进一步丰富。

　　宋代是古代蹴鞠发展的鼎盛时期。城市的瓦舍勾栏、皇室、贵族的家中，处处有专业的蹴鞠艺人进行表演。民间则广泛开展"寒食蹴鞠"等活动，高手如云。中国古典名著《水浒传》中就描写了一个市井无赖高俅，因为球艺高超受到宋徽宗的赏识，从而得以平步青云的故事。不仅如此，宋朝的很多皇帝都精于蹴鞠。北宋画家苏汉臣所绘的《宋太祖蹴鞠图》就展示了宋太祖赵匡胤等人蹴鞠为乐的场景。宋代《蹴鞠谱》（一说此书为明代著作）中还提到了由蹴鞠艺人和爱好者结成的行业性组织，称为圆社。圆社制定组织纪律、规范礼仪，还组织蹴鞠比赛，考核技艺，评定等级，维护成员的利益，推广蹴鞠。

宋·苏汉臣《宋太祖蹴鞠图》(元·钱选仿作)

仿古蹴鞠表演

明清以降，蹴鞠活动逐渐衰落。

古代蹴鞠的踢法和规则有很多。有的是在场中设立球门，球门从一个到几个不等，组队竞赛，球门网上开有球洞，以踢进球洞者为胜。开展得最广泛的形式是不用球门的散踢，称为白打。白打可由一人自踢，也可多人对踢，注重踢球的花样和准确性，方式多样，灵活多变。

知识链接

武当拳系

在中国武林中，一向有"外家少林，内家武当"之说。少林佛门武术与武当道教武术，可谓双峰并峙，各有千秋。

传说武当拳为张三丰所创。据说张三丰是北宋末年武当山的道士，宋徽宗召他入京传道。半路上张三丰为贼人所擒，当晚于睡梦中得元帝（元始天尊）授其拳法。第二天，张三丰孤身杀贼百余人，遂创立内家拳派。

还有一种说法是张三丰本为元末明初时人，出自少林，精通少林精髓五拳十八式，将其统纳于十段锦长拳中，变战斗搏击之法为御敌防卫之法，风格遂与少林大为不同，因此别树一帜，开创了武当门派。有人认为太极、形意、八卦等拳法是其演变出的支派。

武当派的拳术套路，有太极拳、无极拳、鹞子长拳、猿猱伏地拳、六步散手、武当太乙五行拳等。武当派的内功，有"洗髓金经"六式（金狮夺毛、凤点头、风摆荷叶、左缠金丝、右缠金丝、刀劈华山）等。武当派的器械，首推武当镇山之宝武当剑，又有白虹剑、太极剑、六合枪、六合刀、松溪棍等。

武当派的功法特点是强筋骨、运气功，强调内功修炼，讲究以静制动，以柔克刚，以短胜长，以慢击快，以意运气，以气运身，偏于阴柔，主呼吸，用短手。道士们过的是与世无争的清净生活，所以练武当拳的目的在于自卫，除非遇到危急情况不许动手，而一旦动手，则是柔中有刚，软里藏硬，化劲用柔，发劲用刚，具有较大的威力。

清代初期，武当拳曾在宁波一带流传，出现了张松溪、叶近泉、单思南、王征南等高手。黄宗羲的儿子黄百家（字主一）就是王征南的弟子。由于武当派极秘其技，择徒甚严，又向来不爱炫耀，所以武当拳的流传并不广。黄百家之后，武当拳似乎突然消失，人们多以为失传，实际上并非如此。

大约在明代中期，武当拳分为两支，一支留在本山，一支据说由张松溪传至四川。晚清光绪年间，武当山道士的后人邓钟山又在江苏江宁（今江苏省南京市）开堂授徒，于是武当拳又东传至江苏。四川、江苏两支至今繁盛。留在武当山的一支也未失传，至今武当道士仍然保持着练武传统。

——资料来源：王俊《中国古代武术》，中国商业出版社2015年版，有改动

故事链接

十三棍僧救唐王

传说，隋末唐初，原隋朝大将王世充在洛阳自立为帝。王世充派他的侄子王仁则率军进驻少林寺封地柏谷坞，以翼护洛阳。王仁则在此地修建了军事重镇辕州，侵占了少

少林寺建寺1500周年纪念邮票
[少林寺白衣殿壁画《十三棍僧救唐王》（局部）]

林寺大量田产。唐武德四年,当时还是秦王的李世民率领军马5万讨伐王世充。面对敌人据守的洛阳城,唐军久攻不下,形势严峻。少林寺的志操、昙宗、惠玚等少林十三武僧,因不满王仁则霸占少林田地,夜间深入大营,生擒王仁则献与唐军,为李世民解除了一大威胁。唐军士气大振,乘势攻克洛阳。由于少林寺在平定王世充战役中发挥了重要作用,战后李世民大加封赏,赐少林寺地四十顷,水碾一具,对参战有功的十三武僧均加以封赐,昙宗和尚还被封为"大将军僧"。李世民后来当上皇帝,少林僧兵的义举也被演化成"十三棍僧救唐王"的故事,使少林寺和少林功夫名闻天下。

扩展阅读

过 年

丰子恺

春节一景(丰子恺画)

我幼时不知道阳历,只知道阴历。到了十二月十五,过年的空气开始浓重起来了。我们染坊店里三个染匠司务全是绍兴人,十二月十六要回乡。十五日,店里办一桌酒,替他们送行。这是提早办的年酒。商店旧例,年酒席上的一只全鸡,摆法大有道理:鸡头向着谁,谁要免职。所以上菜的时候,要特别当心。但是我家的店规模很小,店里三个,作场里三个人,一共只有六个人,这六个人极少有变动,所以这种顾虑极少。但母亲还是很当心,上菜时关照仆人,必须把鸡头向着空位。

廿三日晚上送灶,灶君菩萨每年上天约一星期,廿三夜上去,大年夜回来。这菩萨据说是天神派下来监视人家的,每家一个。他们高踞在人家的灶山上,嗅取饭菜的香气。每逢初一、月半,必须点起香烛来拜他。廿三这一天,家家烧赤豆糯米饭,先盛一大碗供在灶君面前，然后全家来吃。吃过之后，黄昏时分，父亲穿了大礼服来灶前膜拜，跟着，我们大家跪拜。拜过之后，将灶君的神像从灶台上请下来，放进一顶灶轿里。这灶轿是白天从市场上买来的，用红绿纸张糊成，两旁贴着一副对联，上写"上天奏善事，下界保平安"。我们拿些冬青柏子，插在灶轿两旁，再拿一串纸做的金元宝挂在轿上；又拿一点糖饼来，粘在灶君菩萨的嘴上。这样一来，他上去见了天神，粘嘴粘舌的，说话不清楚，免得把别人的恶事全盘托出。于是父亲恭恭敬敬地捧了灶轿，捧到大门外去烧化。烧化时必须抢出一只纸元宝，拿进来藏在厨里，预祝明年有真金元宝进门之意。送灶君上天之后，陈妈妈就烧菜给父亲下酒，说这酒菜味道一定很好，因为没有灶君先吸取其香气。父亲也笑着称赞酒菜好吃。我现在回想，他是假痴假呆、逢场作乐。因为他中了这末代举人，科举就废，不得伸展，蜗居在这穷乡僻壤的蓬门败屋中，无以自慰，唯有利用年中行事，聊资消遣，亦"四时佳兴与人同"之意耳。

廿三送灶之后，家中就忙着打年糕。这糯米年糕又大又韧，自己不会打，必须请一个男工来帮忙。这男工大都是陆阿二，又名五阿二。因为他姓陆，而他的父亲行五。两枕"当家年糕"，约有三尺长；此外许多较小的年糕，有二尺长的，有一尺长的；还有红糖年糕，白糖年糕。此外是元宝、百合、橘子等种种小摆设，这些都是由母亲和姐姐们去做。我也洗了手去帮忙，但是总做不好，结果是自己吃了。姐姐们又做许多小年糕，形状仿照大年糕，是预备廿七夜过年时拜小年菩萨用的。

廿七夜过年，是个盛典。白天忙着烧祭品：猪头、全鸡、大鱼、大肉，都是装大盘子的。吃过夜饭之后，把两张八仙桌接起来，上面供设"六神牌"，前面围着大红桌围，摆着巨大的锡制的香炉蜡台。桌上供着许多祭品，两旁围着年糕。我们这厅屋是三家公用的，我家居中，右边是五叔家，左边是嘉林哥家，三家同时祭起年菩萨来，屋子里灯火辉煌，香烟缭绕，气象好不繁华！三家比较起来，我家的供桌最为体面。何况我们还有小年菩萨，即在大桌旁边设两张茶几，也是接长的，也供一位小菩萨像，用小香炉蜡台，设小盆祭品，竟像是小人国里的过年。记得那时我所欣赏的，是"六神牌"和祭品盘上的红纸盖。这六神牌画得非常精美，一共六版，每版上画好几个菩萨，佛、观音、玉皇大帝、孔子、文昌帝君、魁星……都包括在内。平时折好了供在堂前，不许打开来看，这时候才展览了。祭品盘上的红纸盖，都是我的姑母剪的，"福禄寿喜""一品当朝""连升三级"等字，都剪出来，巧妙地嵌在里头。我那时只有七八岁，就喜爱这些东西，这说明我与美术有缘。

绝大多数人家廿七夜过年。所以这晚上商店都开门，直到后半夜送神后才关门。我们约伴出门散步，买花炮。花炮种类繁多，我们所买的，不是两响头的炮仗和噼噼啪啪的鞭炮，而是雪炮、流星、金转银盘、水老鼠、万花筒等好看的花炮。其中，万花筒最好看，然而价贵不易多得。买回去在天井里放，大可增加过年的喜气。我把一串鞭炮拆散来，一个一个地放。点着了火，立刻拿一个罐头来罩住，"咚"地一声，连罐头也跳起来。我起初不敢拿在手里放。后来经乐生哥哥教导，竟胆敢拿在手里放了。两指轻轻捏住鞭炮的末端，一点上火，立刻把头旋向后面。渐渐老练了，即行若无事。

年底这一天，是准备通夜不眠的，店里早已经摆出风灯，插上岁烛。吃年夜饭时，把所有的碗筷都拿出来，预祝来年人丁兴旺。吃饭碗数，不可成单，必须成双。如果吃三碗，必须再盛一次，哪怕盛一点点也好，总之要凑成双数。吃饭时母亲分送压岁钱，我得的记得是四角，用红纸包好。我全部用以买花炮。吃过年夜饭，还有一出滑稽戏呢。这叫"毛糙纸揩洼"。"洼"就是屁股。一个人拿一张糙纸，把另一人的嘴揩一揩。意思是说：你这嘴巴是屁股，你过去一年中所说的不祥的话，例如"要死"之类的，都等于放屁。但是人都不愿意被揩，尽量逃避。然而揩的人很调皮，出其不意，突如其来。哪怕你是极小心的人，也总会被揩。有时其人出前门去了，大家就不提防他。岂知道他绕了个圈子，悄悄地从后门进来，终于被揩了去。此时笑声、喊声充满了一堂。使过年的欢乐空气更加浓重了。

街上提着灯笼讨账的，络绎不绝。直到天色将晓，还有人提着灯笼急急忙忙地跑来跑去。这只灯笼是千万少不得的。提灯笼，表示还是大年夜，可以讨债；如果不提灯笼，那就是新年元旦，欠债的可以打你几记耳光，要你保他三年顺境。因为大年初一讨债是禁忌的。但是这时候我家早已结账，关店，正在点起了香烛接灶君菩萨。此时通行吃接灶圆子，管账先生一面吃圆子，一面向我母亲报告账务。说到赢余，笑容满面。他告别回去，我们也收拾，睡觉。但是睡不到两个钟头，又得起来，拜年的乡下客人已经来了。

年初一上午忙着招待拜年客人。街上挤满了穿新衣服的农民，男女老幼，熙熙攘攘，吃烧卖，上酒馆，买花纸（即年画），看戏法，到处拥挤。

初二开始，镇上的亲友来往拜年。我父亲戴着红缨帽子，穿着外套，带着跟班出门。同时也有穿礼服的到我家拜年。如果不遇，留下一张红片子。父亲死后，母亲叫我也穿着礼服去拜年。我实在很不高兴。因为一个十一二岁的孩子穿礼服上街，大家注目，有讥笑的，也有叹美的，叫我非常难受。现在回想，母亲也是一片苦心。她不管科举已废，还希望我将来也中个举人，重振家声，所以把我如此打扮，聊以慰情。

正月初四，晚上接财神。别的事情排场大小不定，独有接财神，家家郑重其事，而且越是贫寒之家，排场越是体面。大概他们想：敬神丰盛，可以邀得神的恩宠，今后让他们发财。

初五以后，过年的事基本结束。但是拜年，吃年酒，酬谢往还，也很热闹。厨房里年菜很多，客人来了，搬出就是。但到了正月半，也就差不多吃完了。所以有一句话："拜年拜到正月半，烂溏鸡屎炒青菜。"我的父亲不爱吃肉，喜欢吃素。所以我们家里，大年夜就烧好一大缸萝卜丝油豆腐，油很重，滋味很好。每餐盛出一碗来，放在锅子里一热，便是最好的饭菜。我至今还忘不了这种好滋味。但叫家里人照烧起来，总不及童年时的好吃，怪哉！

正月十五，在古代是一个元宵佳节，然而赛灯之事，久已废止，只有市上卖些兔子灯、蝴蝶灯等，聊以应名而已。二十日，染匠司务下来，各店照常开门做生意，学堂也开学。过年的笔记也就全部结束。

——资料来源：《丰子恺散文精选：人间情味》，华中科技大学出版社2018年，有删减

主题实践

活动一

活动名称：走近茶文化。

活动目的：

1. 了解茶文化在各个时期的发展。

2. 了解中国茶叶贸易、茶文化对世界茶文化的影响。

活动内容：搜集、阅读有关介绍茶文化的资料，组织开展以"走近茶文化"为主题的综合实践活动。

具体要求：

1. 调查茶的种类、名称、中国名茶、传统制茶方法、泡茶方法、茶与健康、不同地区甚至不同国家的茶道艺术等，根据自己的兴趣爱好，确定研究方向。

2. 根据研究方向分组，制订本小组调查方案，合理分工。

3. 根据方案调查，完成调查报告，制作汇报PPT。

4. 小组交流汇报。

活动二

活动名称：时空的逆旅。

活动目的：

1. 了解中国古代人民的生活方式。

2. 了解中国民俗文化的发展历程。

活动内容：搜集、阅读有关中国传统民俗文化的相关资料，假设自己穿越回到古代，设计以"时空的逆旅"为主题的旅游活动方案。

具体要求：

1. 根据研究方向进行分组，搜集资料，制订计划，合理分工。

2. 撰写活动方案，制作汇报PPT或进行模拟导游讲解。

3. 小组交流汇报。

活动三

活动名称："赏古今风月，玩精彩游戏"——传统节日游园会。

活动目的：

1. 了解中国传统服饰的样式和特点。

2. 体验中国传统游戏活动的趣味。

活动内容：结合传统节日组织一次游园会，着唐装汉服，玩投壶、射箭、蹴鞠等传统游戏。

具体要求：

1. 撰写活动方案。

2. 准备游园会的服装道具。
3. 布置游园会的现场。
4. 开展游园活动。

活动四
活动名称:"家乡的美味"——学做一道家乡的名菜。
活动目的:
1. 了解家乡菜所属的菜系及这个菜系的特点。
2. 掌握一道家乡名菜的做法。
活动内容:学做一道家乡的名菜。
具体要求:
1. 了解家乡菜中的名菜。
2. 选择其中一种做法简单的名菜学习其制作方法。
3. 制作并介绍该道名菜。
4. 分享品尝美味。

参考文献

［1］谭家健.中国文化史概要［M］.北京：高等教育出版社，1997.
［2］张岱年，方克立.中国文化概论［M］.北京：北京师范大学出版社，2004.
［3］葛剑雄.中国历代疆域的变迁［M］.北京：商务印书馆，1997.
［4］黄伟林.孔子的魅力：重温孔子圣迹图［M］.桂林：广西师范大学出版社，2007.
［5］冯友兰.中国哲学小史［M］.北京：中国人民大学出版社，2005.
［6］杨伯峻.论语译注［M］.北京：中华书局，2006.
［7］陈来.中华文明的核心价值：国学流变与传统价值观［M］.北京：生活·读书·新知三联书店，2015.
［8］赵一兵，王晓惠，殷向飞.中国传统文化十五讲［M］.北京：北京交通大学出版社，2016.
［9］叶朗，费振刚，王天有.中国文化导读［M］.北京：生活·读书·新知三联书店，2007.
［10］袁行霈.中国文学史［M］.北京：高等教育出版社，1999.
［11］朱筱新.中国传统文化［M］.北京：中国人民大学出版社，2010.
［12］冯希哲.中国传统文化概要［M］.3版.北京：中国人民大学出版社，2016.
［13］李泽厚.美学三书［M］.合肥：安徽文艺出版社，1999.
［14］傅谨.中国戏剧史［M］.北京：北京大学出版社，2014.
［15］马未都.马未都说收藏珍藏版［M］.北京：中华书局，2008.
［16］臧一冰.中国音乐史［M］.3版.武汉：武汉大学出版社，2011.
［17］卢辅圣.中国文人画史［M］.上海：上海书画出版社，2012.
［18］杨桂梅，张润平.中国瓷器简明读本［M］.北京：新华出版社，2016.
［19］丁梦周.中国书法线条艺术［M］.郑州：河南美术出版社，2012.
［20］朱友舟.中国古代毛笔研究［M］.北京：荣宝斋出版社，2013.
［21］陈晓龙.中国传统文化概论［M］.2版.西安：陕西师范大学出版社，2014.
［22］孙立群.中国古代的士人生活［M］.北京：商务印书馆，2003.
［23］何江涛.耕读传家［M］.北京：北京图书馆出版社，2008.
［24］杨布生，彭定国.中国书院与传统文化［M］.长沙：湖南教育出版社，1992.
［25］沈从文.中国古代服饰研究［M］.北京：商务印书馆，2011.
［26］刘杰.中国环境文化百科999问［M］.西宁：青海人民出版社，2012.

［27］陈从周.苏州园林：汉英对照［M］.上海：上海人民出版社，2012.
［28］黄志根.中华茶文化［M］.杭州：浙江大学出版社，2014.
［29］王艳玲.中国传统文化［M］.北京：高等教育出版社，2014.
［30］王学泰.中国饮食文化史［M］.桂林：广西师范大学出版社，2006.
［31］王仁湘.饮食史话［M］.北京：社会科学文献出版社，2012.
［32］何云波.中国围棋文化史［M］.武汉：武汉大学出版社，2015.
［33］陈侃.围棋文化史料大全［M］.太原：书海出版社，2015.
［34］吕韶钧.中国功夫［M］.苏州：古吴轩出版社，2010.
［35］刘秉果，赵明奇，刘怀祥.蹴鞠：世界最古老的足球［M］.北京：中华书局，2004.
［36］李朋.饮食文化典故：舌尖上的故事［M］.天津：天津古籍出版社，2013.
［37］萧默.建筑的意境［M］.北京：中华书局，2014.

第二版后记

作为高职院校教师，我们力求从立德树人的根本任务出发，从高职学生特点出发，从学生成长、发展的需要出发，深入浅出地对中国优秀传统文化做一介绍，使青年学生树立起新时代的世界观、人生观和价值观。在这个价值多元的时代，要想开展中华优秀传统文化教育，进一步完善"知识传授"与"价值引领"有机协同，还需要授课教师和同学们共同努力。

本书依然保留了第一版的章节顺序和体例模块，主要框架没有变化，只是对使用中发现的一些问题进行了修订和改进，增加了一些近几年传统文化研究的新成果，并把习近平总书记"中华优秀传统文化是中华民族的精神命脉，是涵养社会主义核心价值观的重要源泉，也是我们在世界文化激荡中站稳脚跟的坚实根基"这句话作为修订的指针。本书在修订过程中得到了众多一线教师的大力支持和积极配合，在此一并表示感谢！

本书虽为修订版，但因水平有限，难免还会有不完善之处，恳请广大教师、学生及各方人士不吝指正。

张宏图

2021 年 6 月于济宁

郑重声明

高等教育出版社依法对本书享有专有出版权。任何未经许可的复制、销售行为均违反《中华人民共和国著作权法》，其行为人将承担相应的民事责任和行政责任；构成犯罪的，将被依法追究刑事责任。为了维护市场秩序，保护读者的合法权益，避免读者误用盗版书造成不良后果，我社将配合行政执法部门和司法机关对违法犯罪的单位和个人进行严厉打击。社会各界人士如发现上述侵权行为，希望及时举报，我社将奖励举报有功人员。

反盗版举报电话　（010）58581999　58582371
反盗版举报邮箱　dd@hep.com.cn
通信地址　北京市西城区德外大街4号　高等教育出版社法律事务部
邮政编码　100120

教学资源服务指南

仅限教师索取

感谢您使用本书。为方便教学，我社为教师提供资源下载、样书申请等服务，如贵校已选用本书，您只要关注微信公众号"高职素质教育教学研究"，或加入下列教师交流QQ群即可免费获得相关服务。

"高职素质教育教学研究"公众号

最新目录
样书申请
资源下载
写作试卷
线上购书

师资培训　教学服务　教材样章

资源下载：点击"**教学服务**"—"**资源下载**"，或直接在浏览器中输入网址（http://101.35.126.6/），注册登录后可搜索下载相关资源。（建议用电脑浏览器操作）
样书申请：点击"**教学服务**"—"**样书申请**"，填写相关信息即可申请样书。
样章下载：点击"**教材样章**"，可下载在供教材的前言、目录和样章。
师资培训：点击"**师资培训**"，获取最新直播信息、直播回放和往期师资培训视频。

联系方式

高职人文素质教师交流QQ群：167361230
联系电话：（021）56961310　电子邮箱：3076198581@qq.com